厚积薄发

以厚积薄发四字篆印一方
赠高等教育出版社

李崇淮
二〇〇七年初秋

生也有涯

学无止境

任继愈

教育部哲学社会科学研究后期资助项目

媒体融合中的广播电视：
挑战、变革与未来

Broadcast and Television in Media Convergence:
Challenges, Changes and the Future

○ 段 鹏 著

中国教育出版传媒集团
高等教育出版社·北京

图书在版编目（CIP）数据

媒体融合中的广播电视：挑战、变革与未来 / 段鹏著．--北京：高等教育出版社，2023.5
ISBN 978-7-04-059118-7

Ⅰ．①媒… Ⅱ．①段… Ⅲ．①广播电视-传播媒介-产业融合-产业发展-研究-中国 Ⅳ．①G229.2

中国版本图书馆 CIP 数据核字（2022）第 141766 号

MEITI RONGHE ZHONG DE GUANGBO DIANSHI：TIAOZHAN BIANGE YU WEILAI

策划编辑	丁艳红	责任编辑	丁艳红	封面设计	张 志	版式设计	王艳红
责任校对	商红彦 刘娟娟	责任印制	耿 轩				

出版发行	高等教育出版社	咨询电话	400-810-0598
社　　址	北京市西城区德外大街 4 号	网　　址	http://www.hep.edu.cn
邮政编码	100120		http://www.hep.com.cn
印　　刷	固安县铭成印刷有限公司	网上订购	http://www.hepmall.com.cn
开　　本	787mm×1092mm 1/16		http://www.hepmall.com
印　　张	13.25		http://www.hepmall.cn
字　　数	240 千字	版　　次	2023 年 5 月第 1 版
插　　页	2	印　　次	2023 年 5 月第 1 次印刷
购书热线	010-58581118	定　　价	42.00 元

本书如有缺页、倒页、脱页等质量问题，请到所购图书销售部门联系调换
版权所有　侵权必究
物 料 号　59118-00

总　序

　　哲学社会科学是探索人类社会和精神世界奥秘、揭示其发展规律的科学，是我们认识世界、改造世界的有力武器。哲学社会科学的发展水平，体现着一个国家和民族的思维能力、精神状态和文明素质，其研究能力和科研成果是综合国力的重要组成部分。没有繁荣发展的哲学社会科学，就没有文化的影响力和凝聚力，就没有真正强大的国家。

　　党中央高度重视哲学社会科学事业。改革开放以来，特别是党的十六大以来，党中央就繁荣发展哲学社会科学作出了一系列重大决策，党的十七大报告明确提出："繁荣发展哲学社会科学，推进学科体系、学术观点、科研方法创新，鼓励哲学社会科学界为党和人民事业发挥思想库作用，推动我国哲学社会科学优秀成果和优秀人才走向世界。"党中央在新时期对繁荣发展哲学社会科学提出的新任务、新要求，为哲学社会科学的进一步繁荣发展指明了方向，开辟了广阔前景。在全面建设小康社会的关键时期，进一步繁荣发展哲学社会科学，大力提高哲学社会科学研究质量，努力构建以马克思主义为指导，具有中国特色、中国风格、中国气派的哲学社会科学，推动社会主义文化大发展大繁荣，具有十分重大的意义。

　　高等学校哲学社会科学人才密集，力量雄厚，学科齐全，是我国哲学社会科学事业的主力军。长期以来，广大高校哲学社会科学工作者献身科学，甘于寂寞，刻苦钻研，无私奉献，开拓创新，为推进马克思主义中国化，为服务党和政府的决策，为弘扬优秀传统文化、培育民族精神，为培养社会主义合格建设者和可靠接班人作出了重要贡献。本世纪头20年，是我国经济社会发展的重要战略机遇期，高校哲学社会科学面临着难得的发展机遇。我们要以高度的责任感和使命感、强烈的忧患意识和宽广的世界眼光，深入学习贯彻党的十七大精神，始终坚持马克思主义在哲学社会科学的指导地位，认清形势，明确任务，振奋精神，锐意创新，为全面建设小康社会、构建社会主义和谐社会发挥思想库作用，进一步推进高校哲学社会科学全面协调可持续发展。

哲学社会科学研究是一项光荣而神圣的社会事业，是一种繁重而复杂的创造性劳动。精品源于艰辛，质量在于创新。高质量的学术成果离不开严谨的科学态度，离不开辛勤的劳动，离不开创新。树立严谨而不保守，活跃而不轻浮，锐意创新而不哗众取宠，追求真理而不追名逐利的良好学风，是繁荣发展高校哲学社会科学的重要保障。建设具有中国特色的哲学社会科学，必须营造有利于学者潜心学问、勇于创新的学术氛围，必须树立良好的学风。为此，自2006年始，教育部实施了高校哲学社会科学研究后期资助项目计划，旨在鼓励高校教师潜心学术，厚积薄发，勇于理论创新，推出精品力作。原中央政治局常委、国务院副总理李岚清同志欣然为后期资助项目题字"厚积薄发"，并篆刻同名印章一枚，国家图书馆名誉馆长任继愈先生亦为此题字"生也有涯，学无止境"，此举充分体现了他们对繁荣发展高校哲学社会科学事业的高度重视、深切勉励和由衷期望。

展望未来，夺取全面建设小康社会新胜利、谱写人民美好生活新篇章的宏伟目标和崇高使命，呼唤着每一位高校哲学社会科学工作者的热情和智慧。让我们坚持以马克思主义为指导，深入贯彻落实科学发展观，求真务实，与时俱进，以优异成绩开创哲学社会科学繁荣发展的新局面。

教育部社会科学司

自　序

当下，我们身处互联网时代所激起的新媒体浪潮之中，媒体融合已成为时代发展的必然，传播对社会的重构作用更日益凸显。在媒体融合的背景下，我国广播电视媒体已经进入改革的深水区，面临着难得机遇和重大挑战。因而，广播电视媒体融合发展的理论与实践创新成为当务之急。

在此背景之下，《媒体融合中的广播电视：挑战、变革与未来》以党中央和习近平总书记关于媒体融合的重要指示精神为指导，立足媒介变迁潮流、借鉴国外研究成果、结合中国现实状况，对我国广播电视融合创新发展进行系统性的策略研究，从而为实现国家传播体系创新、推动媒体融合发展提供有益的理论借鉴和实践参考。笔者努力将视野放开，拓展和延伸至媒介融合的历史、当下与未来发展，运用全面、科学的研究视角，从宏观、中观、微观三个层面递进分析，融合了横向与纵向逻辑线索，详尽而全面地阐释了媒介融合的概念溯源、理论发展、表现形式，以及广电媒体融合实践面临的挑战、变革与机遇，并通过对比中外媒介融合现状，深刻地总结出我国广电媒体融合的现有成果、相关问题与建议策略，同时试图通过这样的研究路径为其未来发展提供更为明晰的方向和展望。在讨论"媒介素养""媒介环境"等专有名词时，以及强调"中间介质"的概念时，本书使用媒介一词；在讨论媒体行业范畴时，使用媒体一词。

具体而言，本书的创新点可归纳为以下几个方面：首先，本书紧跟党中央关于媒体融合的政策动态，敏锐地捕捉媒体融合的最新趋势及成果，融合了大量智能融媒体建设、全媒体建设的实践材料，以及人工智能技术、未来影像技术等在媒体融合中的应用，对未来技术型媒体进行了可能性设想，具有较强的理论前瞻性。其次，本书关注到媒介与社会的融合这一理论层次，探讨了媒体融合在社会服务中发挥的效用，并对未来媒体融合业态进行了展望，视野延伸至技术、媒体、社会之间的关系探寻，将策略探讨与中国特色的媒体实践紧密结合，具有独特的学术创新意义。最后，本书采用了实地调研、专家访谈等研究方法，获得了珍贵的一手资料和数据，具有独特的参考价值，为本领域及未来学界相关研究提供了鲜活的实证材料和一定的经验基础。

就学术价值而言，本书尽量用全面、科学的研究视角，从行业业态、技术发展、渠道平台、政策法规等多方面提出广电媒体融合发展的战略构架，为媒体融合理论的丰富和延伸贡献绵薄之力。就应用价值而言，本书顺应了当代国内媒体融合的时代要求，符合新闻传播规律，提出新型广播电视融合创新路径，关注相关建设实践的全局性与具体性、实效性与长远性，力求为媒体融合国家战略的制订起到抛砖引玉之效，并在把握战略全局的基础上，综合思考国家各个部门、各个层级和各个地域的决策需求，力图为广播电视媒体融合建设的政策制定与实施提供理论和实践参考，并为探究广电媒体生活的未来模式、广电生活服务的未来模式提供有益的启迪。

由于笔者学养有限，加之媒体融合领域的发展可谓一日千里，本书内容不免存在疏漏不当之处，唯期过往君子垂教焉。

段　鹏
于媒体融合与传播国家重点实验室
2022 年 4 月 15 日

目　　录

第一章　媒体融合的概念、产生和表现形式 ·· 1
　　一、媒体融合的概念及研究综述 ·· 1
　　二、媒体融合产生的动因 ·· 10

第二章　媒体融合的表现形式 ·· 27
　　一、微观层面：媒介技术的融合 ·· 27
　　二、中观层面：组织结构、生产流程和产品形态融合 ······················ 44
　　三、宏观层面：媒体产业、媒体规制和媒体与社会的融合 ··············· 58

第三章　媒体融合背景下我国广播电视媒体面临的挑战和机遇 ············· 71
　　一、媒体融合背景下广播电视媒体面临的困境和挑战 ····················· 71
　　二、媒体融合背景下广播电视媒体的不足及其原因 ························ 81
　　三、媒体融合业态发展障碍原因探究 ·· 88
　　四、媒体融合背景下我国传统媒体的发展机遇 ······························· 94

第四章　媒体融合背景下广播电视的改革实践 ····································· 99
　　一、国外广播电视媒体的媒体融合实践 ·· 99

二、国内广播电视媒体的媒体融合实践 ································· 106

第五章　媒体融合背景下我国广播电视的传播策略 ···················· 121
　　一、我国媒体制度的历史演进 ··· 121
　　二、传统广电媒体融合的应对策略 ··································· 127

第六章　广电媒体融合的前景展望 ··· 153
　　一、媒体融合发展的现状与成果 ······································ 153
　　二、广电媒体融合业态的展望与建议 ································ 164

参考文献 ·· 189

索引 ··· 203

第一章　媒体融合的概念、产生和表现形式

交流与往来是人类生活中必然存在的一个组成部分，小到使用社交软件发消息，大到国家元首访问他国，交流往来是再寻常不过的事情了。在原始社会，交流往来的程度与当今相比自然差距甚远。但即使是最闭塞、落后的原始社会，族群间也会在进行食物采集的过程中产生交流。在食物采集的时期，人们并不能够仅仅依靠居住地附近的野生植物饱腹，所以出走和寻找成了生活的必然，也就促成了交流往来的最原始目的——保证生存质量。

随着社会的发展，交流往来的目的也变得更加复杂，其中包括两种基础性交流——商业联结和文化联结。这两种沟通并不相互关联，也不彼此孤立。地区间的物质沟通主要依赖于商业。北美洲出产的毛皮、鱼类、烟草、棉花通过买卖输入欧洲，欧洲的制造品则输送给北美和非洲，亚洲的丝绸、茶叶、纺织品又输往欧洲各国。而今天，交流不再止步于航线和商船，海量的信息在媒介助推下飞速传输，人类在互联网等一系列新兴技术助推下进入媒体融合的大繁荣时代。

一、媒体融合的概念及研究综述

21世纪的媒介环境较上世纪发生了重大变革，受到国内外学界的广泛关注。国外学界对媒体融合（media convergence）的探索，可追溯至美国著名传播学专家伊锡尔·德·

索拉·普尔（Ithiel De Sola Pool）出版于 1983 年的《自由的技术》一书。在该书中，普尔指出："一个既定的物理网络能够提供任何类别的媒介设备，反过来，一个曾被限制于一种技术的媒介设备能够被传送到任何物理上分散的网络上。"[1] 这表明在理论上，媒介连接在技术的支持下成为可能。这一理论的可行性既从媒介技术发展的现实中生发出来，又在实践的推进中不断演变和丰富。

20 世纪七八十年代后，有其他学者和媒体从业者继续跟进媒体融合的研究并参与实践，凭借自身的学科背景知识和具体研究所得，共同推动了媒体融合的进展。如尼古拉·尼葛洛庞蒂（Nicholas Negroponte）和罗杰·菲德勒（Roger Fiddler）就在他们的著作中较早地预言了媒体融合的趋势。之后，大约从 90 年代末开始，一些涉及媒体融合基本概念的西方著作被译介到我国，如托马斯·鲍德温（Thomas Baldwin）等的《大汇流：整合媒介信息与传播》、罗杰·菲德勒（Roger Fiddler）的《媒介形态变化：认识新媒介》、凯文·曼尼（Kevin Maney）的《大媒体潮》、约瑟夫·斯特劳巴哈（Joseph Straubhaar）等的《今日媒介：信息时代的传播媒介》等著作对"媒体融合"的概念进行了较早的界定。

需要关注的是，20 世纪 80 年代，"媒体融合"这一概念虽然已经产生，但对它的明确定义仍未形成定论，主要有两方面的原因。一方面，由于媒体融合这一概念本身的历时性与阶段性，决定了其具体内涵随媒介变迁而不断更新。同时，对理论概念的把握与媒介发展的具体实践紧密相关，纵向时间维度的现实变化导致对这一概念不同的理解。另一方面，对这一概念的理论探讨来自多元化的研究视角，例如，西方对媒体融合的研究主要有媒介史、文化研究、政治经济学等视角，相异的研究视角也是导致对其定义不一的原因。[2]

另外，在经历了最初的媒体融合热潮之后，西方学者当前对媒体融合的看法趋于冷静，一些失败的媒体融合案例导致对"反媒体融合""媒介分化"的探讨，很多学者也指出公众并未在媒体融合的过程中受益。如埃德加·黄（Edgar Huang）和卡伦·戴维森（Karen Davison）等在《面对媒体融合的挑战：媒介工作者对跨媒体平台工作的忧虑》一文中指出："截至目前，大部分关于媒体融合的讨论都只聚焦于其商业价值。"[3]

在国内，较早对媒体融合予以关注的是崔保国和蔡雯。1999 年，崔保国在《技术创新与媒介变革》一文中提出，媒介变革呈现出两个最显著的特征："一是各种媒介的相互

---

[1] 郭毅，于翠玲：《国外"媒体融合"概念及相关问题综述》，载《现代出版》2013 年第 1 期，第 16~21 页。
[2] 段鹏：《挑战、变革与提升：媒介融合背景下中国广播电视舆论引导能力研究》，中国人民大学出版社 2015 年版，第 1~16 页。
[3] Edgar Huang, Karen Davison, et al. *Facing the Challenges of Convergence*, Convergence, 2006, 12.

融合与渗透,二是不断涌现各种新的媒介,即媒介的融合与裂变",率先向国内引介了"媒体融合"的概念。[1] 2005年,蔡雯撰写了一系列文章,对美国的媒体融合进行了探讨,比如在《新闻传播的变化融合了什么——从美国新闻传播的变化谈起》一文中,她一方面向国内介绍了美国媒体融合的发展状况,另一方面也呼吁国内学界对传播业务的整合趋势、新闻人才需求的变化等予以关注。[2]

近年来,国内学界对媒体融合的研究主要从以下角度开展。

(一)对媒体融合内涵和外延的界定

关于"媒体融合"的内涵,目前学界对此仍未成定论,但形成了多样化的理论视角。

从微观视野来看,有学者认为,媒体融合的核心,是"随着信息传播技术的突破,报纸、广播、电视、网络等媒介得以不断发展,加之来自受众、社会、政策等方面的藩篱得以跨越,各媒体间相互取长补短,呈现彼此融合之趋势"[3]。还有学者认为,媒体融合的本质在于"建立在介质融合之上的各种媒介形态的聚合"[4],其表现形式一是业界跨领域的整合与并购,二是核心技术的融合。[5] 另外,黄旦、李暄认为应该从更宏观的视野去关照"媒体融合"这一概念,媒体融合应是"社会形态的变化,即以数字技术为原技术平台,将不同维度上的媒介重新整合为一体,形成一个全球化的、涌动的'网络社会',而媒介组织就是这个网络中的一个节点"[6]。另外,学者们也从横向的多维视角来解读媒体融合的内涵。如刘宏从媒介功能融合入手,将媒体融合内涵的解读重心放在媒介受众及客户端上,认为由传播者和受众共同推动的媒介的传递、解释、舆论、消费等功能的融合应当被纳入概念界定之中。[7] 钱广贵等从经济学角度解读媒体融合,认为它是一种产业融合与市场融合。[8] 刘颖悟、汪丽则认为,媒体融合意味着媒介技术的融合、媒介业务的融合、媒介所有权的融合及媒介政府规制的融合等。[9] 除此之外,传媒管理层面的组织融合、社会文化层面的融合也是媒体融合内涵的一个维度[10],人类传播活动关涉的所有方面包括技术、经济、

---

[1] 崔保国:《技术创新与媒介变革》,载《当代传播》1999年第6期,第23~25页。
[2] 蔡雯:《新闻传播的变化融合了什么——从美国新闻传播的变化谈起》,载《中国记者》2005年第9期,第57~59页。
[3] 段鹏:《媒介融合背景下京津冀广电传媒发展策略研究》,载《中国电视》2018年第1期,第72~77页。
[4] 黄斐:《试论媒介融合的认知及实践误区》,载《新闻记者》2010年第8期,第33~36页。
[5] 孟建,赵元珂:《媒介融合:粘聚并造就新型的媒介化社会》,载《国际新闻界》2006年第7期,第24~27页。
[6] 黄旦,李暄:《从业态转向社会形态:媒介融合再理解》,载《现代传播(中国传媒大学学报)》2016年第1期,第13~20页。
[7] 刘宏:《媒介功能的融合:一个新的视角》,载《人民论坛·学术前沿》2019年第2期,第54~59页。
[8] 钱广贵,吕铠:《媒介融合的多元解读、经济本质与研究范式偏差》,载《当代传播》2015年第6期,第57~59页。
[9] 刘颖悟,汪丽:《媒介融合的概念界定与内涵解析》,载《传媒》2012年第1期,第73~75页。
[10] 陈映:《媒介融合概念的解析与层次》,载《北京邮电大学学报(社会科学版)》2014年第16期,第1~7页。

主体、内容、规范等,都是媒体融合的重要部分。[①]

在对内涵做出界定的基础上,对于媒体融合概念的外延,学者们也进行了一系列探讨。如媒体融合是一个动态变化的、界限模糊的状态,是一种老媒体适应新环境的"进化"过程;[②]媒体融合意味着媒介生产方式的变革,将助推媒介化社会的迅猛发展。[③]另外,有学者从媒体融合的数字逻辑入手实现概念的延展,认为大数据传播重构了媒体融合进程,媒体融合的核心是意识形态引导与传播,媒体融合的起点是应用数字技术、改变内容生产理念和生产模式,媒体融合的关键是打造新型综合经营体。[④]最后,传播理念、思维观念的融合也是媒体融合的题中之义。[⑤]

(二)关于媒体融合过程和模式的研究

对媒体融合的过程与模式,学者们从纵向历史演变、横向主体拓展两种视角进行了探讨。

从媒体融合历史演变的纵向逻辑出发,彭兰提出"媒体融合三部曲":第一阶段的跨媒体的产品扩张相当于传统媒体的"圈地运动";媒体融合的第二阶段则是基于传播者和受众的关系再造的"产品革命",意在拓展全新的市场空间;第三阶段的"信息终端的变革"则是媒体融合发展的"支点设置"。[⑥]还有学者从时间的纵向维度对媒体融合的模式与过程的变迁进行了探讨,如党冬耀认为,互联网由Web1.0到Web4.0,媒体融合模式也在随互联网的进化路径而变迁,互联网的进化重构了传者与传者、传者与受者等之间的关系,这是媒体融合的核心,追求人机合一、传受融合是媒体融合的发展方向。[⑦]

从媒体融合过程的横向逻辑来看,陆地等人提出了由市场推动的媒体融合的两种模式:一种是国有媒体主动吸纳市场资源、主动迎接市场挑战、主动拥抱其他媒体,是一场媒体融合的"自由恋爱";另一种是新媒体或者其他行业主动示好传统媒体或者其他新媒体,最后在市场"媒人"的撮合下形成"跨业"婚姻。[⑧]梁湘梓、欧阳宏生对广播媒体的融合创新模式进行了探究,归纳出广电媒体的融合发展历经了集聚、互动、制度厚积、

---

① 韦路:《媒体融合的定义、层面与研究议题》,载《新闻记者》2019年第3期,第32~38页。
② 韦路:《媒体融合的定义、层面与研究议题》,载《新闻记者》2019年第3期,第32~38页。
③ 孟建,赵元珂:《媒介融合:粘聚并造就新型的媒介化社会》,载《国际新闻界》2006年第7期,第24~27、54页。
④ 陈刚:《数字逻辑与媒体融合》,载《新闻大学》2016年第2期,第100~106页。
⑤ 蒋晓丽,贾瑞琪:《顺应社会变迁 调整三重利益:媒体深度融合的核心要义》,载《新闻界》2019年第1期,第44~51页。
⑥ 彭兰:《"圈地运动"—"产品革命"—"支点设置":媒介融合三部曲解析》,载《新闻与写作》2010年第2期,第17~20页。
⑦ 党冬耀:《互联网进化路径与媒介融合模式的变迁》,载《编辑之友》2015年第11期,第72~76页。
⑧ 陆地,高菲:《媒体融合的模式和媒介融合的趋势》,载《中国广播电视学刊》2019年第7期,第14~17页。

多样化四个演进阶段。[1]

从横向主体的思路出发,学者们也对媒体融合各个微观方面的过程与模式变迁进行了细致的考察。如段鹏、孔令皓就传统出版业创新性地提出了其融合发展的"三步走":巩固传统出版的内容优势;推动利用新兴出版技术,从而延伸拓展自身内容的覆盖面和影响力;融合外部资本,拓展产业布局,构建新型融合媒体集团。[2] 钱晓文对媒体融合作为商业模式的创新进行了细致描摹,认为当前媒体融合转型主要有内容驱动模式、渠道驱动模式、"内容+渠道"双驱动模式和媒体内部创新创业四种。[3]

(三)关于媒体融合规制和政策的研究

当前,媒体融合对媒介分立格局的改变,使传统的传媒产业规制遭遇冲击和挑战,规制变革成为各国应对媒体融合的必然选择。[4] 蔡雯、黄金通过对多国媒介管理现状的比较与思考,得出了相似的结论,认为规制变革是媒体融合发展的必要前提。[5] 段鹏就媒体融合规制提出,媒体融合作为传播领域内一场影响深远而广泛的革命,打破了过去技术、行业、业务和地域之间的壁垒,重构着内容生产流程、流通模式和市场结构,对媒体规制提出了新的要求。[6]

近年来,我国传媒产业规制变革也呈渐进式发展,但总体上仍未能顺应媒体融合的发展潮流和内在逻辑。[7] 有学者提出了具体的规制问题及其实际表现,如肖赞军认为,在媒体融合情况下,传统纵向规制框架与层级技术结构、横向产业结构之间的冲突,将产生规制不一致、规制不确定、规制不合理、规制不恰当四个方面的问题。[8]

针对于此,学者们也对媒体融合背景下媒体规制的发展前景有不少积极的探寻。不少学者在宏观上提出了规制改革措施。喻国明认为,从我国传媒的制度设计上进行规制与管理制度的改革,建立传媒业统一的国家规制与管理部门,建立科学有效的媒体规制效果的评价体系,以健全的法制体系替代政策或临时性的规管,以增强媒体规制的透明度、

---

[1] 梁湘梓,欧阳宏生:《论互联网时代"广播+"的创新模式》,载《湖南师范大学社会科学学报》2016年第4期,第149~154页。
[2] 段鹏,孔令皓:《出版业态融合与体制机制创新》,载《现代出版》2017年第1期,第5~7页。
[3] 钱晓文:《传媒融合转型作为商业模式创新的特点、利弊及启示》,载《上海师范大学学报(哲学社会科学版)》2018年第6期,第108~120页。
[4] 邹军:《媒介融合与中国传媒产业规制变革》,载《阅江学刊》2010年第3期,第37~41页。
[5] 蔡雯,黄金:《规制变革:媒介融合发展的必要前提——对世界多国媒介管理现状的比较与思考》,载《国际新闻界》2007年第3期,第60~63页。
[6] 段鹏:《媒介融合背景下提升我国广播电视舆论引导能力的策略分析》,载《中国广播电视学刊》2015年第4期,第33~36页。
[7] 邹军:《媒介融合与中国传媒产业规制变革》,载《阅江学刊》2010年第3期,第37~41页。
[8] 肖赞军:《媒介融合引致的四类规制问题》,载《当代传播》2014年第1期,第60~65页。

权威性和规范性，并实施不同地区、不同媒介的区别管理等，是媒体融合未来规制的主要方向。①李继东提出，媒体融合时代的媒体规制，应适应当前规制主体和对象的多元化、规制过程的复杂化、规制类型日渐多重和方式综合化等现状，因此，亟须改变基于行业区隔的规制思维，突破单一的政府规制模式，建构复合规制模式，内容规制和结构规制也需转型，规制方式应向联合模式转变；②林凌对媒体融合发展的立法模式进行了归纳，认为适合媒体产业发展规律和互联网传播规律的媒体融合发展立法，将成为推进媒体融合发展的有力保障。③

在媒体融合的现实语境下，有学者对未来我国的传媒产业规制的几大趋势进行了展望：抑制垄断和放松管制同步、内容监管与传输经营分开、规制机构重组由分立到统一。④

（四）关于我国媒体融合现状与问题的反思

现阶段，我国大规模、大范围、多向度的媒体融合尚未实现，但媒体融合进程还在持续，并呈现出"产品融合走向组织融合，从细节创新走向整体创新，从数字媒体走向智能媒体，从媒体平台走向社会平台"⑤的深度融合发展势态。

在现状研究中，传统主流媒体媒体融合的趋势和方向问题是一个研究重点，在这一视角下，学界不乏对我国主流媒体融合实践的具体分析。殷乐通过对2018年我国主流媒体融合实践的考察，认为当前中央和地方主流媒体纷纷加大推进融合发展的力度，融合的观念和实践均有突破：从生产和使用层面的融合走向组织层面的融合，并以平台建设对宏观层面的社会融合有所促进，融合的深度、广度、效度都有深化。⑥孙海悦则提出传统主流媒体融合的四大特征：一是从"被动融合"到"主动作为"，即向移动端的转移甚至倾斜不是随波逐流，不是偶尔为之，而是刻意推进、奋发有为的具体表现；二是从"做新如新"到"做旧如新"，即最初的媒体融合探索主要是做新媒体、做增量，在升级的过程中，从增量到存量，改革向深层次突破；三是从"点线带动"到"全面突破"，由量的积累到质的变化，从点线突破到面的推进；四是从"借船出海"到"造船出海"，即媒体的自主可控平台化建设水平不断提升。⑦

---

① 喻国明,苏林森:《中国媒介规制的发展、问题与未来方向》,载《山西大学学报(社会科学版)》2009年第6期,第101~107页。
② 李继东:《复合规制：媒介融合时代的规制模式探微》,载《国际新闻界》2013年第7期,第126~133页。
③ 林凌:《论媒体融合发展立法模式》,载《当代传播》2015年第1期,第65~67页。
④ 邹军:《媒介融合与中国传媒产业规制变革》,载《阅江学刊》2010年第3期,第37~41页。
⑤ 殷乐:《2018年中国媒体融合发展报告》,载《中国广播电视学刊》2019年第2期,第13~17页。
⑥ 殷乐:《2018年中国媒体融合发展报告》,载《中国广播电视学刊》2019年第2期,第13~17页。
⑦ 孙海悦:《媒体融合发展进入3.0时代》,载《青年记者》2019年第2期,第4页。

值得一提的是，在现状研究中，关于媒体融合的比较研究是一大亮点。通过对比国外、国内媒体融合的实践，总结媒体融合实践的整体共性与各自的独特性，从而为进一步的媒介战略的探讨提供基础。如仲心通过对英国广播公司（BBC）、挪威广播公司（NRK）、比利时弗拉芒语公共广播电视公司（VRT）的媒体融合策略进行对比研究，总结出我国的媒体融合实践应适当在新闻室模式、技术创新、多技能培养、管理变革四个方面吸取国外媒体的经验教训，采取市场化或规范化的方法加快媒体融合的进程。①

除了对媒体融合现状的勾勒，学者们还对融合进程中的实际问题进行了梳理与剖析。总体看来，学者们关注到技术运用、内容生产、资源运营、受众体验等各个层面的局限，理论视角多元。高晓虹认为，当前传统主流媒体内容管理面临的新问题主要是传统媒体存在矛盾心态、内容生产较为被动、内容生产思维固化、对于用户产生内容（UGC）/专业生产内容（PGC）/职业生成内容（OGC）的内容使用度不够、传统媒体内容版权得不到保护、媒体融合的传播平台存在短板、传统媒体内容生产人才流失等。②另外，有学者提出，传统主流媒体还普遍存在投入不足的现象，产品研发和运营的能力亟待提高，跨媒体、跨地域融合还有若干难题，媒体内部资源优化配置方面还需要加大力度。③严三九对我国24家媒体单位进行了问卷调查与深度访谈，发现我国媒体融合进程中出现的现实问题存在于以下方面：其一，内容生产固有模式被客观因素改变，传统单一化生产模式难以适应融合发展要求；其二，传统媒体不适应用户习惯的变化，受众思维薄弱；其三，融合发展使很多传统评价指标失效，评判标准呈现泛化趋势；其四，渠道扩展与创新面临新的困境；其五，媒体思维与产业思维的融合不够。④胡正荣、李荃认为，理念思维因循守旧、内容服务相对短缺、技术建设关注不足、体制机制改革滞后等是阻碍当前媒体融合进程的主要问题。⑤谢新洲、黄杨通过对多家国内媒体的访谈，提出我国媒体融合的经营管理、平台搭建、组织机构等均存在着问题与局限。⑥杨翠芳深入探讨了媒体融合背景下的媒体伦理问题。⑦朱鸿军则从信息版权方面反思了媒体融合在实践中

---

① 仲心：《欧洲三国媒体融合策略对比研究——以英国BBC、挪威NRK、比利时VRT为例》，载《中国广播电视学刊》2019年第1期，第74~76页。
② 高晓虹：《媒体融合新常态下传统媒体舆论引导面临的困境与出路》，载《社会科学》2015年第9期，第154~160页。
③ 孙海悦：《媒体融合发展进入3.0时代》，载《青年记者》2019年第2期，第4页。
④ 严三九：《中国传统媒体与新兴媒体融合发展的现状、问题与创新路径》，载《华东师范大学学报（哲学社会科学版）》2018年第1期，第89~101页。
⑤ 胡正荣、李荃：《推进媒体融合，建设智慧全媒体，提升国际传播能力》，载《对外传播》2019年第5期，第4~7页。
⑥ 谢新洲、黄杨：《当理想照进现实——媒介融合的问题，原因及路径研究》，载《出版发行研究》2018年第4期，第12~16页。
⑦ 杨翠芳：《媒体融合语境下的媒介伦理问题》，载《中国广播电视学刊》2016年第3期，第73~76页。

产生的问题。①

具体到不同的融合主体，学者们也有针对性地展开了剖析。对于广播电视媒体，笔者将其融合发展过程中出现的问题归纳为以下几个方面：一是媒体内容制作未能满足受众需求；二是融合规模小、融合程度低；三是与新媒体互动不足；四是人才缺口较大。

（五）关于媒体融合的实践策略与效益转换的探讨

2015年，媒体融合已前行至深水区。2017—2018年堪称为我国媒体融合由"相加"迈向"相融"的转折点，由单体融合、各自融合迈向区域融合、整体融合的关键点。② 当前阶段，媒体融合进入深水期，新型主流媒体打造进入攻坚期，全媒体现代传播体系建设进入全面发展期。在这样的媒介环境变迁的背景下，学界通过对媒体融合现实状况的考察，提出了一些创新性的理论思考与未来发展方向的建议。

综观学界观点，媒体技术、媒体内容、媒体受众、产业形态、体制机制、思维理念等方面的融合实践策略受到广泛关注。如胡正荣、李荃将当前媒体融合实践的着手点归结为四个方面：创新理念思维，引导媒体融合；优化业态供给，加速媒体融合；推动技术升级，驱动媒体融合；变革模式体制，保障媒体融合。③ 孙玲认为，当前的媒体融合实践应充分加快技术体系建设，推进内容优化，完善运行体制机制，实现与新媒体的优势互补，促进各种媒介资源及多种生产要素的全面协调、一体共生，从"相加"迈向"相融"，提升双方的协同共振效应，并加强综合评价体系建设。④ 高晓虹也从内容服务、管理制度、传播模式等方面提出了走出困境的一些思路。⑤ 曾祥敏提出，媒体融合的未来还要充分运用技术赋能、推动移动优先；坚持创新守正，做好舆论引导；打造公共服务传播平台，将媒体的社会功能与融合战略紧密结合。⑥ 沈菲提出，从受众层面，将原子化受众整合为链接式用户；从内容层面，将单一型节目生产升级为集群型生产；从营利与运营方面，加快建立资本运作机构和投资配套制度，不断完善适应融合发展的市场化运作机制，是媒体融合转型的必由之路。⑦

---

① 朱鸿军：《版权问题：制约媒介融合发展的瓶颈》，载《出版发行研究》2016年第10期，第80~82页。
② 孙海悦：《媒体融合发展进入3.0时代》，载《青年记者》2019年第2期，第4页。
③ 胡正荣，李荃：《推进媒体融合，建设智慧全媒体，提升国际传播能力》，载《对外传播》2019年第5期，第4~7页。
④ 孙玲：《传统广电媒体和新媒体的融合问题》，载《中国出版》2017年第1期，第35~38页。
⑤ 高晓虹：《媒体融合新常态下传统媒体舆论引导面临的困境与出路》，载《社会科学》2015年第9期，第154~160页。
⑥ 曾祥敏：《引领媒体融合改革向纵深推进——学习习近平总书记"1·25"重要讲话精神的体会》，载《传媒》2019年第10期，第66~68页。
⑦ 沈菲：《媒介融合背景下广电集团的发展战略》，载《青年记者》2016年第4期，第91~92页。

具体到不同的融合主体，学者们提出了具体性的现实策略。对于我国传统出版单位的转型方向，段鹏和张媛媛提出，应始终将传播内容放在首要地位，与计算机、智能媒体等新技术深度融合，并重视传播的重要性等方向性措施。[①] 另外，不少学者对媒体融合的现实成效、效益转换、盈利落点、实际收益进行了落地考察。如喻国明以传统的电视媒体为例，对其媒体融合的效能转换进行了分析，认为未来的媒体融合的盈利模式与思路可从电商+视频的节目、视链产品、商业定制及其他衍生类消费产品等几个方面入手。[②] 另外，提供优质内容、实施内容付费，充分挖掘资源、大数据资源变现，建设媒体电商、盘活优势资源，链接本地需求、开启信息服务等媒体新型变现和盈利模式[③]，是未来媒体可供选择的变现路径。

通过以上梳理可见，国内现有的关于传统主流媒体融合的研究虽已形成热潮，且产生了较多研究成果，但仍存在一定程度的局限性。

首先，媒体融合议题本身具有实践性特征，然而，在研究方法层面，现有研究多为理论探讨，多重于思辨而轻于实证，多从理论归纳出发而非从具体实践入手，对案例的选取重数量而轻深度，缺少对特定媒体融合案例的系统性、深入性分析，以及对其独特融合语境的具体考察。

其次，仅有的实证研究亦多从宏观层面出发，缺少微观及中观的具体性分析，且多近似于策略研究，缺少学理性及思辨性。这或可导致相关研究单纯从媒体的角度进行思考而缺乏跨学科的多样化视角。如国外学界一部分关于媒体融合的研究是以传媒公司作为田野调查对象，通过获取公司规划、从业人员访谈等一手资料对媒体融合进行递进式管理。我国学界尽管也有一定的媒体融合案例研究，但总体而言较为宏观。

最后，当前的研究成果多聚焦于媒体融合实践的某一方面，缺乏全面性、系统性的考察。这从侧面反映出学界对我国媒体融合实践的独特性缺少关照，未能将理论探寻与具体的实践语境结合起来。

截至目前，媒体融合仍是国内外学界的一大研究热点，其中关于传统主流媒体在媒体融合过程中的困境的研究也已形成了一些成果。但是，对这些研究进行分析可以发现，不论从研究方法的适用性、实践性和规范性，还是从研究内容的广度、深度来看，都有继续深入的必要。据此，笔者认为可采取观察、访谈、文本分析等定性研究方法，结合

---

① 段鹏，张媛媛：《传统出版社数字化转型方向与突破点》，载《中国出版》2019年第8期，第33~37页。
② 喻国明，刘旸：《"互联网+"模式下媒介的融合迭代与效能转换》，载《新闻大学》2015年第4期，第1~6页。
③ 王玮：《媒体融合转型的盈利模式探析》，载《传媒》2019年第3期，第62~64页。

典型性、特色化的融合案例，参照具体的社会语境，对我国媒体融合实践进行深入研究，并拓展理论视角，宏观、中观、微观视角相结合，同时注重实践性与理论性相结合、细致性与系统性相结合、针对性与全面性相结合。

二、媒体融合产生的动因

普尔在其著作《自由的科技》中，透彻而精准地将媒体融合的图景描述为："过去为不同媒体所提供的服务，如今可由一个媒体提供；过去为一种媒体所提供的服务，如今可由不同的媒体提供。"[①] 如今，对媒体融合的动因进行探究，从理论意义上来说，对于分析当下的媒介环境、正确理解媒体融合的影响、认清媒体未来的发展趋势大有意义。从现实层面来说，探析媒体融合的内外动力，有助于我们了解新形势下媒介内容生产方式、新闻传播方式的转变，从而进一步推进媒体融合进程。

媒体融合是多种因素共同作用的结果。其中，媒介竞合、技术发展和媒介生态的变化是媒体融合产生的内在动因；受众市场、媒体产业和制度政策则是媒体融合产生的外在力量。

（一）媒体融合的内在动因

1. 从"媒介竞合"到"媒体融合"的过渡

普尔将"媒体融合"定义为"各种媒介呈现出多功能一体化的趋势"。随后又有学者从不同角度提出了各自的媒体融合的概念，这些概念之间存在着相当的分歧。事实上，虽然媒体融合是随着数码电子技术的发展而产生的一个新概念，但它的雏形早已孕育于媒介发展的历史长河中。广播电视和电影技术诞生后都曾与旧媒介产生冲突，而在双方摩擦对峙的过程中，新媒介与旧媒介之间又进行着彼此的学习和借鉴。各种媒介之间的互相合作、互相补充，我们称之为媒介竞合，这可谓媒体融合的初级阶段。在互联网产生以后，传统媒介与新媒介之间的矛盾冲突愈发激烈，同时，媒体融合又在更高的层面迈步前进，直指人类实现信息自由的梦想。

那么，不同媒介之间的竞争和合作究竟是怎样的？早期媒介竞合又是如何向媒体融

---

① 郭毅，于翠玲：《国外"媒介融合"概念及相关问题综述》，载《现代出版》2013年第1期，第16~21页。

合过渡的呢？接下来，我们将通过回顾媒介发展演变的历程来论述这个问题。

广播的诞生，才使媒体融合具有了产生的必要条件，即存在两种及以上的媒介形态。从那一刻起，作为新媒介的广播和作为旧媒介的报纸开始并存于世，二者之间开展了一番旷日持久的竞争和较量。

19世纪末，"廉价报纸"的问世宣告了一个新时代——大众传播时代的来临。这一时期，由于报纸售价低廉，且越来越迎合普通民众的口味，其发行量直线上升，读者范围不断扩大，最终实现了"小众"向"大众"的转变。报纸作为第一个大众媒介，在推动社会历史进程中扮演了不可或缺的重要角色。首先，它促进了资产阶级民主的进步。19世纪末廉价报纸出现以后，一些报社不再接受党派津贴而转为自由出版、独立运营。由此，它享有了充分的采访权和发布权，开始作为"第四权力"发挥作用。其次，它推动了社会经济的发展。发行量大的报纸获得了大量的广告投入，广告费成为报纸的一项主要收入来源；同时通过刊登广告、推销产品，报纸反过来又促进了消费，促进了市场的繁荣。最后，报纸业的飞跃发展推动了新闻媒体的产业化。

总而言之，报纸媒介曾经主宰着整个大众传播事业，但它的地位在广播兴起后逐渐退居其次。《火星报》的创办者列宁曾经欣喜地称广播为"不要纸张、'不受距离限制'的报纸"[①]。广播作为一种新兴的电子媒介，其诉诸听觉的传播方式可以充分刺激人们的感官，具有很强的现场感，给人以强烈的感染力，被称为"心灵剧场"。广播的时效性很强，可以进行直播，而且具有良好的伴随性，人们可以一边听广播一边忙其他工作。这样，报纸的地位便一落千丈。

表面上看，广播媒介似乎在竞争中"打败"了报纸，报纸接下来要退出历史舞台了。然而事实并不是这样。随着时间的推移，广播媒介的缺陷逐渐暴露出来。广播传播的内容保存性很弱，不能承载深刻复杂的议题，满足的是听觉，却不能给人以视觉的享受。相对而言，报纸便于折叠，方便携带，可以长期保存、反复阅读，可以传递深邃复杂的抽象议题，还能刊登精美的图片。报纸很好地弥补了广播媒介的不足，于是二者最终形成了今天的结果，即各司其职，各安其政。

报纸虽流失了一部分客户，却在自己擅长的领域更加精进；广播利用自身优势，获得了庞大的听众市场，但这不是对于报纸的挤压，而是开辟了它自己的市场增量。而且二者并不是单纯的敌我关系，广播和报纸在各个层面上也开展了合作和补充。比如在业

---

① 《列宁全集》（第四十九卷），人民出版社1988年版，第244页。

务上，广播新闻一直模仿报纸新闻的编辑手法，甚至按照报纸的写作模式去报道。报业集团兼营广播公司的情况也屡见不鲜。

报纸和广播之间的竞合在报纸、广播和电视之间再一次上演。第二次世界大战以后，电视在美国获得快速发展，几大广播公司一方面保留电台，另一方面都开始探索电视这一当时的新媒体。电视媒介有其强大的威力，它集声音画面于一体，可以自由组合文字、声音、图像以达到最佳的表现效果。它几乎囊括了报纸、广播的所有特点，成为三大媒介中当之无愧的佼佼者。

电视诞生以后迅速进入百姓家庭，让广播、报纸溃不成军。人们不再通过其他渠道获取娱乐和消遣，而是整天坐在家里，花上好几个小时观看电视。大批的报纸企业从盈利转为亏损甚至倒闭。电视对于广播的冲击尤其强烈，广播在广告额递增速度大赛中击败报纸还没过多久，就不得不尝试被新兴的电视取代。1963年，电视新闻观众的受众人数第一次超越了报纸，电视新闻时代真正来临，报纸和广播的生存空间被空前压缩，电视成了人们最主要的娱乐工具和获取新闻的渠道。

然而在经过一段时间的混战之后，广播又重新找到了自己的用武之地。广播电台调整自己的节目形式，尝试在自己更擅长的领域同电视抗衡，如开设音乐频道，大量增加古典音乐、乡村音乐等适宜听的内容。同时它由"广播"转向"窄播"，以特定的听众群为对象，满足不同细分市场受众的需求。而电视节目由于制作成本高昂只能望洋兴叹。此外，广播由于其独特的伴随性，迅速获得了以汽车驾乘人员为目标的市场。总的说来，广播虽然被电视媒介猛烈地撞击了一下，但它依然享有自己的一方领土。报纸也通过转型获得了新的生机，它能通过文字给读者以冷静严肃思考的空间，而电视的现场感在这方面反而成为劣势。

在三种媒介竞争的同时，更加引人注目的是新旧媒介之间的互相补充和互相借鉴。早期的电视基本上是将广播节目转移到电视上，这时的电视可谓广播、报纸等的传声筒。而随着时间的推移，新旧媒介虽然各自发展，但它们之间的互相学习成为常态。电视新闻的本台评论、评论员文章等是学习了报纸和广播的结构方式。比如以凤凰卫视制作的《有报天天读》，还有中国中央电视台（简称央视）《第一时间》中的《马斌读报》栏目等。

从媒介功能与受众需求的互动关系来看，与报纸相比，广播是新媒介；相对报纸、广播而言，电视又是新的媒介。每一次新媒介的诞生都伴随着短时期内的迅速扩张，都不可避免地给旧媒介带来强烈的冲击。然而即使"狼已经来了"，广播也并没有取代报纸，电视也并没有取代广播。就像罗杰·菲德勒提出的那样："一切形式的传播媒介都在一个不断扩大的、复杂的自适应系统以内共同相处和共同演进。"[1]也就是说，每一种新媒介的出现并不会摧毁以往的旧媒介，而是新旧媒介在彼此竞争、渗透、适应和进化中形成一种新的格局。

回顾这两段媒介发展史，当时还没有出现媒体融合这个概念，但是我们可以发现媒体融合的初级形态已经孕育其中并且成长起来了。我们一般用媒介竞合时代来概括在互联网出现之前的这个时期的媒介关系特征，即三大媒介在竞争的基础上开展合作，媒介间的关系既矛盾又统一。这是媒体融合的萌芽阶段，也是对未来媒体融合的预演。称其为"竞合"而非"融合"，最主要原因在于三大媒介之间的互补、借鉴有一个前提，那就是媒介形态之间的界限仍然清晰。而互联网新媒介的出现，真正推动媒介竞合向媒体融合的过渡，这是人类从媒介时代向后媒介时代的过渡，也是人类信息科技发展到较高阶段以后的突变。

2. 技术进步——媒体融合发展的核心动力

在传播学领域，我们经常将传播科学和传播技术混用。为了更好地阐述技术对于媒体融合的影响，接下来我们对两者进行区分。概略地说，科学是对真理的探求，而技术更具有实用性。由此我们可以做这样的理解：严格说来，传播技术是传播学研究的主要对象之一，而影响传播技术发展的科学则很少作为传播学的内容。[2]接下来我们将要讲述传播技术是如何推进媒体融合进程的，在必要时候可能会涉及一些传播科学的内容。

从马歇尔·麦克卢汉（Marshall McLuhan）的研究开始，传播技术和传播形态日益成为传播学研究的新内容。麦克卢汉对于媒介技术的理解比较宽泛，按照何道宽的说法，他是一个"泛媒介论"者。国内外学者对传播技术的理解千差万别。一般来说，对人类传播活动起到推动作用的技术都可以是广泛意义上的传播技术，但并非所有的传播技术都可以转化为传播媒介。所以为了方便研究，我们接下来要讨论的所有传播技术实际上都可以理解为媒介技术。

毋庸置疑，传播技术的发展促进着媒介的发展。迄今为止，人类主流媒体技术的发展历经如下阶段：口语媒介、文字符号媒介、印刷媒介、电子媒介和网络媒介。而媒体融合就诞生于第五个技术阶段：网络技术媒介。

正如约瑟夫·多米尼克（Joseph R. Dominica）的"媒介时间轴"所描绘的，从时间维度来思考以技术为核心动力的传播媒介的发展进程，我们可以清晰地认识到，媒介技

---

[1] [美]罗杰·菲德勒，明安香译：《媒介形态变化》，华夏出版社2000年版，第94页。
[2] 鲍立泉：《技术视野下媒介融合的历史与未来》，华中科技大学出版社2013年版，第5~7页。

术及其相应媒介的发展呈现加速变化的特点。通过对以往媒介技术发展脉络的梳理，我们可以得到传播技术与媒介发展的关系，进而探索媒体融合的逻辑。毫无疑问，传播技术深远地影响着媒介发展的进程，技术推动新媒介的产生和发展，同时新媒介与旧媒介在原有的格局上叠加和共生。数字传播技术和通信技术的结合成为当前传播技术发展的主导方向。在网络技术媒介时代，数字传播技术的出现突破了传统媒介的传输方式和终端方式，使得传统媒体原本泾渭分明的界限逐步消融。单一媒体在渠道和终端上的唯一性成为历史，最终形成媒体融合。那么，究竟什么是数字传播技术？它又是如何促进媒体融合的呢？

数字传播技术是一项与电子计算机技术相伴而生的技术，是与模拟传播技术相对应的一种技术，它借助一定的电子设备将包括图、文、声、像等各种信息，转化为电子计算机能识别的二进制"0"和"1"后进行计算、加工、储存、传送、传播和还原。在数字传播时代，借助数字化电磁波，比特的传播速度趋近于光速。与传统媒介技术相比，数字技术在压缩、抗干扰、精确度、保密性和通用性方面都具有一定的优势。这使得人类对于信息的传播和接受发生了根本性的变革。譬如数字信号的压缩性不仅大幅度提高了传播效率，而且提高了其承载的表达能力。[①]

网络媒介是最先被认可的新媒介，数字网络技术的发展可以说是新媒体发展的真正起点。基于网际互联协议（Internet Protocol，IP）技术的数字通信网络、个人计算机终端、网络文件服务存储系统的大量普及是人们接受网络媒介概念的基础。学界对于网络媒介已经给予了充分的重视，学者们发表了大量的研究成果去阐述网络媒介这种新兴媒介的特征。交互性是网络媒体最为显著的特征之一，它打破了传统媒体点对面的单向线性传播方式，以交互性的传播方式取而代之，受众不再处于"你登我读""你播我看"的被动地位，而是有了更多的选择和参与的主动权，甚至"受众"概念都可能被"产消者"（"prosumer"，producer+consumer）代替。由此带来的受众需求的变化，使得媒介同时融合多样性的功能成为必然趋势。因而，媒体融合便有了市场化的基础。

然而从技术应用的角度来说，在网络时代，任何一种新媒介的诞生都不是单一数字技术催生的产物，而是多种数字传播技术共同推进的结果。以数字符号编辑技术、数据存储技术、数据网络技术和数字表现技术为主体的数字技术群，为新媒介群提供了相应的技术支撑。数字技术的裂变和重组产生了新媒介群，比如个人计算机（PC）、手机和

---

① 鲍立泉：《数字传播技术发展与媒介融合演进》，华中科技大学博士学位论文，2010年，第53~55页。

电子阅读器等，它们在技术基础上的数字同根性使新媒介群之间保持着紧密的关系和联络。由此我们得出，无论新媒介在表现形态上呈现何种多样性，由于支撑它们的技术存在相同性，故新媒介群具有共通性和融合性。

纵观整个传播技术的演变过程，我们不难发现，一部人类传播活动的历史就是社会信息系统不断发达、不断完善、不断活跃的历史，其中，作为其核心的媒介技术的发展是一个从无到有、从低级到高级、从简单到复杂的过程。新旧媒介之间并非简单的更迭交替，而是呈现出一种逐步融合的态势。传播技术的进化使得媒介不再离散于人群之外，而是与传播活动共同渗透了社会的整个机体，重构了人们依赖于媒介所栖息的生活状态。

比如传统媒介引入数字传播技术，实现传统媒介数字化的转变。事实上，由于传统媒介之间存在明显技术差异，前数字传播媒介的运作都是条块状的，彼此互不关联；而数字传播技术的运用使得不同媒介之间的技术界限溶解甚至消失，为新旧媒介之间的渗透和融合提供了有力的技术保障。

3. 媒介生态变化促进媒体融合

从媒介生态的角度来说，新媒介的兴起会解构传统媒介的生态、形态结构。从这一角度看来，传统媒介寻求与新媒介的融合发展成为其持续发展的必然选择，同时，新媒介的功能也在传统媒介的基础上不断延伸与丰富，这一过程实质上就是媒体融合的早期阶段。

关于新媒介的界定一直存在着两种观点：一是相对观点，二是绝对观点。多数学者对于新媒体的界定具有鲜明的时代特征，计世资讯给出的新媒体定义是：始于2006年的新媒体是以广泛的互联网为基础的，融合个人对个人（p2p）流传播、宽频无线远程传输、定向可控广播传输等新技术，以计算机、电视机、手机［含掌上电脑（Personal Digital Assistant，PDA）］为显示终端，呈现所有视频、音频、文字内容的服务平台。几乎所有学者在提到新媒体的时候都认为新媒体的主要代表就是以数字技术为基础的互联网。然而，无论新媒介究竟是什么，毫无疑问它对人们的日常生活产生了巨大的影响。

移动互联网智能终端，凭借便携性和多功能性迅速在媒体产业占据了一席之地，特别是第4代（4G）通信技术推广以来，智能手机终端凭借其突破性的快速、稳定、兼容的特点，迅速成为用户获取信息的第一选择，其即时、迅速、全方位的信息服务更是改变了整个媒体产业的格局。对媒体而言，第5代（5G）通信技术的出现又必然会对信息传递效率和传播介质带来深刻影响，一方面，图像视频传输更加便捷，用户通过视频获取信息会更加容易，这意味着影像传播将成为未来主要的信息传播方式；另一方面，5G

还会助推"万物互联"进一步发展，传媒场景会更加多元。[①]

当前人们的生活节奏明显快于以前，相对于以往，现在人们的信息获取时间更加碎片化，新媒体的特点迎合了人们的信息获取方式。另外，阅读形式也有了翻天覆地的变化，文字、图片、声音、动画和视频等传播形式更加多样化，随着虚拟现实（VR）技术的发展，未来人们甚至可以沉浸在虚拟现实中通过直观体验来获取信息。阅读环境和阅读习惯也接连发生变化，人们可以随时随地通过手机、电子书、平板电脑和智能手表等多屏移动终端来进行移动式阅读或在线阅读或云阅读。

人们也被新的媒介培养出了新的信息接收习惯，这可能是对旧媒介最致命的一击。从"深阅读"到"浅阅读"，从"熟读"到"泛读"，以及碎片化阅读、沉浸式阅读，受众接收信息的开放性、多样性、娱乐性、体验性等趋势也日趋明显。新闻消费场景在时间和空间上的碎片化、移动化，加之用户选择的自由度和开放性高度提升，促使媒体不能再仅仅提供大容量、高密度和集中化的整合性新闻产品，而要对报道内容进行切割细分，或对新闻题材进行修正。总而言之，人们越来越依赖于新媒体的传播方式，而这重新形塑了人们的生活方式。在这种背景下，新媒体的使用人数迅速上涨。明显可见，网络已经成为人们获取新闻资讯的主要媒介之一。

网络媒介的冲击来势汹涌，在一定程度上冲击着传统媒体的消费市场。

中国社会科学院社会发展研究中心进行的互联网调查显示，网络占用了受众更多的时间，而不仅仅是阅读报纸的时间。这有点类似于电视兴起之时的情况，电视占用了人们大量的时间，几乎所有的娱乐和文化产业都受到了冲击。面临新的媒介生态环境，历史好像又在重演。传统媒体在新媒体的冲击下风雨飘摇，新媒体风头正盛，传统媒体的转型发展和新旧媒体的融合已迫在眉睫。

（二）媒体融合的外部力量

1. 受众因素——媒体融合的市场动力

美国著名传播学者保罗·莱文森（Paul Levinson）在其博士后论文中首次提出了关于媒介演变的"人性化趋势"理论，该理论认为受众在媒介演化中具有非常重要的意义，即人类发展了媒体，所以媒介越来越像人类。媒介并不是随意地衍化，而是越来越具有人类传播的形态。人类大脑是生物处理信息的终极融合案例，因此媒介会向着人类的功

[①] 刘长发等：《5G将如何改写传媒业》，载《传媒》2019年第6期，第6~7页。

能和形态发展；同时随着媒介的进化，每个设备能做的将会越来越多，直到所有设备都融为一体，在这个意义上媒体融合就达成了。因此，媒介未来发展趋势将顺应人类特性，受众自身特征将影响媒体融合的走向。

受众这一概念所包含的范围十分宽广。从传播学的视角来说，传播过程中存在两个主体：传播者和受传者。受传者是传播行为的接受者，是信息传播的目的地，是传播活动的一个重要环节，也是传播过程得以存在的前提和条件。离开了受传者，传播活动就失去了方向和目的，就不能称其为传播。在人际传播和组织传播中，传播者和受传者的地位总是相对存在的。在这些传播活动中，并没有明确的受传者。所以一般来说，受传者概念多存在大众传播的情境之下。

大众传播活动中信息的接受者、受传者、传播对象统称为受众，具体可以包括报刊书籍的读者、广播的听众、电影电视的观众及互联网的网民等。美国传播学者赫伯特·布鲁默（Herbert Blumer）将受众称为"mass"，意指大众。根据他的分析，受众具有"多、杂、散、匿"的特点：① 大众传播的受众规模庞大，一家有影响力的媒体甚至拥有几十万、几百万乃至上亿的受众；② 不同的年龄层、种族、性别、职业、经济收入水平、居住地区及文化差异等因素构成了大众传播受众多样的社会属性；③ 大众传播的受众具有分散性，这些从事不同行业、有着不同动机、互不相识的群体是处于无组织、流动、变化状态的；④ 对传播者来说，受众具有隐匿的特性，传播者可以了解受众的总体特征，却难以把握所有受众的具体情况。

从受众概念和市场营销的角度来说，"4C（消费者、成本、便利、沟通）"营销理论提出将消费者（受众）放在市场营销的中心位置上。具体说来，它以消费者需求为导向，重新设定了市场营销组合的四个基本要素：消费者、成本、便利和沟通，并强调要将消费者的满意度放在首要位置。该理论同样适用于传媒领域。在媒体的发展过程中，受众的需求是媒体发展的重要推动力，受众需求的变更会导致市场竞争的变化，而媒体融合正是媒介产业为了适应多元化的受众需求而进行的一种变革。综上所述，受众是媒体融合的基本驱动力，而受众分化和受众极化则从不同方面促进了媒体融合。

当前，大众媒体在人们的日常生活中扮演着越来越重要的角色。我们不能否认的一个事实是，媒介内容不足的年代，人们选择的空间少，千家万户观看同一个电视节目的情况容易出现。比如多年前出现的万人空巷收看电视剧《渴望》、春节联欢晚会等的现象。[1]

---

[1] 段鹏：《传播学基础：历史、框架与外延》，中国传媒大学出版社2006年版，第203页。

当时由于生产力的限制，媒介产品的数量十分有限，不同年龄、不同职业、不同阶层和不同教育水平的受众只能共享同样的媒介内容。因此当时的节目内容同质性很高，以期取得雅俗共赏、老少咸宜、妇孺皆乐的效果。

然而，随着媒体技术等的不断进步，媒体内容的创造与生产也得到了巨大的发展。在此基础上，媒体资源不再是稀缺性的，相对而言，媒介对于受众的争夺反而日趋激烈。根据伊莱休·卡茨（Elihu Katz）提出的使用与满足理论，受众是有着特殊需求的个人，他们的媒介使用行为只是出于自身需求。在媒体竞争日趋白热化的今天，媒介内容日趋丰富，受众已可以根据自己的需求来选择媒体内容。

技术先进性为受众提供了选择的可能性，而受众自身的因素则决定了他们做出的选择。随着经济、技术等的发展，受众的媒介兴趣发生了分化。以电视受众为例，他们对节目的要求、判断标准和收视趣味各不相同。这就要求电视节目频道专业化，即从原来的综合频道分化为新闻频道、体育频道、音乐频道和电影频道等。尽管某些重大新闻还能获得多数观众的关注，但像我国在二十世纪七八十年代那种"央视一套包打天下"的局面已经一去不复返了。不仅传统媒体由"广播"转向"窄播"，新媒体如互联网的出现，更是大大加剧了"受众分化"这一进程。

综上所述，传播技术的发展和受众的社会分化共同导致受众分散化。在这一新型媒介生态中，没有哪一种媒介可以单独获取受众的注意力。任何媒介想要争夺到足够维持其生存和发展的注意力，就必须依靠多重媒介。因此，我们认为，受众市场的细分化要求媒体融合为其提供崭新的媒介形态，使之可以满足社会的多样化需求，从而为受众提供更加丰富的内容和渠道选择。

"受众极化"是指受众分化为忠诚者和不接触媒介者两个极端部分的倾向。受众极化导致媒体流失了最"大众"的受众，却收获了其核心受众。网络信息时代，信息大量泛滥造成信息过剩，同时随着受众接触信息的媒介和渠道日趋增多，受众的主动性大大增强。由于受众注意力有限，因此他们只能选择接触有限的媒介内容。在这一前提之下，受众会变得苛刻，即只专注于与自身利益相关、符合自己兴趣或爱好的内容，而摈弃那些无关或者不感兴趣的媒介信息。随着这一进程的逐步推进，受众逐渐演化为专门受众。这些受众注意力相对集中，参与传播活动的目的性和功利性较强。由于他们对于接受信息有着较高的专门性需求，而单一媒介显然很难满足，因此需要新旧媒体进行跨媒体整合，从而方便受众利用不同媒介选择获取自己所需的信息。

最后，网络媒体自身具有传播面积广、信息容量大和信息链接无限性等特点，这也导致一种新的信息消费方式的产生——集合式消费。人们已经不能从单一的书籍、报纸、杂志、广播、电视媒介消费中获得满足，而是更希望在一台电脑、一部手机上既能收发邮件、浏览网页，也能看电影、看直播、听广播、即时通讯等。

2. 产业因素——媒体融合的产业要求

媒体融合进程中出现的另一个变化就是整个传媒产业组织结构的调整，成功实现相关领域融合的媒介组织往往可以获得巨大的发展优势。尽管迅速发展的新媒体依靠突破性的技术和伴生的理念实现了发展，但是传统媒介和大型媒介组织历经几个世纪所积累的品牌资源仍然是其不可磨灭的优势。一方面，传播技术的进步自然要求管理方式和组织结构的进步；另一方面，新旧媒介各自的优势互相吸引，新媒介尝试不断强化自己的媒介属性，而传统该媒介也在尝试改革自身组织结构以便让新的融合技术更好地发挥作用。

媒介组织在部门设置和人员分工上尝试进行的融合通常被称作组织结构的融合。顾名思义，为了适应不同媒介终端呈现多样化的媒介产品的需求，媒介组织内部的各类部门，包括行政、采编、渠道，以及以传统媒介和新媒介为分野的业务部门之间，必须形成紧密的联系，以保证更为通畅的交流以适应媒体融合的需要，媒体融合发展的要求是媒介组织内部各项资源均能够被充分调动以进行媒介生产的活动，而为了适应这一要求，更高效地调配企业内部包括人力、财力等在内的各项资源，融合性的媒介生产部门应运而生。

以英国广播公司（BBC）改组编辑部后形成的超级编辑部为例，新的多媒体新闻编辑部和多媒体节目部取代了原来电台、电视台、网络这三个被媒介之间界限分隔的部门。超级编辑部形成一种中心发散的结构，新的编辑部和节目部位居中心，由自身的编辑和节目制作者坐镇，对不同部门、平台和地区的记者进行调度。与以往广播、电视、网络等不同平台的员工各自为政不同，新组织架构下媒体人在同一空间工作，接受统一的调度。这种新的编辑部结构有助于实现资源共享，提高工作效率，改善新闻质量，节约生产成本，实现对新闻资源有效的循环利用。

媒体内容的生产方式也发生了相应的变化。媒体融合环境下的媒介产品通常包括以往几个平台上的内容。以微博这种融合媒体的传播为例，文字、图片、语音、视频都被应用到其中以帮助内容的传播。而为了满足这种内容生产的需求，应当组建一个更为融合的跨媒体的内容生产小组，原本的单一媒介的采编员也应该相应地升级为多媒体、全媒体记者。同样以BBC的一个集合了各个平台的专家型记者及BBC互动电视的记者的多媒体新闻采集小组为例。BBC设立了一套统一的采编系统来保证所有新闻素材都用统一的形式进行上传，并且供他人分享。一线记者在现场通过各种设备获得的声音、图像和信息，都上传到一个资料库之中。通过新的生产环节的调整，取消了原本分设在不同媒体部门的编辑部，将采编一体化的进程进一步向前推动。除了内容生产方式的革新，接纳更多的受众进入内容生产环节也成了诸多媒体的选择。在新的传播技术的支持下，普通用户进入信息生产领域成为可能，以往属于采编人员的特权现在被分享给用户，更多用户的原创内容可以依照其个人的喜好上传至相关平台。

整个媒体产业也在融合的过程中呈现出变革的形态，通过媒体产业和规制的融合，新时代的媒体得以和日新月异的社会保持同步，实现媒介和社会的融合。传统的媒体产业进一步扩张自己的涉足领域，随着媒介生态环境的变迁、技术的发展和三网融合的推进，传统广播电视媒体的垄断模式被打破，传媒产业在媒体融合的过程中，不仅融合了原有意义上的传媒产业，还包括以原有传媒产业为中心而参与到融合中来的电信产业和非原有媒介意义的产业。媒体产业通过横向和纵向的整合，实现了同业整合和上下游的扩张，帮助媒介组织调动并制作更多资源。

规制融合更应该走在媒体产业融合的前面，成立融合规制部门，树立融合规制理念，消除媒体融合的政策梗阻；通过多元化规制手段促进不同传媒产业间的融合竞争，提供优质的信息服务；满足受众多元化的信息需求是媒体规制融合要达到的目标。

3. 政策因素——媒体融合的制度保障

大众传媒具有社会和经济两重属性。它既作为社会公器存在，行使一定的宣传和监督功能；又具有经济属性，行使着产业功能。由于其强大的影响力和稀缺性，各国政府对大众媒介进行了严格的管理。

世界各国均基于本国的具体情况调整了自己对于传媒行业的规制，以建立一套适应传媒边界扩充和不同媒介之间相互融合之势的传媒行业制度框架；调整现有规制与之不相适应的那部分，填补现有规制的盲区，以打破媒体融合的政策壁垒；鼓励媒介之间的竞争和合作，促进传媒经济在经济效益的获取和公共服务的提供两方面取得平衡。

近年来，为了应对媒体融合的全球势态，特别是受到因技术发展和相关产业机构逐利的内在驱动，我国也对相关产业政策做了调整。最初我国的媒介机构是政府全额拨款的事业单位，有时会遇到政府拨款不足以支撑事业运转和事业建设开支的问题。但对媒介组织来说，无论钱多钱少，宣传任务都必须完成，这就出现了媒介事业体制的行政拨款制与事业发展要求之间的矛盾。为了解决这个矛盾，让媒介获得快速的发展，我国开始进行自下而上、横向示范的制度改革。

1978年，人民日报社等8家新闻单位联合给财政部打报告，要求实行"事业单位，企业化管理"，财政部批复同意执行。从此，"事业单位，企业化管理"成为我国传媒管理体制的一个特色。这个方案一经实施，便获得了长久的生命力，至今仍然在发挥作用。这一政策后来被广播电视等其他事业单位效仿，媒介事业单位开始了"一元体制，二元运作"的时代。所谓"一元体制"就是指媒介为国家所有，"二元运作"就是既要国家拨款，又要利用国家赋予的权利去获取广告利润，从而完成社会和经济两项功能。[①]

1979年，中央广播事业局在中央电视台试行了"预算包干"的财政政策，采取"差额补助、结余留用"的办法，这个办法使得中央电视台在获得财政保障的同时，获得了资源收益权和收益后的资金支配权。1983年的第十一次全国广播电视工作会议召开以后，中共中央出台了《关于批转广播电视部党组关于广播电视工作汇报提纲的通知》，即"37号文件"，制定了"四级办""条款分割、以块为主""开辟财源""各级广播电视机构的服务公司或服务部，要实行事业单位企业管理"等政策。我们可以发现，"37号文件"一方面有限度地再次确认了"事业单位，企业化管理"的体制，另一方面变过去的中央、省"两级办"为中央、省、地、县"四级办"。这种权力分散的政策调动了各地广播电视媒体的积极性，开辟了财源，同时大大地降低了建设成本。

党的十四大以后，人们对于社会主义市场经济体制有了更深刻的认识。关于媒介改革的话题也不仅仅停留在"事业单位，企业化管理"的层面，管理者开始从更广泛的体制层面来考虑改革、创收和发展的瓶颈问题。在这样的时代背景下，1992年6月16日，《中共中央、国务院关于加快发展第三产业的决定》颁布实施。这一文件正式将文化娱乐、广播影视、图书出版等文化行业列入第三产业的范畴，并作出规定，要求这些行业"以产业为方向，建立充满活力的第三产业自我发展机制。大多数第三产业机构应办成经济实体或实行企业化经营，做到自主经营、自负盈亏。现有的大部分福利型、公益型和事业型第三产业单位要逐步向经营型转变，实行企业化管理"。这一文件的出台，打破了媒介行业产业的禁忌，使报业、广播电视等行业都找到了自身在产业体系中的定位。

二十世纪九十年代，中国经济高速发展，广播电视部门开始了集团化运作的探索。

---

① 中国新闻学会联合会：《中国新闻年鉴1988》，中国社会科学出版社1988年版，第36页。

1999年，国家广播电影电视总局（现国家新闻出版广电总局，简称广电总局）发布了《关于加强广播电视网络建设管理的意见》促进了广播电视集团化的发展，文件中明确提出了"在省、自治区、直辖市组建包括广播电台在内的广播电视集团"。这大大加快了广电集团组建的速度。2001年颁布的《中共中央办公厅、国务院办公厅关于转发〈中央宣传部、国家广电总局、新闻出版总署关于深化新闻出版广播影视业改革的若干意见〉的通知》，对组建广电集团的指导思想、原则、体制、资金渠道等作了全面的规定，明确要求积极推动集团化建设，实行跨媒体、跨地区经营，把集团做大做强。这一文件为媒介走集团化道路提供了现实的制度保障，良好的政策环境也激励了各地兴建集团的热情。

2002年党的十六大召开，明确提出了"继续深化文化体制改革""理顺政府和文化企事业单位的关系""深化文化企事业单位内部改革"等要求，为媒介制度的深层次改革提供了坚实的政治保障。为了贯彻落实党的十六大精神，2003年6月全国文化体制改革试点工作会议在北京召开。这次会议正式启动了文化体制改革试点工作，北京、上海、重庆、广东、浙江、深圳、沈阳、西安、丽江9个省市的35家新闻出版、广播影视和文艺院团等单位开展了试点工作。为了解决试点工作中存在的一些问题，2003年12月31日，国务院办公厅印发了《文化体制改革试点中支持文化产业发展和经营性文化事业单位转制为企业的两个规定》的通知，对财政税收、投融资、资产处置、工商管理、价格、授权经营、收入分配、社会保障、人员分流安置、法人登记十个方面进行了规定，为试点单位提供了更大的便利，降低了税收成本，扫除了政策性障碍。[1]

2006年1月12日，中共中央、国务院下发了《关于深化文化体制改革的若干意见》，要求"推进文化事业单位改革，要根据现有文化事业单位的性质和功能，区别对待、分类指导，明确不同的改革要求"，"深化文化企业改革，要规范国有文化事业单位的转制"，"加强和改进文化领域宏观管理，加快转变政府职能，明确文化行政管理部门职责，理顺文化行政管理部门与所属文化企事业单位的关系"。这一文件的出台，是对2003年试点工作基础上文化体制的改革在全国范围内的一次全面推进。2007年的《政府工作报告》再次重申，"要全面推进文化体制改革，完善文化产业政策"。2008年10月12日，国务院办公厅下发了《关于印发文化体制改革中经营性文化事业单位转制为企业和支持文化企业发展两个规定的通知》，对"文化体制改革中的经营型文化事业单位转制为企业和支

---

[1] 中国新闻学会联合会：《中国新闻年鉴1988》，中国社会科学出版社1988年版，第36页。

持文化企业发展"提供了制度保障。

此后，媒体融合发展上升到国家发展战略层面，是党中央着眼巩固宣传思想阵地、壮大主流思想舆论，以及维护意识形态安全与政治安全作出的重大战略部署。自党的十八大以来，以习近平同志为核心的党中央高度重视媒体融合发展。习近平总书记多次就推动媒体融合发展作出深刻阐述。2013年11月，党的十八届三中全会提出，要整合新闻媒体资源，推动传统媒体和新兴媒体融合发展。这是媒体融合第一次被写入党的中央全会公报，表明媒体融合已成为全党共识与统一意志。

2014年8月18日召开的中央全面深化改革领导小组第四次会议，提出了推动媒体融合发展的重大任务，并印发了《关于推动传统媒体和新兴媒体融合发展的指导意见》。习近平发表重要讲话（下称"8·18"讲话），就媒体融合的思路、原则、方法、路径进行了全面而精辟的阐述，清晰回答了怎么融、融到什么程度、达成何种目标等问题。2016年2月19日，习近平在党的新闻舆论工作座谈会上发表重要讲话（下称"2·19"讲话），进一步揭示和勾勒了媒体融合发展的轨迹与路线图。

中央政治局把第十二次集体学习的主题定为"全媒体时代与媒体融合"，把学习的"课堂"摆到人民日报新媒体大厦，可谓恰逢其时、富含深意。而习近平总书记主持学习时发表的重要讲话——"1·25"讲话，和此前的"8·18"讲话、"2·19"讲话一样，成为在关键性节点上指导中国媒体融合发展的新的顶层设计和行动纲领。习近平总书记的系列重要讲话与文章，深刻分析了全媒体时代的挑战和机遇，明确提出了推动媒体融合向纵深发展的重大要求。纵观我国全媒体传播体系的建设路径，习近平总书记与时俱进的新要求、新提法、新观点、新见解和新思想，既有顶层设计，又有"四梁八柱"，更有对"关键少数"的具体要求，新时代媒体融合向纵深发展的方针和路径清晰而明确。

在2018年8月21日至22日召开的全国宣传思想工作会议上，习近平总书记指出，要扎实抓好县级融媒体中心建设，更好引导群众，服务群众。2018年11月14日，习近平总书记主持召开中央全面深化改革委员会第五次会议，会议审议通过了《关于加强县级融媒体中心建设的意见》。2019年1月25日，习近平总书记在主持就全媒体时代和媒体融合发展举行的中共中央政治局第十二次集体学习时强调，推动媒体融合发展、建设全媒体已经成为我们面临的一项紧迫课题，要运用信息革命成果，推动媒体融合向纵深发展。习近平总书记指出，"全媒体不断发展，出现了全程媒体、全息媒体、全员媒体、全效媒体，信息无处不在、无所不及、无人不用，导致舆论生态、媒体格局、传播方式发生深刻变化，新闻舆论工作面临新的挑战"。[①] 这些重要论述，不仅为推进媒体深度融合指明了方向、提供了遵循，也意味着媒体、媒体融合已成为国家发展的战略议题，成为中央层面部署推进深化文化体制改革的重大举措。中共中央宣传部部长黄坤明强调，打通基层宣传文化思想文化工作的最后一公里，要大力推进媒体融合发展，创新建设融媒体中心。推动媒体融合发展是巩固宣传思想文化阵地、壮大主流思想舆论的战略举措。

2019年10月31日，党的十九届四中全会审议通过了《中共中央关于坚持和完善中国特色社会主义制度、推进国家治理体系和治理能力现代化若干重大问题的决定》。该决定指出，要建立以内容建设为根本、先进技术为支撑、创新管理为保障的全媒体传播体系。这一重要表述为打造中国特色的全媒体传播体系提供了根本遵循，明确了我国全媒体传播体系建设中的三个结构性工作重心和未来发展目标。

2019年11月6日，为适应全媒体时代的发展需求，推动媒体融合向纵深发展，中华人民共和国科学技术部决定批准建设"媒体融合与传播国家重点实验室""传播内容认知国家重点实验室""媒体融合生产技术与系统国家重点实验室"和"超高清视音频制播呈现国家重点实验室"。这四个国家重点实验室各有侧重、各具特色，是推动媒体融合发展的"国之重器"，是国家创新体系的重要组成部分。其中，以中国传媒大学为依托单位的媒体融合与传播国家重点实验室是我国高校首个依托智能传播研究的媒体融合国家重点实验室。当下，智能化背景下的媒体融合战略已上升到国家层面，这一系列理论与实践的探索是响应中央号召，满足国家发展战略之需、顺应行业发展之需，亦是回应国家治理体系和治理能力现代化之需。中国传媒大学媒体融合与传播国家重点实验室将在智能融媒体的大传播理论研究、融媒体的类脑知识图谱、智能化内容生产与评估、业务与服务模式创新、运行安全与内容智能监管、智能融媒体先导实验环境构建等多个方向引领学界在智能传播理论与实践方面进行创新，为国家智能化的媒体融合实践作出贡献，服务中国特色的媒体融合向纵深发展。实验室聚焦媒体融合领域重大科学前沿问题和国家社会发展的重点需求，开展可能引发媒体传播格局重大变革的基础研究和应用研究，推进中国特色媒体融合传播理论体系建设，探索媒体融合专业高精尖人才培养模式，基于复杂系统科学、网络科学、社会学、传播学、管理学、认知心理学等基础理论和媒体信息智能处理、大数据分析等关键技术，着重探索媒体融合传播系统的结构变

---

① 习近平：《论党的宣传思想工作》，中央文献出版社2020年版，第354页。

化，进而构建基于中国实践和传播经典研究的理论模型，为全媒体传播体系的构建贡献智慧。

  这一系列的政策改革将媒介放在了大文化的范围内进行体制革新，国家也陆续出台了一系列政策鼓励以企业制度来取代事业制度，转变文化产业发展模式。就像上文提到的那样，宽松的媒体规制是媒体融合的政策环境，反过来媒体融合也是传媒规制变革的新动力。但是规制和政策的变革不是一蹴而就的，而是一个与现实传播格局相对应、互动磨合和不断创新的过程。随着当前媒体融合的持续推进，相应的媒介政策改革也会经历一个长期的过程。

第二章　媒体融合的表现形式

不同的媒体具有多种功能整合的倾向，当下媒体融合所涵盖的领域已经比过去更为广泛了。在媒介技术不断突破的同时，报纸、广播、电视、网络等媒体因应持续发展，再加上来自受众、社会、政策等方面的藩篱得以跨越，各类媒体之间因此能够相互取长补短并呈现互相融合的趋势。以互联网为代表的一系列技术变化使得传统的媒体界限逐渐瓦解与松散，内容、网络、渠道、组织结构等各层面发生了融合，形成了微观、中观、宏观三个层面的不同形态。应该注意，在实践中，我国的全媒体传播系统在许多层面仍处在"加"的相位，与"融"仍有较大差距。因此，在习近平总书记"融为一体"思想的指导下，真正地从"你是你，我是我"向"你是我，我是你"转变，是当前我国媒体融合研究与实践的一个重点。

一、微观层面：媒介技术的融合

媒体融合的根本动力来源于技术的力量。[①] 这一论断无论在媒体融合的理论研究还是实践脉络中均能得到印证。梳理技术与媒介发展的关系，关注媒介技术对传播活动的深刻影响，是从微观层面把握媒体融合研究与实践的重要支点。

---

① 孟建、赵元珂：《媒介融合：粘聚并造就新型的媒介化社会——兼论电影电视在媒介化社会发展中的地位与作用》，载《国际新闻界》2006年第7期，第24~27、54页。

从本质上讲，技术本身就具备推动经济与社会变革的属性。所谓技术，即人类利用和改造自然的、有目的的劳动手段、知识、经验和方法，是一个动态的实践过程。[①] 在人类发展历程中，技术已然成为人与自然、人与社会进行物质、能量和信息交换的"媒介"，与人类的生产、消费和交换活动紧密相关。在马克思的理论体系中，科学技术对劳动资料、劳动对象和劳动者此生产力三要素及其组合效应发生变革的过程中具有渗透性的主导作用。由此表明，技术本身就带有服务并刺激经济社会发展与变革的基因，科学技术也只有被引入人类经济实践，才能最大限度释放其产业价值，并在其他条件成熟的情况下作用于经济基础与上层建筑，催生出新的经济形态，重塑产业结构与生态；同理，经济社会发展过程中产生的新需求亦作用于技术研究与创新，技术与经济呈现相互交织的强互动关系。

于传媒领域而言，作为国家和地区经济与社会发展的重要阵地，传媒业的发展亦与技术相互影响：新技术的应用将为媒介的变革与融合发展奠定基础，媒介发展与技术创新应用紧密相伴。随着技术的发展，传播媒介具备了更广的传播范围、更快的传输速度，更重要的是新的传播技术带来了传播方式的变革，为未来的媒介发展带来了全新的想象，并可能催生出新的媒介形态，[②] 并引领人类传播活动实现革命性发展。正如20世纪90年代阿尔文·托夫勒（Alvin Toffler）从经济发展的角度将人类社会划分为农业、工业与信息化（或服务业）三个阶段一样，[③] 人类的传播活动也在技术和媒介的"催化"下经历了三次历史性变革。首先，在语言文字、交通运输技术等因素的刺激下人类将传播活动所受的限制从行动范围和视觉范围中解放出来，实现了超越原有旅行距离和视距的第一次传播革命；其次，依托印刷术、电磁波等技术，我们的传播活动从零星的个人化行为转变为大规模、大众化的社会化行动，大众传播活动的普及成为人类信息交换的第二次传播革命；最后，以数字技术革命为推动力的互联网引领了人类社会的第三次传播革命，此时以数字技术为内核的新的传播技术引发了媒介行业的新变革。

数字技术被认为是现代信息技术的核心。[④] 随着数字技术的发展和普及，以数字传播技术为支撑的新媒体形式成为21世纪人类传播活动的核心媒介，其主要代表为网络媒介。作为一种节点式的开放结构，网络媒介是最先被认可的新媒介，也是目前为止应用

[①] 王菲：《媒介大融合：数字新媒体时代下的媒介融合论》，南方日报出版社2007年版，第7~11页。
[②] 孟建，赵元珂：《媒介融合：粘聚并造就新型的媒介化社会——兼论电影电视在媒介化社会发展中的地位和作用》，载《国际新闻界》2006年第7期，第24页。
[③] ［美］阿尔文·托夫勒，朱志焱等译：《第三次浪潮》，新华出版社1996年版，第4页。
[④] 鲍立泉：《技术视野下媒介融合的历史与未来》，华中科技大学出版社2013年版，第8页。

范围最广泛、社会影响力最大的新媒介，[1]具体可涉及互联网、智能手机与平板电脑、数字电视与交互式网络电视（IPTV）、可穿戴设备等。在数字网络技术的支撑下，信息以字符、声音、图像等形式可以实现自由流动，人类在经历了语言媒介、符号媒介、印刷媒介、电子媒介之后进入网络媒介时代，媒体融合的概念由此诞生。

通过对技术与人类传播活动的梳理，传播技术与媒体融合发展的关系显而易见，即媒体融合在很大程度上依赖于技术的支撑，也就是说媒体融合的基础实际上就是媒介技术的融合。[2]对媒体融合的研究势必需要从技术的融合切入，未来媒体融合发展的趋势也必然要从新时代的数字与网络技术中寻找端倪。此外，媒介技术的发展是一个包容渐进的过程，新媒介技术的诞生并不意味着对此前媒介技术的彻底否定和抛弃。实际上，媒介技术的更迭和发展是一个新老技术融合发展的过程，未来的传播媒介将是各种传播网络的"汇聚体"[3]。如数字技术与网络技术作为媒体融合的直接作用力，并非抛弃了传统的媒介形态"另起炉灶"，而是通过现代编码与传输技术实现不同媒介形态和媒介内容的解放，这是媒体融合得以由未来学家的预言变为现实的重要基础。

综上，传媒业作为一种信息产业或者内容产业，是一国、一地区经济建设的重要组成部分，其发展以媒介技术的发展为基石。微观层面上的媒体融合，根植于信息传播技术进步的土壤中，源于以数字和网络技术为代表的信息传播技术的推动，在新旧媒介技术的交融互动中产生融合形态的新媒介终端，一次呈现内容互通、形式多样的信息内容。具体而言，媒介技术的融合表现在数字媒介技术的融合和媒介终端技术的融合两个主要方面。

（一）数字媒介技术的融合

20世纪的后20年，数字化和网络化技术的发展引领着媒体融合的进程迅速向前发展，数字媒介技术的成熟成为媒体融合的必要条件。从技术应用的角度来看，数字传播技术可以被划分为数字存储技术、数字编辑技术、数字网络技术和数字表现技术等，[4]是网络技术得以发展和成熟的重要基础。在此基础上，我们认为数字媒介技术的融合指的是数字化的媒介产品的传输网络由单一的专用网络转变为复合的、多用途的融合传输网络，

---

[1] 段鹏：《中国主流媒体融合创新研究》，中国传媒大学出版社2018年版，第14页。
[2] 段鹏：《中国主流媒体融合创新研究》，中国传媒大学出版社2018年版，第15页。
[3] 鲍立泉：《技术视野下媒介融合的历史与未来》，华中科技大学出版社2013年版，第17页。
[4] 鲍立泉：《技术视野下媒介融合的历史与未来》，华中科技大学出版社2013年版，第66页。

这一过程有赖于信息数字化编码、存储与管理技术作为基础，也离不开网络技术、软件技术等的支持。1996年，美国进行了电信法改革，它"打破了电信业、传媒业与其他产业之间的壁垒，允许相互渗透"[①]，也彻底打破了美国信息产业混业经营的限制，使得电信网络和广电网络从单一用途的专用网络变成了融合的多用途网络。美国政府对信息技术的重视和大力开展信息技术设施的建设立刻在世界范围内激起了强烈反响。

我国也正是在这样的背景下，提出了电信网、互联网和有线电视网"三网融合"的构想，开始了媒介网络融合实践。数字技术的迅速发展，使得文字、声音、图像、视频内容等都可以转换为统一的、为计算机识别的二进制编码储存、传输和交换，所有信息都以比特流的形式在网络中传递；光通信技术带来的传输频带宽、通信容量大和抗电磁干扰能力强等优点，为多种业务信息的传输提供了更高效的传输方式；软件技术的发展使得三大网络可以直接为用户所用；统一的 TCP/IP 协议的普遍采用为用户提供了统一的通信协议，使各种依托 IP 技术的业务在不同网络中得以互通……可以说，以上这些信息传播基础技术的进步已经扫清了我国媒介网络融合的阻碍，即由单一的专用网络转变为复合的、多用途的融合传输网络的技术障碍，也为中国实现媒介的深度融合、搭建全新的媒介生态奠定基础。本章将对数字化与网络化技术诞生以来媒体融合的进程、21世纪新技术引领下出现的媒介深度融合现象等展开研究，并进一步洞悉媒体融合与数字媒介技术融合之间的深刻关系。

1. 传播技术推动下的媒体融合进程

（1）数字传播技术初期的跨媒介合作

随着互联网的出现及其在传媒领域的应用，学界与业界均在密切关注互联网冲击下的媒介将走向何方，部分早期学者基于互联网产品对用户消费时长的强占有等因素提出了"媒介泡沫论"，即在互联网的影响下的传统媒介（尤其是以电视和广播为代表的传统电子媒介）将化为泡沫。[②]进入21世纪后，随着各个领域对互联网与传媒的认识加深，新旧媒体将在融合趋势下实现创新发展的观点在获得更多认可，这一阶段的传统媒体介入网络新媒介的内容生产、传播渠道等环节，新媒介也在传统媒介成熟的内容生产能力和业务模式中受益。

1998年9月12日，美国众议院通过投票决定将独立检察官肯·斯塔尔就克林顿与莱温斯基绯闻案所作的调查报告首先通过互联网公布，这表明互联网已被正式接纳为一

---

① 展江：《〈1996年电信法〉给美国带来了什么？》，载《国际新闻界》1997年第4期，第5~8页。
② 鲍立泉：《数字传播技术发展与媒体融合演进》，华中科技大学硕士学位论文，2010年，第23页。

个主要的公共传播媒介，[1]网络作为一种新媒体的角色获得国际社会的认可。自此之后，网络媒体以极快的速度赢得公众的注意力，在一定程度上挤压传统媒体生存空间的同时为传统媒体创新发展提供契机，依托网络技术，传统媒体在发行渠道、内容生产、传播路径、组织管理等方面实现转型。随着网络技术的引入，网络传播的多媒体特性帮助传统的广播电视媒介突破其原有局限，以计算机为组成单元的互联网能将原本形态各异的媒体信息以"0"和"1"两种状态进行统一的制作、存储、传播和表达，多样的媒体内容得以在网络上兼容互通，广播电视的数字化、网络化转型成为全球媒介产业关注的重点。

业界对广播电视数字与网络化技术应用主要表现为频道的数字化转换，以及对网站平台化建设的初步探索。2006年美国率先完成了地面数字电视从模拟向数字的过渡，[2]通过这一过程，美国有线电视实现了光纤化、数字化，其在利用网络渠道提供数字电视节目的同时开展了多种信息服务的增值服务；此外，美国广播电视领域也于20世纪90年代寻求在互联网上设置网站，借助这些新型传播平台强大的信息管道，直接在网站公布新闻信息和娱乐节目，呈现了广播电视媒体联合互联网的"窗口"形态。2008年，日本、法国、德国、西班牙、意大利等国家的数字电视用户超过电视用户整体的半数以上，数字电视业务成为这些国家电视业务收入增长的主要来源。[3]欧美发达国家已经逐渐形成了一个集有线电视、卫星直播、地面广播电视协调发展的广播电视覆盖网络。

国内广播电视媒体对利用数字和网络技术的探索同样开始于20世纪90年代。在广播领域，国家广播电影电视部（现国家广播电视总局）于20世纪90年代初开始筹备数字信号广播（Digital Audio Broadcasting，简称DAB）的立项研究，1996年DAB项目正式列入国家重点科技产业工程之一，1996年至2000年间我国先后建成广东珠江三角洲DAB先导网和京津塘DAB先导网。在电视领域，2003年5月，国家广播电影电视部发布《我国有线电视向数字化过渡时间表》，标志着我国有线数字电视工作正式展开。[4]以有线电视数字化为起点，我国于2006年发射广播电视直播卫星启动了卫星直播技术数字化，2008年推进地面电视数字化。这表明，数字化和网络化技术作为一种传播技术在我国广电领域得到充分认可并付诸实践。此后，我国广电媒体对数字与网络技术的应用程度不断加深，以技术系统的全新构建为依托，从业务开发、市场运营等方面进行了坚持

---

[1] 刘卫东：《网络新媒体》，载《互联网周刊》2000年第3期，第1页。
[2] 易绍华：《数字化背景下中国电视媒体的网络化生存研究》，武汉大学硕士学位论文，2009年，第38页。
[3] 王联：《电视台数字化后的发展方向》，载《现代电视技术》2005年第6期，第17~19页。
[4] 杨艳花：《浅谈数字电视技术的发展和前景》，载《科技信息》2011年第14期，第9~10页。

不懈的有益探索，为我国"三网融合"战略方案的提出和推进积累了许多宝贵经验。

由此可见，20世纪末数字网络技术初步应用于传媒领域，为传统媒体尤其是曾以模拟技术为核心依托的广播与电视媒体提供了新的技术支撑，为广播电视媒体的数字化和网络化转型提供契机。但这一阶段媒体对数字技术和网络技术的采纳尚处于初级阶段，主要表现为原媒体频道的数字化改造及初步建立互联网接入端口，这在很大程度上为更深程度的媒体融合奠定了基础。但也有待于进一步释放新技术对于传媒产业的影响力和创造力，开启媒介深度融合的新阶段。

（2）综合数字传播平台下的深度融合

经历了传统媒体的初步数字化改造，媒体信息被转化为"0"与"1"的数字编码，尽管不同媒介之间的分界线依旧存在，但这些进展仍为媒体融合发展至更高阶段准备了条件。随着媒体融合进程的推进与深化，数字化将成为未来各类媒体平台的共同存在形式，最终实现网络、媒体、通信的"大融合"，打造出全新的、融多样媒体形式于一体的数字媒体平台，[1]而这一平台得以成为现实的基础和前提必然是技术的发展。

探究深度融合的技术前提要从信息传播的关键环节入手，即关注媒介信息产品在生产、传播和接受等各个环节中数字网络技术分别扮演了何种角色。根据C.香农（Claud Shannon）和W.韦弗（Warren Weaver）所提出的传播过程数学模式——香农-韦弗模式，从通信技术的角度来看，信息传播是一个需要具备发射器和接收器、能实现"信息-信号-信息"的转化的过程，此外还存在噪音与反馈环节。也就是说，通信与网络技术应用于传播活动主要体现在信息制作和存储、信息渠道传播、信息接收与反馈三个关键的技术环节。经过世纪之交传媒数字化的初步尝试，信息的制作和存储环节的数字网络应用已经成为现实，以计算机为代表的数字设备已经基本普及应用于多数地区及媒体的媒介内容生产环节。但深度的媒体融合不能仅局限于内容生产与存储的数字化，更需要打破不同媒介间"各自为政"的发展局面，依托新技术打造平台化的开放式的内容存取生态，搭建综合性的数据传输网络，借助互联网的内容兼容性提升数据传输能力，并优化用户的数据终端设备，全面提升数据显示与处理能力。为实现这一目标，以美国媒介综合集团等为代表的一批媒体组织率先展开进一步尝试，尽管在随后诞生的客户端和社交媒体新闻的冲击下，这种以传统媒体为主导的数字新闻共享方式有些捉襟见肘，但这一尝试对进入数字化转型深水区后，学界与业界优化对媒体融合的理解、关注新媒介的平台化

---

[1] 许颖：《互动、整合、大融合——媒体融合的三个层次》，载《国际新闻界》2006年第7期，第31页。

逻辑有重要启发与推动作用。

我国于21世纪初提出"三网融合"的关键概念，旨在实现网络资源与技术的共享，避免低水平的重复建设，从而形成适应性广、容易维护、费用低且具备高速宽带的多媒体基础平台，并在技术上要求数字量转模拟量（D/A）和模拟量转数字量（A/D）技术的发展、光通信技术的发展、网络接口技术的发展及统一的网络协议标准。在技术成熟的基础上，网络技术运营商的媒介化扩张进一步促进传播活动的媒体融合，包括通信企业、互联网企业等在内的部分非媒体行业机构开始挖掘和重视自身的媒体身份，如国内的中国电信等企业，对传统媒体机构造成行业冲击的同时带来了更专业的技术能力，一些头部互联网运营商则已经把传播渠道拓展为拥有多终端、多应用的综合媒介服务平台。[①]因此，我们认为媒介深度融合以网络技术的充分发展为基础，而媒体融合也是技术发展的必然趋势。随着数字媒介技术、人工智能技术等新技术的发展，媒体融合的纵深发展潜力将被进一步激发，也将更深刻地改变传播活动的基础逻辑，为传媒产业用户提供更多样的信息产品与服务。

2. 媒介深度融合的新技术基础

21世纪的媒介依托新一轮技术创新呈现出数字化、网络化、智能化、个性化等特征，媒体融合发展走向纵深阶段。若按照新媒介技术的核心贡献进行划分，可将这些新媒介技术划分为底层基础平台技术和内容生产与营销技术，其中以云技术、第五代移动通信技术（5G）等为代表的底层基础平台技术为新媒介搭建了信息存储与传输的底层逻辑，而以大数据与算法技术、虚拟现实/增强现实/混合现实（VR/AR/MR）技术等为代表的内容生产与营销技术使新媒介实现了在信息表现、个性化推荐等方面的突破。

（1）底层基础平台技术

① 移动通信与第五代移动通信技术（5G）

5G的到来将意味着数据从传输速率、接入速率到能耗效率等方面的全面提升，于传媒领域而言更意味着一场新的革命。5G即第五代移动通信技术（5th Generation Mobile Communication Technology，简称5G），是一种具有高速率、低延迟和大连接特点的新一代宽带移动通信技术。就其关键技术而言，5G在正交频分多址（Orthogonal Frequency Division Multiple Access，简称OFDMA）和多进多出（Multiple-Input Multiple-Output，简称MIMO）基础技术之外采用低密度奇偶校验码（Low Density Parity Check Code，简

[①] 谭天：《从渠道争夺到终端制胜，从受众场景到用户场景——传统媒体融合转型的关键》，载《新闻记者》2015年第4期，第15~20页。

称 LDPC）和 Polar 新型信道编码方案、性能更强的大规模天线技术等，优化了 5G 的无线技术；在网络技术上 5G 采用全新的服务化架构，支持灵活部署和差异化业务场景，基于网络功能虚拟化（Network Functions Virtualization，简称 NFV）/软件定义网络（Software Defined Network，简称 SDN）实现硬件和软件解耦，实现控制和转发分离；采用通用数据中心的云化组网、网络切片等技术。就实践应用而言，根据国际电信联盟（International Telecommunication Union，简称 ITU）对 5G 的解读，5G 用户连接能力达 100 万连接/平方公里。5G 成为实现"人—机—物"互联互通的高效能网络基础设施，在"万物互联"的环境下，5G 丰富多元的应用场景也将给传媒业带来更多的可能性和想象空间。[1]

在 5G 到来之前，以百度、阿里巴巴、腾讯为代表的互联网公司由于占据技术、资本和市场的强大优势，率先搭建起了对社会各要素的连接与再连接，形成了内容网络、人际网络以及互联网的基础性连接。[2] 随着 5G 的诞生与应用，人与物的网络化连接逐渐饱和，早期规模经济模式主导下的流量之争尘埃落定，互联网企业架构起的粗放型的连接力逐渐难以满足用户线上与线下、精神与物质、商业的与文化的任务和要求，这就促进了社会多行业、多业态的交叉融合，共同搭建起全新的社会生态。就传媒领域而言，一方面，传媒生态同其他社会生态系统的相互关系将会得到进一步深化，传媒行业作为社会信息系统和神经系统的作用和功能将被进一步释放；另一方面，传媒领域内部的各种业态将进一步模糊彼此之间的界限，得益于 5G 的高传输速率、低传输能耗等优势而发展起来的信息传输、内容制作、平台互动技术将进一步打破媒体形式的区隔，传统媒体与新媒体将在"你中有我，我中有你"的深度融合状态下共同优化社会的信息传播环境。

② 云计算技术

云计算（Cloud Computing）是一种通过互联网将资源以"服务"的形式提供给用户的一种计算方式，其基本原理在于将有待进行的计算分布在大量的分布式计算机而非本地计算机或远程服务器上，其本质为虚拟化和分布式存储。对云计算技术的探索和积累始于 20 世纪 50 年代，自 1946 年第一代电子管计算机诞生起至 1999 年最早的云服务公司软件营销部队（Salesforce）创立，虚拟化、网络化和分布式技术不断成熟，并行计算能力逐渐提升。在第一代云服务企业的基础上，1999 年至 2006 年云计算技术进入

---

[1] 苏涛，彭兰：《热点与趋势：技术逻辑导向下的媒介生态变革——2019 年新媒体研究述评》，载《国际新闻界》2020 年第 1 期，第 43 页。
[2] 喻国明：《5G 时代传媒发展的机遇和要义》，载《新闻与写作》2019 年第 3 期，第 63~66 页。

初级发展阶段，这一时期软件即服务（Software As A Server，SAAS）和基础设施即服务（Infrastructure As A Server，IAAS）应用模式诞生，利用SAAS，用户可以通过浏览器使用其所需的软件程序，用以进行文档处理、保存、发布和共享；利用IAAS，云端公司掌握有自主网站然后直接对外出租硬件服务器或者虚拟机，用户可以向云端公司签订租赁协议以获取一个账号，登录之后可以管理自己的计算设备。2006年后，平台即服务（Platform As A Server，PAAS）、数据即服务（Data As A Server，DAAS）等云计算应用模式出现，网络技术、电信、互联网等社会产业主体纷纷加入云服务建设，功能和种类完善的云平台出现，云计算技术进入了快速发展的阶段。2015年前后，国内外形成一批主流云平台和云计算标准，国内阿里、腾讯、华为等头部企业占据了国内云市场的半数份额，"上云"已经成为不可逆转的趋势，云计算广泛应用于金融、制造、能源、城市、医疗、媒体等众多领域。

就传媒产业而言，云计算的技术环境显著改变了人们进行信息交流与传播的机制。通过云计算技术，分布式计算机和服务器形成一种超强的计算能力，这种能力允许用户将数据从个人终端移动至云端进行处理并进行传输，可以满足信息生产与传输过程中绝大多数环节的需求，且在云技术的支持下，各类信息资源可以最大限度的实现共享。除能满足信息传播活动的基础所需，云技术还在很大程度上优化了传媒产业实践。首先，由于云计算技术的基础逻辑为互联网，传媒产业对云技术的使用进一步打破了信息传播活动的时间与空间界限，如与传统无线电波广播电台相比，网络广播将信息存储在云平台中并基于网络进行内容的分发，为跨区域、跨终端的信息传输活动提供可能；其次，云技术的"云端"存储特性打破了传统的信息传输与读取活动对终端存储能力的要求，由于云计算体系内的每一个服务器都是巨量信息数据库，其提供的无限存储空间和数据传输能力无疑是对媒介终端与媒介使用者的解放；最后，云计算技术孕育了大型信息资源共享平台，并有利于个性化分众传播的发展，通过云计算平台，广播电视等媒体机构与集团可以将复杂的权限管理和多媒体形态的报道呈现方式简化，将复杂的用户订阅和定制服务变为现实，用户亦可以调动在"云端"所积累、归类、整合的资源储蓄库，主动搭建符合自身需求的定制化信息库。

中国媒体融合云平台的建设，由腾讯云提供的技术支撑为底层依托，包括云服务器、存储及网络的IAAS资源池，也有公共组件如大数据、直播、安全防护等PAAS服务；中间层是媒体通用的生产运营组件，如集成部署、订购计费；最上层是利用媒体生产、协作、分发及应用商店、可视化工具等媒体应用相关的业务服务层。依托其横向切分的"平台+应用"信息化建设模型,中国媒体融合云平台很好地将传统媒体与新兴媒体结合,为传媒从业者提供了丰富的工具并致力于打造优质丰富的融媒体产品。2019年前后,新华社与华为云达成战略合作,华为云借助其覆盖全球的云基础设施和技术支持中心向新华社提供IAAS应用,缩短了新华社全球信息系统的搭建周期,帮助新华社系统运维成本降低超过30%;[1]此外,华为海外云通过不同区域间专线及互联网极致的传输技术(Fillp)也有效助力新华社实现全球信息无障碍跨域,[2]供稿效率提升了3倍以上。

国内一系列成功的传媒实践标志着先进云计算技术将成为国内媒体转型发展的重要推动力量。[3]云技术帮助媒介机构在融媒体采编、数据存储与传输、智能化技术资源应用、信息安全与保障等方面的能力获得显著提升,成为媒体融合创新的强大技术支撑。

③ 人工智能技术

从最初的神经网络、模糊逻辑到能利用上述技术完成复杂的深度学习、语言图像处理任务,人工智能的发展自20世纪50年代起经历了长期的积累和起伏。进入80年代后,随着神经网络技术的发展,神经网络技术帮助人工智能技术突破瓶颈,学界展开了以人工神经网络为基础的人工智能技术研究,各类学习算法显现出惊人的发展潜力,且已有的人工智能研究成果逐步应用于各个领域,人工智能技术在商业领域也取得了一定的成果,人工智能获得迅速发展。

21世纪以来,基于神经网络的深度学习算法、基于生物进化的遗传算法、辅助学习的模糊逻辑和群体算法等被大规模地应用于实践。人工智能技术被广泛应用于智能搜索、语音识别、图像识别、行业预测、人机交互等领域,[4]成为现代化生产生活的重要技术依托。随着技术的升级,人工智能技术开始广泛应用于传媒领域,并深刻改变了传播活动的信息采集、内容生产和传输、反馈与用户互动等各个环节,未来传媒产业的发展将在很大程度上与人工智能技术的引入和应用关联在一起。[5]

首先,在信息收集采集环节,人工智能的传感器技术对优化新闻信息源、提升信息

---

[1] 洪方明:《云云协同,加速媒体行业端到端创新》,载 https://baijiahao.baidu.com/s?id=1702187235376337119&wfr=spider&for=pc,2021年12月25日。
[2] 《第一时间见证全球热点 华为云助力新华社扩大传播影响力》,载 https://baijiahao.baidu.com/s?id=1652410633405062115&wfr=spider&for=pc,2021年12月25日。
[3] 赵刚:《光明网携手微软建立中国首个"媒体云"平台》,载 https://epaper.gmw.cn/gmrb/html/2014-03/19/nw.D110000gmrb_20140319_2-06.htm?div=-1,2021年12月25日。
[4] 贺倩:《人工智能技术发展研究》,载《现代电信科技》2016年第2期,第2页。
[5] 喻国明、兰美娜、李玮:《智能化:未来传播模式创新的核心逻辑——兼论"人工智能+媒体"的基本运作范式》,载《新闻与写作》2017年第3期,第41~45页。

采集效率、拓宽信息来源有重要效果，基于人工智能技术，任何搭载传感器或数据处理器的物体均可作为信息的采集者和传播活动的参与方，如智能手机、无人机、可穿戴设备，各类媒体可以基于这些传感器设备抓取之前无法获取与分析的长时间跨度、海量的信息数据，洞察事物的本质和规律，如 2014 年央视晚间新闻推出"据说春运"特别节目，采用百度地图的可视化大数据播报国内春节期间人口迁徙情况，2020 年更通过百度地图迁徙大数据平台的对比数据做出有关疫情防控下春运的相关报道。其次，在新闻编辑制作环节，以智能机器人为代表的人工智能技术成为新闻生产环节的"助手"，借助搞笑的自然语言生成引擎和算法，智能机器人可以以记者数据模型为基础生产出带有真人记者风格的新闻内容和稿件。在此基础上，人工智能技术推动新闻的生产编制与分发工作走向更深层的融合。最后，人工智能技术在媒体内容的核查与互动等方面发挥作用，在信息爆炸与社交自媒体信息混杂的当下，由于信息的传播速度及信息量的规模远远超出了传统人工审查能承担的范围，假新闻成为干扰传媒领域生态的重要因素之一。但随着人工智能技术的引入，计算机自动事实核查机制成为部分媒体机构的关注重点。这些新闻事实核查工具利用核查算法将其通过自然语言处理抓取的文章核心语义与人工智能抓取的其他网站信息进行比对分析，完成内容核查，辅以来源核查等手段来判断信息的真实性和有效性。

因此，笔者认为，人工智能已经逐渐深入传播活动的全流程并为媒体机构赋能，无论传媒的选题策划、信息采集、新闻生产，还是个性化分发、沉浸式体验、效果反馈等，均受到人工智能技术的改造与优化。同时，在人工智能技术的整合下，传媒领域的上述环节将走向深度一体化，不同媒体形态和媒体内部机构的分野更加模糊。未来人工智能技术将进一步推动传媒发展的人机合一趋势，人工智能技术也将成为媒体融合发展的关键依托。

（2）内容生产与营销技术

在底层基础平台技术的支持下，以大数据和算法、AR/VR 技术为代表的智能化技术广泛应用于媒介内容的生产与营销分发环节，丰富了传媒的表现与感知形式，是智能化背景下媒体融合与发展研究不可忽视的新技术类别。

① 大数据与算法推荐

科学技术的发展和媒体融合的趋势推动了平台型媒体的诞生，这是互联网时代媒介发展的结果，也是必然趋势，平台型媒体逐渐成为人们进行信息检索、浏览和反馈的首要选择。在平台型媒体中，人与人、人与物之间基于数据形成了广泛的连接，利用此类媒体平台上储备的海量用户数据等各类数据，能实现对信息资源的智能化整合处理与分发，在这一环节中大数据与算法技术的重要性可想而知。根据研究机构高德纳（Gartner）公司给出的定义，大数据（Big Data）是需要新处理模式才能具有更强的决策力、洞察力和流程优化能力来适应海量、高增长率和多样化的一类信息资产。随着云技术的发展和信息时代的到来，大数据已经实现了从"数据→信息→知识→决策"的一整套数据到应用变现，并从提供数据支持的低级阶段进入了拥有自身独立产业链的高级阶段。[1] 而算法（Algorithm）是一系列解决问题的清晰指令，算法代表着用系统的方法描述解决问题的策略机制，是大数据管理与计算的核心主题。在大数据和算法技术的协助下，智能化背景下的媒体打破了传统媒体时代稳定而单向的线性信息传输路径，转而向解构用户需求的个性化数据后的个性化信息传输发展。

智能化媒体平台具备了将内容与用户进行精准匹配的能力，为用户提供个性化、人性化的优质服务，能够建立涉及用户多方面信息的"用户画像"并建立数字化档案，由此建立用户大数据资源库，作为将内容与用户进行匹配的基础依据。除大数据资源平台外，智能化平台媒体将内容输送到用户终端还有另一项技术——算法技术的参与。平台算法参与了对信息的优化（推荐排序）、分类、关联和过滤等系列的决策过程，这种决策过程形成了该媒体平台的传播与运营机制。这无疑能实现媒体对用户的内容精准投放，为增强媒体平台用户黏性、促进信息资源传输效率有重要价值。正如凯文·凯利（Kevin Kelly）在《必然》中的观点，未来的人工智能网络（主要包含算法）将会成为"如同电力一样无处不在、暗藏不现的低水平持续存在"，大数据和算法将在今后的传媒及广泛的社会生活领域隐蔽而普遍地发挥价值。

今日头条是目前中国较大的第三方新闻资讯阅读平台之一。在包括腾讯旗下的腾讯新闻、天天快报，网易的网易新闻等一系列竞争产品的激烈角逐中，今日头条成长为中国最有代表性的采纳算法技术进行内容推荐的平台之一。在保障海量信息内容储备的基础上，今日头条通过对用户基本信息、各种兴趣标签、用户行为（比如你没有点击推荐给你的文章）等用户特征，以及基于用户在不同场景中信息偏好不同的环境特征，确定每一位平台用户的内容与风格偏好，完成"用户画像"，进而通过自然语言处理技术和图像识别技术对平台内的信息资源进行分类整合，将内容与用户偏好进行匹配而完成信息传输和呈现。这一逻辑帮助信息传播活动更加人性化与个性化，将用户需求与特征变成传播活动的核心指向。基于互联网平台良好的用户匹配和信息传输能力，以报刊、广播、

---

[1] 许志强，徐瑾钰：《基于大数据的用户画像构建及用户体验优化策略》，载《中国出版》2019年第6期，第52页。

电视为代表的传统媒体也逐渐在自身业务中投入算法技术，或将自身的高品质内容投放在互联网平台中，实现了技术催动下的跨媒介合作与媒体融合。

但正如脸书（Facebook）近年来遭遇假新闻泛滥等质疑一样，国内以今日头条为代表的算法平台具有的两面性逐渐受到广泛关注。2017年人民日报发表《新闻莫被算法"绑架"》一文，指出部分过度依赖数据与算法的新闻客户端反复推荐低质量内容；同年12月，北京市互联网信息办公室针对持续违规提供互联网新闻信息服务等问题约谈今日头条负责人。破解这一难题需要主流价值观和新闻专业主义理念的加入，如央视频作为中央广播电视台推出的综合性视听新媒体旗舰平台，加入了价值传播因子、动态平衡网络，社会网络评价体系，和正能量相关的指标。这表明以算法为代表的智能化技术应用于传媒领域，需要充分考虑和尊重新闻传播事业的特殊性与专业性，在持续的优化与社会主义核心价值观的指导下，让智能化技术为传媒产业发展及媒介深度融合助益。

② 虚拟现实 / 增强现实技术

在互联网与人工智能技术广泛应用于传媒实践的背景下，受众接受与阅读信息的习惯发生改变，由传统媒体时代文字阅读的"逻辑思考"到新媒体时代视听阅读的"沉浸体验"，受众对信息可感知性的需求增加。[①] 虚拟现实（Virtual Reality，简称VR）和增强现实（Augmented Reality，简称AR）技术凭借其强大的复现功能、新颖的操作方式、独特的传播体验，能充分解决用户对信息传播形式的优化，因此近年来VR与AR技术被国内外传媒机构广泛采用，进一步激活了传媒领域信息传播活动的活力和创造力，深刻影响了新闻产业实践和媒体融合进程。

虚拟现实技术仍有一定缺陷，即VR设备营造的虚拟世界与真实世界相隔离，且与人类感知外部世界的方式有冲突。人们迫切地寻求进一步融合虚拟与真实两个世界的技术手段，即增强现实技术。随着技术的发展，VR/AR接入设备逐渐轻便化、功能多样化，传媒领域对这两项技术的广泛采用获得更多合理性与可能性，"沉浸式新闻"应运而生。国内VR的发展节奏和国外是一致的，没有很大的区别。当下全球VR设备主要以眼镜和头盔为主，中国的发展进度基本持平，但规模较小。国外VR产业主要攻克用户端的硬件，即投显和眼镜。国内的VR热潮也是用户端硬件公司引发的。整体而言，行业内普遍认为硬件问题是VR产业的首要问题。

相较于报刊、广播、电视等传统媒体，用户可以借助VR与AR设备亲临新闻现场，

[①] 喻国明，兰美娜，李玮：《智能化：未来传播模式创新的核心逻辑——兼论"人工智能+媒体"的基本运作范式》，载《新闻与写作》2017年第3期，第41~45页。

增强用户对新闻信息的感知力。利用虚拟现实与增强现实技术，新闻报道主体可以对新闻事实进行全方位的采集与录制，在后期技术编辑的协助下将新闻内容完整地呈现在支持虚拟现实与增强现实呈现的客户端与设备上。通过这种方式，用户可以直接沉浸于新闻场景，将技术呈现的虚拟新闻现场与真实世界的环境相叠加。2010年，以美国唯一的彩色版全国性对开日报《今日美国》（USA Today）报社为代表的一批媒体机构率先采用AR应用软件魔眼（Junaio）来辅助展开新闻报道；《纽约时报》在媒体融合转型和新技术尝试中同样采用了虚拟现实技术，全面而深入地"复现"了战乱的残酷，给读者带来极大的心灵震撼。由此可见，"沉浸式新闻"所能呈现的新闻细节和用户感知是传统媒介和报道模式所难以实现的。

近年来，国内基于虚拟现实与增强现实技术的新闻报道也获得了长足的发展。2016年3月两会期间，人民网、新华网、光明网、央视网等中央级媒体及腾讯、网易等商业媒体均采用了智能化与可视化技术进行报道，其中VR设备及其所代表的"沉浸式新闻"报道形式受到热捧，如新华网推出《探访金色大厅：总理记者会前一天》，这被视为国内媒体（尤其是传统媒体）首次大规模地使用全媒体新技术进行新闻报道，在我国新闻媒体进行媒体融合创新探索之路上具有重要意义。2019年，CCTV央视新闻客户端正式推出了"VR频道"，该频道聚焦央视新闻的全景图片新闻、360度视频新闻和VR视频新闻报道，每一篇文章都提供图文超链接，允许读者点击超链接进入VR场景。用户可在手机上观看，也可将手机插入VR眼镜盒中进行沉浸式观看，极大地提升了客户端用户对新闻内容的感知程度，强化了用户对新闻场景的代入式体验。

VR不仅局限于人景互动，而且跳出传统互动概念走向"人和剧情"的互动。人拥有对于剧情的个人选择权利，这种沉浸式的体验不仅极大地提高了娱乐性，更是摆脱了传统电影单一剧情的共性，让每个观众都有属于自己的个性剧情，参与感与视听感官刺激并存。让观众参与体验故事发展的同时参与剧情创作，这种卖点无疑对观众有着极大的吸引力，使其自觉地为这种全方位刺激的娱乐方式买单。这种全新的影片样式一旦出现，势必会对传统电影造成不小的冲击。

VR内容的出现固然会打破一些传统，但是在内容上，一个媒介文本所必备的叙事、剧情、表演等基本元素并不会因此而弱化，反而应该更加多元化。总体而言，虚拟现实与增强现实能在技术上解决新闻内容呈现形式的优化问题，不同媒介形态和媒介机构将共同服务于用户的感官体验和认知逻辑，未来的新闻内容生产与呈现方式亦将向更灵活和更加沉浸式的方向发展。

（二）媒介终端技术的融合

在数字媒介技术融合的同时，媒介终端技术的融合也得以发展。媒介终端技术的融合，是指媒介呈现载体的融合，在一种媒介终端的硬件和软件上将多种终端的功能整合到一起，对多种形式的媒介内容进行接收和呈现。在当下的生产生活实践中，多媒体电脑、可上网的电视、可拍照的手机等产品均是融合思路下的产物，在数字化、人工智能、VR/AR 等技术的支持下，融合终端正在超越初级的互联互通并走向更高层级的智能一体化。

根据此前对媒体融合发展阶段的分析可知，在媒体融合之前及媒体融合早期，媒介终端是与媒介内容和传输渠道相匹配的，即媒介终端的形态会受限于媒介的内容生产与传播渠道，如在纸质印刷技术的限制下，印刷媒介的终端只能是印刷体实物而非电子收音设备。随着技术发展背景下的媒介内容生产与传播渠道融合，媒介终端势必也走向融合。

1. 媒介终端融合的技术支撑

媒介终端融合最核心的表现为终端对各种内容形态和传播渠道的兼容性，就其技术支撑而言，可被划分为对内容承载的多媒体性能、对网络接入端口的多样性和功能的软件化三个部分。[1]

首先，在内容承载能力与信息呈现能力方面，媒介终端融合的实现要求媒介内容的数字化输入与存储。在数字信号取代传统的千差万别且互不相通的模拟信号后，简单的"0"与"1"编码能传输多样化的复杂信息。由此，媒介终端对媒介内容的接收与理解问题就被简化为对统一标准的不同编码的处理能力，不仅能实现不同媒介渠道对媒介内容的自由传输，而且能在媒介终端层面降低终端解码的成本与门槛，从而能够实现数字终端对多媒体内容的承载与呈现。在内容呈现方面，得益于多媒体呈现设备的多样化，液晶屏幕、音像设备系统甚至 VR/AR 设备等能实现将数字编码形式的内容进行高质量呈现，"全息媒体"的呈现方式已经能为用户提供"沉浸式"的信息传播实践。

其次，在网络接口的多样性方面，由于传播活动中的信息与内容并非以单一渠道为来源，若想实现不同领域、不同网络渠道的无障碍信息传输活动，需要终端具备适应不同渠道和网络制式的能力，即多模终端，如多模手机可以在不同技术标准的网络（如 GSM 和 CDMA）之间使用，支持多种不同的无线电信号处理方式。通过内容承载的多媒体性和对网络接入端口的多样性，媒介终端冲破了传统媒介环境下内容和网络对终端的限制，用户可以在掌握一种媒介终端的情况下接收各种类别和形式的媒介信息，并对这

---

[1] 鲍立泉：《技术视野下媒体融合的历史与未来》，华中科技大学出版社 2013 年版，第 134 页。

些信息进行编辑和传输。

最后，在终端软件技术方面，虽然终端产品作为一种硬件集成设备能提供部分基础的操作功能与服务，但更丰富的终端服务还需要通过软件实现。软件是一系列按照特定顺序组织的计算机数据和指令的集合，一般分为系统软件、应用软件和介于这两者之间的中间件，媒介终端的软件是提升其扩展性和灵活性的关键。通过高性能的硬件技术加上多样的软件技术，媒介终端可以实现功能的多样化，以智能手机等为代表的融合化媒介终端便通过装配高性能中央处理器和存储部件，利用应用商店（App Store）等为设备下载与更新软件内容。这是硬件与软件相互配合为用户提供健全功能的典型代表。

基于以上分析，笔者认为媒介终端融合的技术条件已相当完备，同时在人工智能、大数据与算法、云计算、VR/AR 等新技术的刺激下，未来的融合化媒介终端将向形态更多样、使用更便捷、体验更沉浸等方向发展，为现代化智能传媒服务提供更多创新与发展契机。

2. 媒介融合终端的典型代表

（1）终端融合的起点：智能手机

从媒介终端融合的历程来看，媒介终端融合的孕育期在于手机的普及，而真正意义上的媒介终端融合的出现要追溯到智能手机的诞生。20 世纪 80 年代以后，手机开始真正得到商业化普及。由于早期受到技术和功能上的限制，手机主要用来进行点对点的语音和文本通信，因此我们将手机主要定义为一种通信工具，而非大众传播媒介。但是随着技术的发展，手机功能也日趋多样化，在基本的通话功能和短消息功能之外，手机逐渐融合了字典、收音机、音视频播放、电子阅读器、2G 网络等功能，朝着智能化的方向一步步前进。这时的手机已经部分具有了融合媒介终端的特征。

在硬件和软件发展的支撑下，智能手机不再仅仅是一个基本的通信工具，而是成了最具代表性的融合终端。如今的智能手机既是数字化的广播、电视、报纸、书籍等媒体的接收设备，也是通信、办公、娱乐设备；既可以显示文字、图片、音频、视频等绝大部分的信息，也可以实现这些信息的输入；既可以实现多样化信息的储存和处理，也可以对这些信息进行分享和传播。以上这些特点使得智能手机成了真正意义上的媒介融合终端设备。

智能手机的迅速普及向我们展示了融合终端的巨大市场潜力、功能突破的无限可能。除了智能手机之外，智能家居产品、智能汽车、智能可穿戴设备、增强现实技术产品、虚拟现实技术产品等新兴产品也在不断涌现，这些产品也在经历着类似功能手机到智能手机的转变，逐渐把非媒介终端转变为融合媒介终端，大大扩展了"媒介终端"这一概念的外延。未来融合终端技术必然在形态上更加多样、功能上更加丰富、使用场景上更加超乎我们想象，融合终端将成为无处不在、随叫随到的媒介。

（2）融合下的大屏终端：交互式网络电视（IPTV）与智能电视

在互联网、多媒体、通信等多项技术迅速交叉发展的背景下，以电视大屏为主要内容呈现载体的媒体融合终端形式——IPTV应运而生。IPTV的诞生与推广让"三网融合"理念有了更贴切的依托，成为媒体融合的又一显著成果。IPTV即交互式网络电视，是一种利用宽带有线电视网，将互联网、多媒体等多种技术融于一体，向用户提供包括数字电视在内的多种交互式服务的崭新产品。不同于早期的模拟式有线电视和传统的数字电视，IPTV改变了频分制、定时、单向广播的传播方式，将电视和个人电脑端大屏转变为内容呈现形式多样、互动性强的综合性媒体融合终端。IPTV主要使用的传输渠道是网络宽带资源，可以实现互联网和传统电视媒体的结合，其将互联网资源和电视业务相融合，将互联网信息查询、媒体播放等多种功能赋予电视机终端。目前IPTV终端已经可以承载包括基础通信类业务、综合应用类业务、娱乐类业务和安防控制类业务等在内的业务门类，电视机逐渐成为具备综合性服务能力的智能终端。

近年来，IPTV、电视盒子、智能电视等以电视大屏为输出端口的媒介终端呈现出多样化、智能化的发展趋势。2022年1月，由北京移动联合北京新媒体集团推出的IPTV宽带电视8K超高清直播业务正式开通。这是全国首个宽带电视支持8K的播放项目，用户在家即可体验8K超高清直播、点播服务。在移动化终端设备日益普及、用户时间和精力碎片化的背景下，以家庭用户为主要代表的用户群对大屏终端仍有较大需求，IPTV、电视盒子、智能电视是大屏需求下媒介终端融合发展的必然回应。

（3）融合终端的最新成果：可穿戴设备

基于5G技术和智能技术的广泛应用，媒介生态受到颠覆性的改变，时间、空间、环境和场景等对信息传播与交流活动的限制将彻底消失，人在各类移动终端的包围中将无时无刻不置身于信息传播的过程，许多普通物品都会被嵌入媒介的功能，可穿戴设备就是这样的物品之一。

可穿戴设备（Wearable device）顾名思义，即直接穿在身上或是整合到用户的衣服或配件上的一种便携式设备。可穿戴设备不仅仅是一种硬件设备，更可以通过软件支持以及数据交互、云端交互来实现包括信息传输、数据计算等在内的强大功能。此外根据设备形态的不同，可穿戴设备会调动不同的细分技术，其中传感技术、触控与压力触控技术、VR/AR技术是较常被采用的技术。就传媒领域而言，此类设备作为一种媒介，能利用传感器技术、表盘屏幕、可穿戴的伴随属性为设备将人的身体进行数据化的处理提供物质基础，经过数据存储、分析、可视化的系统应用后，这些设备能为人类生成"数字自我"。[①]可穿戴设备作为自我与"数字自我"沟通的中介获得了媒介的功能和价值，也为媒介终端的融合与具身化转型提供机会。

大致来看，可穿戴设备的发展经历了以下三个阶段：第一阶段，21世纪及此前是可穿戴设备的发展起源阶段。1997年美国麻省理工学院、卡耐基梅隆大学、佐治亚理工学院联合举办第一届国际可穿戴计算机学术会议，之后可穿戴计算和可穿戴设备开始在学界和业界受到广泛的重视和研究。第二阶段，进入21世纪，可穿戴设备进入蓬勃发展阶段。这一时期三星、索尼、谷歌、耐克等世界头部企业纷纷涉足可穿戴设备的研发，出现了各种形态的产品。第三阶段，2015年及之后可穿戴设备迎来更大发展，智能眼镜、智能手表、智能手环等成为可穿戴设备的初级形态，覆盖人体的各个重要部位和不同的行业的新型可穿戴设备产品进入市场，此类设备将被应用于医疗、驾驶、传媒等各类生活生产实践中。

可穿戴设备的发展体现了媒介终端融合的轻便化、智能化、沉浸式发展趋势，呈现出"数据化、自动化、可视化"的媒介逻辑，能满足用户更多形式的信息传播需求。一方面，通过可穿戴设备的传感器和数据分析能力，用户逐渐将可穿戴设备作为媒介信息接收与传输的重要载体；另一方面，以谷歌眼镜为代表的一类设备通过对VR/AR技术的融入，帮助用户实现对多样化媒介内容的感知与吸收，从而获得更便捷的沉浸式体验。当然，尽管自21世纪初便有猜测称可穿戴设备将迅速发展和普及，但目前可穿戴设备的普及程度远不及移动终端，若要实现可穿戴设备更加充分的社会化应用和发挥其在传媒领域的价值，还有一系列技术与伦理问题有待解决。

二、中观层面：组织结构、生产流程和产品形态融合

媒体融合是一项复杂且庞大的系统性结构化工程，是对以往线性的、单向的传统消息生产模式和传播过程的全方位改革。媒体融合在中观层面表现出来的状态即为组织结构、生产流程和产品形态的融合。在步步推进、久久为功的媒体融合探索尝试中，媒体在组织结构上，需要进行战略性的架构调整和大刀阔斧的资源整合,打破体制机制的桎梏,

---

[①] 宋美杰，徐生权：《作为媒介的可穿戴设备：身体的数据化与规训》，载《现代传播（中国传媒大学学报）》2020年第4期，第46~50页。

激发融合之活力，充分运用市场手段，实现整合营销。在生产流程中，要不断加强媒体采编人员全媒体采编整合能力，建构非线性的生产传播模式，探索新型融合之路。在产品形态上，需要利用全新的技术手段，充分适应第三次科技革命以来互联网信息平台的特点，充分运用信息技术生产多元、互动、互联的数字化产品。

当前新闻舆论工作面临着众多新挑战，我们必须因时而动、顺势而为，推动媒体融合发展。2022年是我国将媒体融合上升为国家战略的第八年，媒体融合不断在体制机制、方法手段、内容产出上推陈出新、革故鼎新，这是我国不断深耕意识形态领域，推动建构网上网下一体、内宣外宣联动的主流舆论格局，讲好中国故事，传播中华文化的重要举措，也是推动我国文化软实力逐步提升、国际话语权不断增强、阔步走向世界舞台中央的重要手段，对于党和国家信息舆情领域治理能力和治理体系的现代化具有重要意义。面对在发展过程中涌现的优秀案例、先进经验，我们需要吸收发扬；对发展过程中出现的教训和失败，我们也需批判看待。我们应该吸取经验教训，推动媒体融合纵深发展，做大做强主流舆论。

广播电视是我国媒体融合的重要阵地。广电媒体作为此前影响力范围大、传播能力强、服务范围广的媒体形态，承担的政治使命和社会职责也更为重要。[①] 近年来，随着移动互联网的冲击，电视用户流失、收视率不断下滑已经成为难以扭转的现实，但广播电视作为宣传社会主义核心价值观的阵地，宣传任务是其首要任务。广播电视媒体融合必然要走在时代前列，发出时代之音。

总而言之，在媒介不断发展的历程中，广播、电视、报纸等传统媒体已经占有了丰厚的品牌、渠道等资源，而近年新兴的媒体依靠其技术优势也已经拥有了大量的受众和市场。新旧媒体各自的优势互相吸引，新媒体不断强化自己的媒介属性，而传统媒体也开始应用新媒体的生产方式开发新媒介产品，维持自己的强势媒体地位。这就带来了中观层面的媒体融合。中观层面的媒体融合，涉及传媒组织结构层面和实际业务操作层面的融合，主要包括组织结构的融合、生产流程的融合和产品形态的融合。

（一）广电媒体组织结构的融合

1. 组织形态创新顶层设计

媒介组织结构的融合，指的是媒介企业在部门设置和人员分工上进行的融合。企业在媒体融合的过程中，需要为不同媒介终端呈现多样化的媒介产品，不可避免地要求媒

---

① 黄楚新，郑智文：《论广电媒体在融合发展中的地位和作用》，载《北方传媒研究》2019年第3期，第4~7页。

介企业内部的行政部门、传统媒体和新媒体业务部门等各部门各组织间的横向联系不断加强，以保证沟通的顺畅和联系的紧密。

因此，为了更有效地协调各部门、各组织之间沟通和联系，为了更有效地调动媒介企业内部的各项资源进行媒介生产，融合性的媒介生产部门应运而生。融合后的媒介内容生产部门，可以在人才资源、财力资源、物资资源、信息资源等方面进行统一而整体的调配；可以简化媒介内容从申报到开展的业务流程，缩短媒介产品制作周期；可以降低统一购买报社纸张、摄像器材、排版设备等生产材料的价格成本；可以统一调度生产过程中人员、演播室、物流等方面的运作，从而降低空耗和重复建设，进而降低媒介产品生产成本。

媒体融合时代已经到来，新的时代呼吁新的信息生产传播模式，要求其不断改革创新、与时俱进。从媒体组织的角度出发，新闻采编主体具有组织形态的属性，为了从顶层设计上对媒体融合起到高屋建瓴的引导作用，广大传统媒体与新媒体必须在组织形态上不断发展更新。新闻生产的本质和新闻工作者工作的转变需要我们重新考量组织和行为的制度理念。无论中央广播电视总台的建立，还是县级融媒体中心的建设，都释放出媒体机制体制改革创新不停顿、不止步的强烈信号。媒体融合必须在组织形态的改革中加强鲜明特点，选准路径，方能行稳致远。

在当下的全新传播格局下，媒体生存环境发生了巨大的变化，一些机制和模式已然老化，运转效率低，面对瞬息万变的市场缺乏快速应变的能力，带有明显的历史烙印和局限。我们迫切需要寻找全新的组织架构，这种组织形态并无定法，没有好坏之分，只有适不适应之说，迷信权威、生搬硬套、削足适履并不可行。我国广播电视媒体的融合经历了长期的发展过程，从最早提出的"三网融合"到现在的媒体融合，从"先台后网"的要求到如今"移动优先"的改变，中央广播电视总台台长慎海雄近期又提出"先网后台、台网并重、移动优先"的新融合格局。不同层级、不同地域、不同定位的媒体需要找到适合自己的融合创新之道。

在省市媒体层面，以上海广播电视台（SMG）融媒体中心为例，其组织架构的深层次调整，对于媒体融合工作的开展起到了立竿见影的效果。2016年，上海广播电视台按照其"深度融合、整体转型"战略，通过整合原电视新闻中心、看看新闻网和上海电视台外语频道，成立了融媒体中心，在覆盖传统电视媒体渠道的同时，上线"看看新闻Knews"。2021年，该中心开启新一轮改革，将66.7%以上的员工纳入融媒体生产序列，绩效考核体系在涵盖栏目和产品量化标准的同时，也针对岗位和融合生产公众设定了有针对性的考核标准，并且采取了一系列的动态激励方式。此外，上海广播电视台融媒体中心设置了"新闻指挥室"和"视觉工作室"等适应全媒体时代生产传播的一体化组织架构。①根据中国广视索福瑞媒介研究数据显示，2020年度该中心的核心平台"看看新闻Knews"的短视频总传播量156.8亿、发布量逾58万条，在全国省级广电媒体短视频账号中排名第一。在此基础上，上海广播电视台2020年度"网络传播指数""新闻融合传播指数""新闻短视频传播指数"这3项数据均攀升至首位。

县级融媒体的组织形态创新也成了重要的融合抓手，如何打破县级媒体事业编制与企业化经营之间的局限，打破常规的以政务新闻采写为主的旧模式成为关键。举例来说，深圳市的龙岗区成立了融媒集团，除区管干部外，其他员工均为企业员工。集团加挂融媒体中心的牌子，实现了年营收突破亿元的目标。广东省博罗县的融媒体中心也完成了自身机制的改革，其融媒体中心为当地公益二类的事业单位，但可以获得公益一类的保障，县级财政对于编制内员工实行总额包干，以70%基础工资和30%绩效工资，还有自身经营收入作为绩效增量的方式，对激励机制进行了充分的改革，在一定程度上避免了原有体制下"吃大锅饭""干多干少一个样"的被动局面。

但是，在县级融媒体中心组织形态改革的过程中，也出现了很多的问题，较多的融媒体中心在改革中遇到了瓶颈，出现了"外融内分"等情况。以浙江省海宁市传媒中心为例，人事制度与员工愿景不匹配限制了其进一步发展。目前，海宁市传媒中心共有在职员工313人，其中，事业编制98人，虽采取了竞聘上岗、改革绩效考核方式等手段，但事业编制常常在人们的刻板印象中与工作稳定有着直接联系，导致人才留用出现了困难，很多年轻人会选择以此为跳板继续考公考编，最终使得传媒中心的发展受限。②这种改革中的阵痛并不仅仅存在于海宁一地，从中央到地方，各级媒体都存在，从"铁饭碗"到"打工人"的身份转变并不意味着薪资的降低或发展前景的灰暗，但其背后社会地位、传统观念等问题影响了融媒体的进一步发展，如何通过完善薪资激励制度、社会保障制度来加以解决，仍需更多的尝试和摸索。

2. 锚定媒体定位，创新营利方式

伴随着媒体融合的进一步发展，无论采用怎样的构架，总结出多少经验，最后我们

---

① 林沛：《组织架构深层调整，打通三个维度新闻生产流程——专访上海广播电视台（SMG）融媒体中心主任吴茜》，载《中国广播影视》2021年第15期，第34~39页。
② 段鹏：《我国县域媒体深度融合的瓶颈及对策——以浙江省海宁市传媒中心为样本》，载《编辑之友》2021年第12期，第12~18页。

都要看媒体融合是否能持续、长久地生产具有影响力和生命力的优秀融媒体产品。这要求广播电视媒体必须在媒体融合的进程中，在组织结构层面寻找到合适的定位，并且不断探索新的符合市场规律和肩负起社会责任并存的营利方式，逐步将依赖政府拨款的"被动输血"向持续的"自我造血"转变。各级广电媒体具有不同的定位和不同范围的受众，因此需要因地、因时来确定对自身定位的辨析。

新媒体需要着力打造"新闻+政务服务商务"平台。宁波日报报业集团积极践行"新闻+服务"的理念，走出了一条独特的发展之路，甬派传媒2017年成功在新三板上市，成为国内首个移动端概念的挂牌公司，年收入近1亿元，利润超过2 000万元。2019年6月18日，宁波日报报业集团（甬派传媒）和宁波工业投资公司共同组建了宁波市大数据投资发展有限公司，其中甬派传媒控股65%。由一家党报集团的新媒体操盘"数投"新模式，投资建设运营城市大脑，这在全国尚无先例。这种敢为人先的新媒体经营思路探索无疑是极其有益的。在甘肃省委相关部门的亲切关怀和指导下，甘肃日报社、甘肃新媒体集团充分利用全新打造的"新甘肃云"平台，链接全省各地，使其成为"政务+服务"的重要抓手。同时，在当前这样一场疫情大战、工作大考中，各地的融媒体平台都在信息公开、舆情引导、新闻发布方面发挥了重要的作用。

媒体融合实践也必须在紧抓时代脉搏和历史机遇的基础上开展，以央视频、芒果TV等为代表的国有视频网站，在媒体融合实践，特别是在盈利模式的创新上，取得了显著成效，提升了可持续发展能力。[1] 这种紧跟市场发展、不断开拓创新的尝试成了广电媒体融合实践中的新常态。

对于县级融媒体中心而言，其作为打通基层治理的"最后一公里"，是党群沟通的重要信息枢纽和基层舆论主阵地，必须利用好自身贴近基层、贴近百姓的天然优势，在"文化属性"和"地域认同感"上下功夫，在助力乡村振兴，搭建政务、公共、生活、文化服务平台，推动电商发展等层面都大有可为。[2]

许多县级融媒体作为与当地群众联系最密切、同当地各部门交流最紧密的服务平台，扎根于基层，为当地民众提供优质报道及全面服务。2019年国庆节，正值中华人民共和国成立70周年之际，作为"世界花炮之乡"的湖南浏阳结合当地的花炮特色，由其地方的融媒体中心推送了以花炮献礼祖国的公众号文章，在24小时之内达到了惊人的阅读量。除了在特殊庆典中融合地方特色打造相关融媒体产品之外，浏阳融媒体还推出了

---

[1] 郭全中，范婕：《国有视频网站会员付费模式探究——以央视频为例》，载《青年记者》2022年第4期，第29~32页。
[2] 冯右右：《县级融媒体建设如何找准功能定位》，载《科技传播》2021年第13期，第67~69页。

集各项服务为一体的"掌上浏阳"客户端，在为大众提供实时准确的官方讯息的同时，还能够为当地教育、监督等方面建立保障，打造居民与政府直接联络的平台。比如云南省施甸县融媒体中心，在边境疫情防控压力巨大的情况下，通过视频方式自创"强书记喊话"融媒体作品，通过亲切可听的方言、简单朴素的叮嘱，将当下疫情防控工作的重点难点与注意事项，以群众喜闻乐见的方式进行传递，取得了良好的效果，其系列视频在"水墨施甸"微信视频号中的播放量大大超越以往，一改沉闷、老旧的传统节目感，极具"网感"，这就是县级融媒体中心找准自身定位、深耕本地受众的一个良好范本。

3. 技术布局不断发展

在媒体融合方面，我国在技术建设、人才培养方面与全球领先水平大致持平，甚至在 5G 技术等领域稍稍超前。按照学者廖祥忠的分析，我国的媒体融合可以分为如下三个阶段：媒体融合期（2001—2007 年）、融合媒体期（2008 年至今）、智能媒体期（未来）。而我们当下，正处在"智能媒体的石器时代"[1]，即融合媒体期和智能媒体期的过渡阶段。在这一阶段，"终端随人走，信息围人转"成为显著特色，智能手机成为垄断性的可移动终端设备，成为了这一时代信息传播的必争之地。

我国政府对于广播电视媒体在媒体融合的技术结构、组织架构上提出了明确的要求，要加强 5G、4K/8K、大数据、云计算、物联网、区块链、人工智能等在全流程各环节的综合应用，抢占全媒体时代战略高地。围绕着新型技术的不断介入，各媒体在视听技术、拓展显示、普适计算等方面，已经取得了初具成果的融合成果。[2]

在传统观念中，电视是一种低清晰度的媒体，但是视听体验是内容呈现的生命线，如何在媒体融合的过程中，在原有技术积累的基础上，不断以观众体验为准则提升视听体验成了大家考虑的话题。以中央广播电视总台为例，其"5G+4K/8K+AI"技术组织构架成了全流程超高清内容生产制作的实践体验，自 2019 年中央广播电视台春节联欢晚会测试成功以来，逐步成了娱乐晚会、重大会议和体育赛事直播的"宠儿"，成了中央广播电视总台发展的新引擎。2021 年上线的央视奥林匹克频道成为了首个以 4K 超高清标准 24 小时不间断直播体育赛事的体育频道，为体育赛事转播提供了高标准的"中国方案"。

人工智能技术、虚拟现实技术及方兴未艾的"元宇宙"概念也成了广播电视媒体布局媒体融合技术组织结构的选择。人格化虚拟主播不断出现，对于用户的体验重视程度不断提高。比如北京卫视推出了"时间小妮"，以人工智能和情景对话的形式为用

---

[1] 廖祥忠：《从媒体融合到融合媒体：电视人的抉择与进路》，载《现代传播（中国传媒大学学报）》2020 年第 1 期，第 1~7 页。
[2] 黄楚新，陈智睿：《2021 年我国媒体融合发展盘点》，载《青年记者》2021 年第 24 期，第 9~12 页。

户奉上贴心服务，湖南卫视推出数字主持人"小漾"，新华社推出漫游太空的"小净"、全球首个3D人工智能合成主播"新小微"，央视推出"小小撒""康晓辉"。从2D到3D，随着AI技术的不断进步和5G应用的不断创新，虚拟主播在仿真度、人物美化度上会更加趋于完善。这都是广电媒体迎合"Z世代"的喜好需求并进行技术尝试的重要举措。

（二）广电媒体生产流程的融合

新要求的出现，导致传统媒体信息生产流程也相应地发生了融合性转变。首先在策划环节，媒介企业需要进行融合媒体的多方面规划。在单一媒介的策划中，编辑的工作目标是单一的：图书编辑针对一本新书进行策划，报纸编辑的策划多是阶段性或者专题性的策划，广播和电视编辑的策划则主要是针对既定内容制作最佳的表现方案。而媒体融合之后，融合媒体的编辑策划更加复杂，需要考虑特定的媒介资源是否具有多媒介传播的开发能力，是否适宜采取文字、图像、音视频等多种表现形式，如何充分利用素材资源开放多种样态的融合产品以实现效益的最大化等。其次，在生产环节，坦帕式的新闻生产曾经是媒体融合的典范，其带来的传统媒体与新媒体流程再造、采编合一的生产方式的影响力遍及全球传媒业，成了各大传媒媒体融合生产的常态。在组织层面上成立融合性的新闻编辑部后，网络、报纸、广播电视等媒体中各自独立的编辑部往往不再分设，这一新的组织结构进一步强调了媒介生产中的时效性，这就要求媒介转变内容的采编方式，逐渐实现采编一体化。

我国媒体也尝试设置类似的"中央厨房"式的编辑部门，重构新闻采编的业务流程。在新闻采集阶段，整个"中央厨房"可以实现不同团队人员间的协同作业、资源共享，简化新闻采集流程，提高新闻采集效率。新闻采集环节所获得的所有内容（包括文字、图像、音视频），都会通过筛选、标引，被存入媒体的待编辑资源库中，等待下一步的编辑加工。在编辑阶段，"中央厨房"从待编辑资源库中调取所需要的素材，最大化地挖掘新闻素材的价值，并根据企业内不同媒体平台的需求和特点编辑生成多种类型的新闻"半成品"。纸质报纸、网站、新媒体、手机报等编辑部门再各取所需，对来自"中央厨房"的"半成品"进行深加工，发布适合各自终端的相对个性化的内容产品。

1. 从"线性"到"非线性"

当下的互联网技术发展及移动端的普及培养了用户非线性的阅读、观看和收听习惯，而广电媒体传统的线性供给方式与用户非线性的需求之间发生的错位，是广电媒体面临的主要危机，也是业界推动媒体融合发展的重要方向。[1]这与我国人民日益增长的美好生活需要和不平衡不充分的发展之间的矛盾是一致的，如何能够缓解这个矛盾，应上升到关乎广电媒体生死存亡的站位高度上来看待。

广电媒体的内容生产与传播流程主要由内容生产、传播渠道和用户终端三部分组成。在传统的运输渠道中，通常电视节目以单向度线性传播为主要模式，电视台制作节目，借助有线、无线或卫星传输方式，在屏幕终端上进行输出，受众在其中的选择和反馈很少，最多就是在不同的电视频道之间可以进行切换。但伴随着互联网的蓬勃发展，IPTV、移动端等都成了可输出的终端，原有的单向传输成了双向互动，原有的被动接受变成了直播+点播的全新格局，非线性内容成了媒体融合在生产方面必须要突破和完成的目标。从收视率、点击率、收藏量等数据来看，以时间为顺序、单向度的直播为主的线性生产流程应该被非线性的模式所取代。大多数传统媒体都通过打造传播矩阵，来进行融媒体非线性叙事的转变。各大传统媒体着力通过手机移动客户端、微信公众号、微信视频号、微博、抖音号、快手号等来接入各大流量平台，实现自身内容的多重复现，从而促使自身品牌度、公信力、影响力的跃升。

这种生产流程的融合对媒体工作人员也提出了更高的要求。随着新兴媒体平台的普及，在以互联网的应用为代表的信息社会中，社交媒体平台作为一种新势力开启了传播的新局面。当下，传播主体逐渐变得多元化、平民化，原来扁平的传播模式也逐渐被去中心化的、多元的形式所取代。以新闻生产的主体而言，以新闻媒体为传播主体的现象已悄然发生了改变，公众作为重要的力量也加入了新闻生产的行列。这种情况下，新闻传播者要能够根据消息机制生产出简单化、碎片化、非线性的内容产品，包装出更加吸引人、更具社会传播力的产品。新闻工作者必须具有非线性叙事的思维判断能力，拥有多媒体技能服务非线性叙事，"一专多能"地通过文字、音频、图片、视频等多种处理技术，强化信息的不同表达方式。[2]在学者李良荣看来，融媒体时代新闻传播复合型人才必须以技术为基、以表达为锋、以思想为核，用优质的内容来提高注意力的使用效率，为人类更高效地提供更有社会价值、更有思想深度的信息。[3]

2. 采编发流程的突破："中央厨房"的尝试

"中央厨房"是脱胎于连锁餐饮企业的一个名词，原指连锁餐饮企业集中采购、集

---

[1] 冯结兰：《供给侧改革背景下广电媒体非线性融合研究》，载《传媒》2021年第23期，第28~31页。
[2] 臧奕冬：《基于策略转换视角的新闻编辑非线性叙事能力表达研究》，载《新闻传播》2022年第4期，第85~86页。
[3] 李良荣，魏新警：《论融媒体时代新闻传播复合型人才培养的"金字塔"体系》，载《新闻大学》2022年第1期，第1~7页。

约化生产成品或半成品的生产场所，经"中央厨房"生产处理的产品经过物流运送到各处的门店再进行处理或直接配菜，这就尽可能保障了连锁餐饮企业不同门店售卖产品的同质化，并且大大降低了成本。

在业界颇有影响力的人民日报社以习近平总书记提出的"融为一体、合而为一"[①]为基本方针，启动"中央厨房"的全媒体平台建设。该平台提供多种语言的素材，并向多家媒体平台网站提供稿件，以推动各类资源高效整合，实现媒体在平台、内容、管理等方面的贯通与融合。该平台建立起了"一次采集、多种生成、多原传播"的内容和分发系统。人民日报社原社长杨振武指出：人民日报"中央厨房"已从局部实践上升为顶层设计，从多点突破扩展到整体推进，从报道创新转向制度创新，形成了从"相加"到"相融"的新的采编架构、新的融合思路。[②]

大量的省市级媒体和县级融媒体中心也都采取了"中央厨房"的信息生产模式，但其使用情况并不理想。如浙江省海宁市传媒中心，虽建立起了"中央厨房"，但存在着如下问题：选——现有的选题标准依照的是报纸或电视的采访标准，并不太适用于新媒体平台，缺少"网感"，不受新媒体平台用户的欢迎；采——一次采集的素材无法完善、素材流向不确定，无法事先预设采访目的，如电视稿与报纸稿不互通，给二轮编辑人员造成了极大的不便；编——二轮编辑团队严重依赖于一轮团队的内容采集；审——在采编对接上，各部门人员权限和编辑的格式还未协调完全，云端系统的内容审核仍然需要人工进行校对和最后确认，无法做到完全智能审核；发——如何安排各机构的发稿频次和时间先后，避免引流并实现内容差异化仍显困难。[③]

事实证明，"中央厨房"是一个系统性的庞大工程，各级媒体需要具体问题具体分析，在不断实践中找到合适的建设路径。

3. 智能媒体的转向："云"与"机器"

"媒体云"是媒体进行进一步融合的重要手段，"媒体云"一般是指运用云计算技术提供媒体服务和应用的新兴媒体服务。用户可以在"媒体云"中分布式地存储和处理多媒体应用数据，从而减轻很多用户对于多媒体软件维护和升级的负担。[④]

"七彩云"是 2016 年底云南广播电视台建设的融合媒体云平台，包括融合新闻报道

---

① 《习近平谈治国理论》（第三卷），外文出版社 2020 年版，第 368 页。
② 叶蓁蓁：《人民日报"中央厨房"有什么不一样》，载《新闻战线》2017 年第 3 期，第 14~16 页。
③ 段鹏：《我国县域媒体深度融合的瓶颈及对策——以浙江省海宁市传媒中心为样本》，载《编辑之友》2021 年第 12 期，第 12~18 页。
④ 赵华：《媒体融合大势下的媒体云现状与思考》，载《传媒观察》2017 年第 1 期，第 48~49 页。

平台、融合新闻运营平台、全媒体共享内容库三部分。作为新闻生产云系统，"七彩云"提供多媒体统一生产、加工，多平台分发、共享，多用户群体精准分类、推送，全网实时管控等服务。2019年1月24日，"七彩云端"应用软件上线，其为云南省委宣传部统筹安排各县级融媒体中心与云南广播电视台合作打造的融媒体产品，是集资讯、政务、便民服务于一体的综合性服务产品，打造了县级融媒体+大政务的融合模式。

"媒体云"的尝试符合国家提出的打造主流媒体"航母"的要求，有利于发挥上级媒体的带动作用，并结合各地基层媒体的优点。但在一定程度上，"媒体云"建设还仅仅停留在技术层面，在打破原有新闻生产流程、打通新闻生产各部门之间壁垒的层面上缺少力度。政府应掌握更多主动权，促使广电媒体在生产流程融合中更大的发展空间。

此外，我们还需要关注机器人写作等全新的新闻消息生产方式，这对消息的生产流程也产生了极大的影响，原来以"人"为主的生产在部分领域甚至可以被"机器"所代替。写作本是主观的文字符号反映客观事物的过程，是一种具有创造性的脑力劳动，现下对于消息生产的时、效、度的要求越来越高，人工智能与机器写作应运而生，成了一个非常有发展前景的版块。

非常多的互联网公司和商业媒体平台率先加入竞争，腾讯在2015年就发布了写作机器人梦幻写手（Dreamwriter），主要运用于腾讯财经与腾讯体育两大板块。该机器人写手在奥运会等大型体育赛事的报道中均作出"重要贡献"，其报道内容多由"比赛视频+比赛回顾+阵容介绍"组成，配有图片、视频，平均评论较多。当然机器人写作目前还存在着非常多的问题，比如文风生硬、措辞机械，但其确实是对融媒体生产流程的一次大胆突破。

（三）广电媒体产品形态的融合

产品形态上的融合，指的是媒体融合的过程中，新的多媒体的、融合形态的产品形态的出现。这是媒介生产中组织结构融合和生产流程融合带来的最终结果，是内容生产中对媒体融合手段和多媒体的信息资源的创造性运用的结果，也是媒体融合走向市场参与竞争发展的至关重要的突破口。

目前，国内外媒体都不断地在对媒体融合产品的形态进行尝试。如纽约时报网站在2007年有一篇报道《攀登乞力马扎罗山》，该报道以3D模型的形式将读者带入登山的过程，让读者切身体会登山的艰辛。而在2012年，纽约时报又运用丰富的新媒体技术进行了《雪崩：特纳尔溪事故》报道。该报道采用文字、音视频、数字化模型等多种报道方式及手段详细地描述了16名滑雪爱好者遭遇雪崩的经过，给受众带来极强的现场感。最终，该报道获得了2013年度普利策新闻奖。这是用融合媒体技术进行融合产品形态创新的一次成功尝试。

我国媒体尝试媒体融合产品的一个典型案例是报纸"二维码"的出现。在2006年德国举办世界杯足球赛期间，《北京晚报》《新京报》《新闻晨报》《楚天都市报》等报纸就在版面上印制了二维码，使读者能在阅读报纸上的新闻的同时，通过手机扫描二维码，观看世界杯的精彩视频。二维码的应用，有效地改善了报纸在信息呈现方式、报道时效性等方面的不足。首先，在信息呈现方式上，传统报纸是静态、平面的，内容主要是通过文字的形式进行呈现，最多配发一些新闻图片加以辅助。而在采用了二维码之后，互联网上的视频、音频等信息呈现形式也被链接至了报纸，让读者能够接收更多形式的信息，让读者能够听到、看到新闻内容，更加逼真地还原新闻现场。其次，在新闻报道时效性上，相比互联网信息传播的即时性，传统报纸由于其实体的发行方式相对滞后。而通过在事件发生前制作专题网站页面并将专题网站的二维码印制在报纸上，在事件发生的同时读者就可以通过扫描二维码通过互联网进入报道专题获取信息。通过这种互联网和报纸的链接，这使得报纸也能够实现全天24小时的新闻报道，打破了报纸在截稿时间和实体发行上的时间限制，延长了报纸新闻的新鲜感。

而在开发融合形态的媒介产品时，媒体在媒体融合观念上的认识程度不足也开始显现。彭兰指出，"很多媒体在开发媒体融合产品时，遵循的只是一种简单的信息手段相加的思维，也只是在媒体形态这一角度来思考问题，而忽略了媒体融合时代的另外一些变革。……媒体融合时代产品的开发，不仅应包括新闻和其他信息产品的开发，还应包括多种其他产品，如社区、游戏、搜索、娱乐、通信、商务等产品的开发。"[1] 由此我们也看到，媒介产品形态融合不仅仅局限于现有传统媒体和互联网媒体之间的联动，其可能性是多种多样的，有待于业界进行进一步的尝试。

1. 媒体 + "网络直播"

媒体深度融合仅仅靠自身的力量是难以达成的，随着互联网与数字经济的发展，传媒产业边界与其他产业边界被消融弥合，呈现出"液态"的产业发展现状。[2] 而在众多的融合中，直播成了一个重要的手段，网络直播"带货"的形式被越来越多的媒体所采用，

---

[1] 彭兰：《"圈地运动"—"产品革命"—"支点设置"：媒介融合三步曲解析》，载《新闻与写作》2010年第2期，第17~20页。
[2] 黄楚新，陈智睿：《2021年我国媒体融合发展盘点》，载《青年记者》2021年第24期，第9~12页。

"慢直播"也进入了国内观众的视野。

网络直播从 2014 年起逐渐引起人们的重视。两年后，包括电商直播平台在内的上百家直播平台诞生，在直播的同时进行货品的销售，开拓了线上直播间购物的新局势。网络直播热度的持续上升也使多家媒体开设了直播账号，开展线上的文化交流及特产售卖，其中包括央视新闻、东方卫视、湖南电视台，形成了"自有新媒体矩阵+电商直播平台"的立体化阵营。①

广播电视+直播的形式紧跟时代脉搏，节目在融合的基础上，积极发挥"服务、商务"的功能，特别是在乡村振兴方面大有可为。传统媒体在融合发展的过程中，需要满足人民群众的实际需求，生产出满足用户需求、助力社会发展的产品，从而实现传播价值的跃升。湖北广播电视台推出的"百天千万扶贫行动"，吸引流量 1.2 亿人次，直接销售农产品 2 100 余万元。2020 年陕西杨凌融媒中心就策划实施了"云购节"助农直播带货的活动，推广杨凌县特色农产品，最终流量破百万，为主流媒体综合移动终端的受众拓展做出了有益尝试和积极探索。2021 年，浙江广电面向对口扶贫地区，开展了"886 助跑活动"，通过电商平台"好易购"等节目，推荐当地特色产品，效果显著。

2. 广播"遇上"可视化

大众对于观看的行为一直有着强烈的愿望，促使广播朝着可视化的方向不断发展，在互联网、新媒体的支撑下，节目直播间直播、视频连线、公众号互动等形式开拓了广播在视觉方面的呈现方式，看得见的广播逐渐日常化。广播的可视化是传统广播与现代新媒体技术、互联网技术融合下的产物，多种媒体的相互作用与结合拓宽了受众范围，为广播领域带来立体化、交互式、多渠道的呈现空间。

在移动互联网技术普及的背景下，越来越多的广播可视化方式涌现在大众视野中，广播与网络直播的融合互联催生了除以收音机接收广播节目之外的新的载体，应用软件、微信公众号等更加便捷的方式大大提升了听众对于观看广播的热情。北京青年广播是我国第一个真正意义上的全频可视化广播电台，直播间内多个高清摄像头与不同角度的机位相配合，全方位展现直播场景的同时提高了视频的清晰度。另外，直播间还设置了发光二极管（LED）屏幕，在对可视化的直播间进行装饰的基础上，展示不同节目的海报和图片，以更加生动形象的方式加深了观众对于节目内容的理解。

借鉴电视节目的直播，广播直播间也划分了多个用于演出、放置设备的区域，打造

---

① 石云天：《直播带货：广电媒体发展新路径》，载《中国广播电视学刊》2022 年第 1 期，第 64~66 页。

了小型的电视节目直播现场,在建构可视化广播的同时满足了多维度的视觉体验。北京交通广播的多个栏目将短信互动的形式搬上微信公众号,听众不仅可以在后台留言,还可以在主持人的引导下以回复关键词的形式获取高清照片。在中央电视台、中国国际电视台、中央人民广播电台、中国国际广播电台融合为中央广播电视总台后,央视频App也推出了电台广播可视化的入口,越来越多的电台栏目开通了视频直播的现场画面,远程视频点歌等交互性设计增加了广播节目的趣味,受到年轻听众的喜爱。

电台广播在不同阶段同网络、新媒体相融合,不断找寻着可视化的最佳途径,以达到为听众提供有趣的声音内容的同时,满足大众对于获得真实具体影像的愿望。

3. 文化自信:推动中华优秀传统文化创造性转化及传播

中华优秀传统文化、革命文化、社会主义先进文化三者的关系表明,实现传统文化的创造性转化与创新性发展,是与革命文化、社会主义先进文化密切相关联的文化再创造,是以由"古"而"今"为发展方向的中国文化的新开展。[①]广播电视媒体在媒体融合的过程中创作出的融媒体作品必须紧紧抓住"文化自信"的历史根脉,通过本土化、与其他艺术形式借鉴互融的方式,创造性地推动我国文化软实力的构建,为将我国建设成社会主义文化强国贡献力量。在这方面,我国广播电视节目的表现形态、内容内涵已经发生了巨大的改变,体现出"万物互融、万物皆媒"的特点。

在各种节目形式中,传统节目形态融合其他艺术表现手段,如朗诵、戏剧、绘画、走秀,创新节目内容,以更丰富有趣的内容及更具感染力的形式传达节目主题及节目背后的精神内涵。

河南卫视2021年及2022年春晚的"破圈"也离不开制作团队对媒体融合的深刻理解及运用。整个节目以河南省独具特色的文物文化为叙事逻辑,在《唐宫夜宴》后打造了专属知识产权,融合绘画、雕塑、文物等多领域的特征,带领观众沉浸其中地享受节目内容。"从地名看文化,从文化看中国",电视节目《中国地名大会》以地名为中介,结合答题比赛的形式从地理、历史、语言等方面为荧幕前的观众展现中华大地的万千风貌。《中国诗词大会》也通过竞赛的形式带领观众通过影像"赏中华诗词,寻文化基因,品生活之美",同时融合了中国绘画作品,更加生动地呈现诗词之美。《国家宝藏》以文物为载体,将短小却精致的戏剧搬上电视节目录制的舞台上,在对各个博物馆著名文物进行系统讲解的基础上为每件文物编排了一则故事,配合剧场艺术中

---

① 李维武:《传统文化的创造性转化与创新性发展——对习近平文化观的思考》,载《武汉大学学报(哲学社会科学版)》2018年第3期,第5~12页。

灯光、舞美、服装等元素讲述历史文物的渊源及精神内涵，运用影像技术手段，赋予文物当代化的理解方式，表达中华数千年文化积淀下对自身物质文明的自信。《衣尚中国》以服饰为媒介，将传统与现代的审美特征相结合，在展示与讲述中国服饰的同时为每类服装、每个花纹加以故事化的解读，并在戏剧演绎的基础上结合走秀的形式展现在一针一线的奇妙结合下的美丽服饰，突出历史之美的代代传承。《故事里的中国》以戏剧故事为中介，通过完整故事在舞台的再现致敬经典文艺作品，献礼当代英雄事迹。《典籍里的中国》以书籍为桥梁，进行穿越千年的时空对话，以戏剧演绎为主线串联起电视节目中访谈、史料记载等传统内容，在历史故事的再现与历代典籍的传承中，挖掘每部典籍背后的真实历史及先贤精神的流传历程，依据真实历史塑造先贤形象，展现典籍中的智慧与心血。

同时，在媒体融合逐渐深入的大趋势下，电视节目也在不断与其他艺术形式进行更加紧密的联结，在多季节目录制的过程中探索融合时代的特征，发挥创造性思维，不断对前一季的模式进行"升级"，在展现中华五千年优秀传统文化的同时，将更加顺应大众审美趋向、符合媒体发展趋势的节目呈现在荧幕上。例如文化类综艺节目《国家宝藏》的展演季，在好评如潮的前三季播出后，又将舞蹈、音乐、京剧、乐器演奏等表现手段搬上了舞台，使传统电视节目的舞台拥有了更加多元发展的可能性。《国家宝藏》在每一季节目播出后在故宫博物院举办的文物特展，以及各个博物馆中保留着写有"《国家宝藏》特展"标示的展品，都将本属于电视荧幕中的物件真真实实地呈现在大众面前，得到观众的好评。除了在电视节目中编排其他艺术形式以融合各门类艺术及各类媒体之外，《故事里的中国》将电影、电视、戏剧、歌剧、小说等领域的经典作品，以及生活中的真实故事与电视节目融合。第一季通过再度演绎经典文艺作品的形式带领观众深度了解文艺作品创作背后的点点滴滴；第二季节目将故事主题聚焦于在中国发展道路上贡献力量的当代人物；第三季则围绕建党百年的时代主题讲述百年历程中优秀中国共产党员的事迹与精神传承。

在原有的访谈对话基础上，越来越多的电视节目创作者发挥主观能动性，将技术、时代背景与文艺作品相结合，在媒体融合的浪潮中不断探索与其他艺术形式融合的可能性，寻找各类媒体之间的关联性，在传统节目样态的各个方面都进行了创造性的转化，为文化事业的发展带来创新性的突破，形成百花齐放的多元产品形态。

三、宏观层面：媒体产业、媒体规制和媒体与社会的融合

从宏观层面看，媒体融合的形式不仅仅拘泥于技术基础的融合、生产环节的融合，更对整个媒体产业带来了融合性变革。此外，微观、中观的融合形式影响了宏观的上层建筑，又带来了媒体规制的融合和媒体与社会的融合。

（一）媒体产业的融合

由于我国传媒行业的市场正在持续扩大，且发展日臻成熟，其市场的集中度将会继续上升。在这样的背景下，规模将成为媒介竞争中的一个重要"门槛"，也是大型媒体集团的竞争优势。如果媒体集团达不到相当大的规模，其竞争优势就会被削弱，甚至可能因为自身规模过小、实力不足而失去与其他媒体集团竞争的资格。最终结果也往往是几个大规模的综合性媒体集团占据大部分市场，对各个分支领域进行控制。

所以，在高速发展的中国媒体行业，要想在众多媒体中脱颖而出，就要做到快、大、强三点。"快"就是媒体集团要保持较高的增长速度，"大"是指媒体集团要不断进行规模的扩张，"强"则指的是在上述两点之外还要提升企业竞争力。而媒体产业的融合则是实现上述三点的重要手段。

从媒体产业的层面来讲，横向整合和纵向整合是媒体融合的两大表现形式。横向整合的最大的优势在于形成一种范围经济，通过降低媒介产品的生产成本来获得更高的利润，使传媒集团获得竞争优势。纵向整合其实是一种内容资源整合，其目的在于降低信息采集和分发的成本，以增加媒体收益。

美国大型媒体集团围绕媒体产业进行资源整合的战略非常有借鉴意义：媒介整合下提供的信息并不是以多种分离的、互不相干的形式呈现在受众面前的，而是表现为一个完整组合的形式。综合性媒体集团整合的目的并不是成为一个"大而全"的"巨无霸"，而是要借此强化主营业务的竞争优势，让主营业务在同行业中能够具有更强的竞争优势。媒体融合之后，媒介组织就能拥有更多的资源，制作更多的内容，同时生产成本也会变得更低。在这三个前提之下，媒介组织更容易生产出质量上乘的媒介产品。同时，由于媒体产业的横向整合，使得同类媒体间的竞争减小；而媒介组织的纵向整合，使得媒介组织在整个媒介产品生产、销售产业链的上下游的多个环节都能有所施展，达到一种"上

下通吃"的效果，从而形成一种规模经济和范围经济。这不仅使得媒介产品的生产成本更低，也使得媒介产品能获得更高的利润。在媒体产业竞争日益激烈的当下，媒体组织通过横向和纵向的整合能够获得更明显的竞争优势及更稳固的发展。

5G 是融媒体时代的重要通信技术，也是我国媒体产业数字化转型的关键。通信技术的发展态势逐渐成为主导我国构建全媒体融合矩阵和智能媒体传播工程强有力的催化剂。在全球信息化、数字化浪潮下，科技的发展与创新在不断打破和模糊传媒产业的边界，传媒行业站在推动新时代国家经济发展的风口浪尖。守正创新是当下媒体产业整合融通的一大特点，社会互联网成为媒体产业融合发展的主要领域，基于传统媒体产业的基础上进行创新，不断创新新闻传播策略和理念，重构传统媒体产业模式，通过横纵方向的跨领域产业融合，才能促进媒体产业基于行业生态、业态的转型升级，这也是媒体产业未来发展的实践路径和趋势导向。

1. 我国政府强化顶层设计，推进媒体融合发展进路

随着互联网的发展和信息数字化浪潮的加速，我国政府也在多个层面针对融媒体产业出台相应的支持政策。近几年我国政府对于媒体融合出台的相关政策和指导意见，可以分为五个战略性阶段。

第一，从媒体融合概念的提出到纳入国家战略层面。2013 年习近平总书记在"8·19"重要讲话中首次提到媒体融合的相关概念，成为指引我国宣传思想工作的强大武器和行动纲领，为媒体融合相关工作的展开和宣传目标的确立奠定了理论基础。

第二，媒体融合深入国家传播战略重大布局层面。2013 年 11 月 12 日，党的十八届三中全会审议通过了《中共中央关于全面深化改革若干重大问题的决定》，这标志着媒体融合体系化、全面化的发展拉开了序幕。

第三，将媒体融合上升到国家意识形态领域的战略高度。2014 年 8 月，中央审议通过了《关于推动传统媒体和新兴媒体融合发展的指导意见》，会议上习近平强调"推动传统媒体和新兴媒体融合发展"[1]。此次会议在政府层面明确了媒体融合的策略和发展目标。至此，媒体融合正式上升为国家行动，成为随着媒介技术的发展与变革背景下党中央为巩固思想文化宣传、牢牢把握主流舆论导向、夯实主流意识形态建设的重大战略性部署。

第四，实现媒体融合路径的延伸。2016 年 7 月，《关于进一步加快广播电视媒体与新兴媒体融合发展的意见》提出，力争两年内，广播电视媒体与新兴媒体融合发展在局

---

[1]《关于推动传统媒体和新兴媒体融合发展的指导意见》，载 http://www.cma.gov.cn/2011xzt/2015zt/20150827/20150827 03/201508/t20150827_291684.html，2020 年 10 月 8 日。

部区域取得突破性进展,并形成几种基本模式的总体目标,以及建成多个形态多样、手段先进、具有竞争力的新型主流媒体,打造出数家拥有较强实力的新型媒体集团。[①] 2019年1月,中共中央宣传部、国家广播电视总局出台《县级融媒体中心建设规范》,首次从宏观层面对县级融媒体资源整合及系统化发展作出部署。由此实现了媒体融合路径自上而下、从中央到地方的延伸与发展。

第五,进一步推进媒体融合传播格局向纵深方向发展。2020年初,国家广播电视总局出台《新闻出版广播影视"十三五"发展规划》,提出到2020年争取实现舆论传播力、引导力、影响力、公信力大幅提升,公共文化服务全面升级,对经济的拉动作用显著增强,"智慧广电"战略和新闻出版数字化转型升级行动全面推进,保障国家文化安全的能力显著提高,传播中国声音、提升中国形象、产品服务走出去的成效和作用更加凸显等目标。[②] 我国的媒体融合从此进入全面深化发展新阶段。

2. 媒体产业的融合路径

数字化浪潮裹挟着"注意力经济"时代的到来,碎片化的信息在互联网的洪流中涤荡。快速发展的社会注定了需要信息兼具内容的丰富性及传播的时效性两大特征。媒介作为注意力资源的主要拥有者,就决定了媒体产业相比于其他诸多产业所具有的特殊性,即通过凝聚受众注意力实现相应的价值资源交换。媒体行业参与到市场化竞争中具有二元性特征,一方面是为受众提供内容、渠道及版权的服务,通过吸引用户眼球把注意力集中到媒介产品中,基于信息、资源和社会关系中消费者的购买力获得收益,从而保障媒体产业的市场活力和核心竞争力;另一方面是由于媒体行业的本质决定了用户基数能对第三方广告商带来直观的经济效益,因此通过为第三方广告商提供相应服务从而获得经济效益。在这个高度发达的眼球经济时代背景下,媒体行业的格局发生了颠覆性变化,同时后疫情时代的对于现实场景"线上化"需求激增,为媒体行业的发展提供新的蓝海,在智能化融媒体时代,媒体产业体制机制的创新、新闻传播理念的更新迭代、媒体商业模式的重构、媒体产业的重塑与变革等现象在不断发生裂变式化学反应。

可以说,媒体产业融合路径主要有两个层面。

一是基于产业外部的融合路径。媒体融合传播格局的构建不断模糊和消弭着行业和

[①]《关于进一步加快广播电视媒体与新兴媒体融合发展的意见》,载 http://media.people.com.cn/n1/2016/0719/c40606-28565704.html,2020年10月2日。

[②]《国家新闻出版广电总局关于印发〈新闻出版广播影视"十三五"发展规划〉的通知》,载 https://www.nppa.gov.cn/nppa/contents/279/1364.shtml,2020年10月2日。

区域发展的界限,并解构了原来的传统媒体集团的垄断性市场地位,为更多的市场化新兴媒体行业带来了新的破解与重构机会,同时也给区域性和行业性的体制机制的改革创造新活力,从而强化了传媒产业的市场竞争程度和业态转型速度,使得媒体产业在白热化竞争中具有更高的生产效率。在市场化媒体产业改革的机制理念下,打破产业外部的壁垒,激发外部渠道的融合转型,搭建智能媒体生态矩阵,并破除旧有体制的积弊和封闭性,激发新兴媒体的自主创新能力和适应能力,使大型传统媒体集团能够走出对于传统事业福利的依赖,以企业化管理为资源配置导向,并与市场化媒体企业形成二元统一的行业格局,破而后立,使得外部媒体形态融合与发展成为激发内部核心竞争与转型的动因。基于数字化时代的去中心化、扁平化、个性化的特征,媒体产业的外部融合还可以通过基于媒介技术的发展更新使用场景,探索更加多元的产业经营模式,从而搭建起全媒体产业传播新格局,为传媒产业创造良好的商业环境,使其能够集中优势资源、加强行业外部的横纵融合、延伸完整的媒体上中下游产业链同时兼具良好的抗风险能力。

二是基于媒体产业内部的融合路径。综合来看,我国传媒产业的融合路径的演变经历了从技术融合、结构融合再到产业融合的过程。

首先是技术融合。纵观整个媒介技术发展史,传媒产业的重组与演变都是和技术的发展相辅相成的。传统媒体业务在数字技术的冲击下与新媒体业务有所重合与融汇,通信技术的数字化带来的是更加多元的信息产品和服务,用户也在技术发展的过程中承受着技术对媒介产业结构和经营模式带来的强烈剧变和冲击。随着技术的发展,广播电视行业、传统报刊新闻业及新媒体行业之间出现了互通相融的技术,并促进整个媒体产业不断更新与变化,为用户提供更丰富立体的产品和服务。这个过程中媒体产业的技术融合无时无刻不在进行,并深入到社会发展的肌理和血液之中。

其次是结构融合。媒体产业的结构融合路径主要有纵向融合、横向融合。纵向融合主要是基于媒体产业链的上中下游形成一个良性的闭环。一些传媒企业在进化过程中,通过比对产业链上下游环节的投入产出,分析出高利润附加值的核心环节,并凭借掌握的资本和技术优势,整合上中下游产业链条,呈现纵向一体化的趋势。[1] 上游主要为内容生产,只有保持高质量、高水平的内容生产才是媒体行业能够在市场竞争中保持核心竞争力、经久不衰的关键所在。基于媒体行业"眼球经济"的一大特征,内容环节的制作是吸引用户基数和关注度的根本所在,上游内容生产环节也使得媒体行业具备较大的

---

[1] 张鸿飞,李宁:《"互联网+"时代传媒产业生态结构的变迁》,载《编辑之友》2017年第5期,第20~25页。

价值增长空间，通过产业结构创新与融合，使得价值产业链能够延长，并扩大企业的利润空间。中游主要为平台运营和内容分发，媒体行业可以细分为出版、广播电视、流媒体、游戏及影视等相关行业，在快速发展的社会经济背景下，平台的差异化运营决定了媒体行业持续呈现出差异化和多样化，同时不同平台之间的业务和内容分发也在融合中不断交替与更迭，并有所拓展和延伸，形成新的业务市场，以平台推动产业的结构性变革。下游即盈利变现环节，媒体产业发展不是非营利性的，其核心还是以创造高额利润保持市场中的核心竞争力为主。下游环节获取盈利的途径主要包括广告运营费用、提供的付费服务、产品销售、IP变现、流量收入、用户打赏、在线交易等。下游环节依托于传媒平台，推动用户群体进行直接或间接性消费，并吸引品牌和广告商的加盟入驻，从而形成"平台—用户—广告商"三位一体的闭合媒体产业生态链，并带动资本市场的青睐和市场热度，完成产业纵向一体的全面布局，并优化媒体产业模式。横向融合主要是基于媒体企业的产业经营规模的拓展，并在原有的业务基础上实现产供一体化。近年来我国媒体产业的横向融合主要表现在跨区域、跨行业的融合，并对外表现出强大的抗市场化风险能力。区域性媒体融合主要是利用大数据、云平台、人工智能等技术搭建区域性融媒体生态平台，从而打破原有区域间的壁垒，扩大跨域媒体产业的发展规模。打造区域性的融媒体平台，形成企业化、集团式的经营模式，建设具有高度专业化的区域性媒体生态系统，发挥规模经济效益，打破时空的局限性，更加顺应当下智能媒体时代的要求。另外，横向融合延伸了传媒产业的价值链，赋予其更大的价值和利润空间，从而促进产业链的整合与解构，促进产业结构的转型升级，提高产业内部的竞争力和协调力。

  最后是产业融合，主要表现为立体化的跨界融合。跨界融合也是当下媒体产业融合发展路径的主要趋势。基于传统媒体转型的时期，形成多元化、个性化的业务和传播策略并积极借鉴新媒体产业的运营模式，并通过产业间的并购与重组，实现媒体行业的融合转型与发展。一是传统媒体借助智能化的发展势头，全面开拓经营渠道和途径，探索出媒体产业的资本市场新路径。首要的是以传统传媒集团如报业、广播电视等为首的行业不断挖掘自我文化产业价值链，以文化创意产业为新的发展方向，立足于自身原有的资源整合能力和协同能力，大力发展如创意性动画开发、品牌IP构建，从而提升对于传统媒体产业的活力与创造力。二是实现媒介技术与现实中"物"的联结，巧妙利用数字媒体技术搭建线上与线下混合的智能化应用场景，把单纯的传播媒介转变为渗入现实生活中的生活媒介，综合运用生活场景，构建"智慧+"的城市，并带来强大的社会效益和现实意义。三是积极推进媒体产业的资本市场运作。传统媒体在经营过程中总是会遇到诸如资金链紧张、运营体制机制僵化、市场敏感度低的问题,要想在产业经营层面的融合有所突破,应借助资本的力量,提高市场资源配置效率,并建立起完善的企业管理制度,寻求多元的融资渠道,以形成高度的市场抗风险能力和抗压能力。四是在产业合作模式上进行创新,积极与头部互联网公司或是独角兽公司进行合作,以传统媒体为导向,引渠互通,共同创造稳定的市场价值和利益。

(二)媒体规制的融合

随着传播科技的发展,广电、电信和信息技术三个产业的融合已经开始。信息产业的特殊性质使得它要承担相应的社会责任,规制融合也要保证信息产业的内容多样性和观点的多元化表达,从而保障民众权利。

如以英国为代表的完全融合的规制体系。由于英国的商业媒体和公营媒体有着十分明显的划分界限,商业媒体集团支持更为自由的融合立法提案,赞成更为自由化的市场,如新闻集团;而公营媒体则反对融合立法提案,如BBC。因此规制融合对公营媒体和商业媒体的媒体规制要求也完全不同。对于公共广播电视的管理重点是服务质量、资金运用的合理性、管理的公开透明、对受众是否尊重等,而对商业广播电视进行管制的重点主要是促使他们履行公共服务的责任。另外还有一些国家有自己的规制融合的模式和机构,如以德国和法国为代表的分业规制模式,即不同的规制机构分别监管内容和网络,依法统筹不同部门之间的关系。例如德国的州媒介管理局、法国的最高视听委员会、加拿大电视电信委员会等,他们对通信业和广播电视业实行统一的监管。

因为传媒产品具有其特殊性,如广播电视使用的电波频率的稀缺性及传播范围的无边界性、媒介产品的意识形态属性,使得政府不得不采取一些措施,对传媒产业进行规制。同时,传媒产品使用社会稀缺资源,具有一定的"公共事业"特征,因此,必须承担相应的社会责任和公共服务的义务。这样,政府通过一些法例条文对传媒集团的规制就显得十分必要且合理。比如有专门的监管机构来保证广播电视能使公民获取真实的信息以及能表达自由的意见;面对外国企业对本国传媒企业的参股、兼并和控制等行为,本国政府会进行严格的限制;同时外国企业在本土落户、外国节目的播出时间的比例等都会受到严格的管控。

我国的媒体融合起步晚于西方,因此在融合的实践过程中,还是要借鉴西方媒体的经验,并结合好我国媒体的生存环境,做到包括内容、产业和规制在内的、高效的、全方位的融合。在信息全球化的当下,我国媒体要真正做大做强,扭转与外国媒介集团竞争中的不利地位，媒体融合势在必行。

在现代信息与通信技术（Information and Communication Technology，ICT）高速发展的大背景下，作为信息传播渠道的各类媒体也在技术层面表现出了持续的革新，传统纸质媒介的信息传播功能在不断减弱。[1]同时，高度共享的知识与信息化平台，传统媒体（如报纸、广播、电视）与新媒体（如网络平台、流媒体、数字电视）之间的界限在新媒介环境中不断消弭。目前我国媒体产业正处于媒体融合发展的第三个阶段，即全媒体发展阶段。综合来看，我国媒体产业的发展历程也伴随着媒体融合的发展阶段经历了三次改革，分别是二元制改革、采编分离及产事分离。互联网、通信网以及广电网"三网融合"趋势加速，进一步打破了传统媒体传播信息内容相对封闭滞后的局面，三网融通、资源共享能够更高效地协调资源，降低成本，实现互联互通。从总体趋势上看，在各国出台的媒体规制政策中，对内容的规制逐渐取代了对传播媒介本身的规制，成了媒体规制中最主要的目标对象。[2]媒体融合时代，传统的规制政策和市场运营已经不能适应快速发展的媒体产业，基于媒体产业融合的上层设计、相应的媒介规制的变革是构建全媒体融合生态格局的关键，也是撬动新兴数字媒介技术、带来行业蝴蝶效应的加速杠杆。

1. 中国媒体规制的发展路径

一个国家传媒产业的发展必须与该国的实际国情高度结合，必须与该国的宏观体制与社会结构高度结合，必须在该国的政治体制框架和民主政治建设的格局中找到定位。[3]媒体融合过程中也凸显出媒介规制的一系列问题，媒介融合是实现媒体规制变革的催化剂。伴随着市场经济的发展和改革开放，我国媒体规制的发展路径总体经历了从紧到松再到逐渐张弛有度的过程。我国的媒介规制变迁大致分成三个阶段：第一阶段是事业单位调整时期（1978—2000年）；第二阶段是以规制市场主体的经济活动为主（2001—2002年）；第三阶段是跨界式资本化整合为主的阶段（2003年至今）。[4]通过对我国媒体规制变迁阶段的总结和梳理可知，我国媒体产业以2003年为转折点，从此之后处于资本化市场运作体系中。基于我国媒体规制变迁的三个发展阶段，对改革开放以来政府有关管理部门针对媒体规制出台的相关政策可以进行以下归纳和梳理。

一是事业单位调整时期（1978—2000年）。这个阶段的媒体规制主要具备三个特征。

---

[1] Dutton W H. Information and Communication Technologies: Visions and Realities [M]. Oxford, UK: Oxford University Press, Inc., 1996: 2~15.
[2] 周小普，王丽雅，王冲：《英美数字媒体内容规制初探》，载《国际新闻界》2008年第11期，第19~24页。
[3] 乔玉为：《融媒体时代我国传媒产业法制的调整与完善》，载《视听》2016年第8期，第196~197页。
[4] 胡正荣，李继东：《我国媒介规制变迁的制度困境及其意识形态根源》，载《新闻大学》2005年第1期，第3~8页。

首先，这个阶段的媒体规制主要以行政手段的控制和规定为主，而不是以市场配置为导向的。如1983年中央37号文件提出"四级办广播、四级办电视、四级混合覆盖"的政策，确立了我国广电事业的领导体制和发展方针。①而在1996年中共中央办公厅和国务院办公厅出台的《关于加强新闻出版广播电视业管理的通知》中又推出了"三台合一"的广电机构模式，同时1999年国务院办公厅的82号文件中指出，推动广电体制改革，在"三台合一"的基础上推行"四级变两级"的政策，推进中央到地方的广播电视集团改革与重组，这一阶段的政策都是基于事业单位体制内的直接调整。其次，这一时期媒体产业还没有从事业体制中单独分离到市场中来，虽然在1983年中央37号文件中提到允许广播电视台下面的公司实行市场化经营，并在1993年决定将广电事业列为第三产业范畴，但是没有改变其根本属性，而从另一个角度来看，可以窥见政府的政策对媒体产业的管控有所松动，并鼓励媒体产业进行商业化的尝试。最后，这一阶段的主要特征还表现为市场准入门槛高，市场壁垒森严。事业单位时期广电事业的发展严格禁止各类非行政机构的参与，并限制外资、外商与国内媒体单位的合作与经营。这一时期的媒体规制基本处于计划经济体制的框架下，行政与经营混为一体，以政府调控为主，行政指令决定着传媒集团及相关行业的发展结构和方向，与全面的市场化接轨还存在较大距离。

二是市场经济活动为主的媒体规制时期（2001—2002年）。这一阶段主要有两大鲜明特征，一方面是由原先计划经济为主的政府主导式广电事业逐渐转变为以市场配置资源为导向的开放式媒体产业，并逐渐放宽了各经营主体的市场准入门槛，即政府对媒体产业的规制政策逐渐松动。这一阶段以媒体产业结构化改革为主线，旨在增强媒体产业的活力和市场竞争力，使得我国的媒体事业从计划经济体制向适应市场经济体制转变，并发挥规模化经营的优势，鼓励广播电视业、出版业等以国有控股为主的前提下吸引国内外资金入驻，允许经营性业务挂牌上市以及设立风险基金。另一方面是这一阶段媒体规制路径处于多元化发展的过渡期，虽然国家政策对于资本和市场在媒体产业的布局有所松动，放松了相关准入规制，但是媒介集团的改革与发展还是围绕着事业性质的单位为主，没有完全转到以企业法人为代表的现代公司化经营阶段。可以说这一阶段我国的媒体规制逐步发展到具有相对市场意义的层面。

三是多元产权与资本化运营阶段（2003年至今）。这一阶段的媒体规制随着20世纪90年代末的市场化发展进入了新的变革阶段。2003年中共中央宣传部、国家新闻出版总

---

① 国家广播电视总局：《党领导广电事业的历史经验与启示》，载 http://www.cutv.com/guonei/2021/12/5/content_621337.shtml，2021年12月8日。

署出台的《关于文化体制改革试点的意见》(中办21号文件)中就提出了将文化产业按照经营主体和性质分为公益性事业和经营性产业两个板块,其中政府的媒体规制主要集中于公益性事业板块。这一阶段的中国媒介集团化趋势加速,也标志着我国媒体规制改革进入新的阶段,充分实现产权分离,发挥出经营性媒体企业的市场化优势与活力,并按照现代企业管理制度来组建媒体单位,推进媒体产业的资本化道路。2005年,《中共中央 国务院关于深化文化体制改革的若干意见》提道:"加快文化领域结构调整,要合理配置文化资源,盘活存量,优化增量,解决国有文化资产结构失衡、效益不高、闲置浪费问题,科学规划和配置公益性文化事业资源、报刊及广播电视资源,促进文化资源配置向农村和中西部地区倾斜。"[①]这一阶段发布的文件比上一阶段更加注重强调市场的主体地位,并将媒介资源进行跨区域、跨行业整合,为资本市场带来了新的风气,推动了民营企业的发展,提高了行业整体活力。这一阶段,媒体规制进入到实质性的现代化融合,通过并购重组、资本扩展、租赁托管等途径,提高媒体行业资本运作的效率,使行政手段与市场调节并用,从而盘活整个媒体规制体系。

2. 媒体规制的发展方向

纵观我国媒体规制路径的演变,可以看出搭建体系化的全媒体传播矩阵是时代发展的必然趋势。长期以来,我国媒体规制层面存在如媒介规制机构冗杂、媒体规制法治体系不完善、市场竞争规则不透明、媒介规制的制定缺乏体系化与程序化问题,因此,我国媒体规制还需要不断地自我审视并与时俱进。以正确分析我国传媒产业发展的客观条件为前提,联系当下所处的实际发展状况,不断健全媒体产业的规制体系,才能有效维持媒体规制下动态而平衡的良性社会秩序。实现我国媒体规制良性发展的未来方向主要有以下四个层面。

一是突破传统思维,引入分类管制的新理念。从之前梳理的我国媒体规制管理体制来看,存在着"事业+产业"的双重规制,行政机关的一家独大和对于资源的专有性相当程度上限制了媒介融合,现有的媒体规制主要还是基于行政区划的"条块分割"为主,媒体市场化改革任重道远。所以,媒体规制的未来方向需要有破局思维,以全媒体的视角来看媒体规制的改革与创新,运用分类管理的方式,区分事业性质的和市场性质的媒体产业,并在法律和政策层面针对其性质和特征,制订相应的对策和管制模式,从而提高行业运行效率和整体积极性,破除僵化的旧有体制,除旧布新,构建具有中国特色的

[①] 中共中央文献研究室编:《十六大以来重要文献选编》(下),中央文献出版社2008年版,第128页。

社会主义全媒体行业规制体系。

二是构建完善的法律体系，加强宏观规制层面的改革。我国媒体规制的改革不同于西方国家，需要经历一个渐进缓慢的过程，并在这个过程中不断进行探索与实验。目前，我国媒体规制相关法律体系还不完善，行业中仍存在较多问题和灰色地带。所以要统筹兼顾，构建起规范的媒体规制体系，完善相关媒体产业的市场准入、责任追究、行为准则约束等法律机制内容；平衡好事业与产业之间的关系与利益，做好抗风险的准备。

三是构建系统化的监管系统，加强有效的行为规范。融媒体时代需要一套全新的媒体规制，特别是处于信息化时代，上层建筑的设计需要跟进经济基础的发展脚步，政府需要不断"摸着石头过河"，开辟出一套中国特色的媒体规制监管系统，并规范相关行业的行为准则，适时调整监管政策，做到有的放矢，在坚持党管媒体的原则下构建出高质量、高水平的行业基准，从而形成安全稳定的市场竞争环境。

四是尝试更多的媒体规制改革试验田。我国传媒产业从新中国成立以来伴随着持续的变化，并对社会经济以及文化发展带来巨大的贡献。政府应该在把握全局观的基础上积极投身于媒体规制改革的大潮中，突破狭隘的思维，尝试跨界融合，促进跨区域发展，探索适合我国国情的媒体规制体系，并在实践中反思，在反思中升华，充分带动传媒行业的活力，促进媒体规制健康有序的发展。

（三）媒体与社会的融合

随着媒体融合的进一步发展，个人在现实环境中能够使用各种智能化的媒体融合终端；在虚拟环境中，能够接触融合性的媒介产品。媒体融合使社会中的个人得到收益，使个人在现实与虚拟之中的能力都得到增强。但同时，也使得人在诸多场合中表现出对于电子设备和虚拟内容的依赖性。不论在路上、学校、办公室还是家中，人们开始利用各种设备将自己包围起来，借助智能手机、智能家居产品、智能汽车、智能可穿戴设备、AR设备、VR设备将身边的物体接入互联网以获取虚拟世界的媒介信息。具有主观能动性的受众依赖不同形式的媒介所提供的信息来满足自身需求、实现他们的目标。但与此同时，受众也不能回避媒介所带来的影响。显然，在同样的条件下，对媒介依赖度更高的受众更容易受到媒介的影响。对于媒体融合时代的受众而言，技术的赋权更加推进其传受身份的转变，嵌入日常生活的"沉浸式"传播环境已将受众的角色从被动转向主动、从接受者转向参与者。而这更意味着，受众在拥抱新兴智能技术，推进其传播的生活化、个性化的同时，更要提升智能化、理性化的媒介素养，审慎运用自身的传播权力，处理好技术与生活的关系。

媒介技术发展史也是基于第三史学视角的人类文明发展史，媒介是衡量社会发展和社会形态的尺度。正如德布雷所说的："人类的思想活动不能脱离当时的媒介技术的记录、传递和储存；每个时代的媒介域都可能混杂着不同的技术载体，每个时代的传媒方式的主旨就是对其时代进行定义或制造信任。传媒系统的技术特征是理解每个时代的象征系统的主要线索。"[①] 每一次信息技术的变革在重塑社会文化传播格局的同时，也深刻影响着社会政治与经济的发展历程。融媒体研究成为多学科研究涉足的领域，而媒体融合要置身于整个社会发展的宏观视角来看。数字化平台所搭载的数字信息收集技术、资源整合技术、数据分析技术、云平台技术等正勾连起每一个社会个体与信息世界，并推进之间的沟通交互，从而带动人类文明的进步。当下我们正处于实现中华民族伟大复兴和构建人类命运共同体的关键时刻，推进媒介与社会的融合是当下社会历程和历史道路的必然，也影响着整个社会的未来与发展。我们要放眼于共同治理、共同建设、共同融合的媒介社会化趋势，充分发挥融媒体在促进社会治理和社会发展中的重要作用，以媒体融合带动社会数字化、智能化、专业化、多元化的发展，并搭建高度文明的社会现代化治理体系。

媒体与社会融合的表现主要有以下两个层面。

一是媒体融合推动社会治理。社会治理是国家治理的核心，党的十九届四中全会通过的《中共中央关于坚持和完善中国特色社会主义制度 推进国家治理体系和治理能力现代化若干重大问题的决定》提出，"完善党委领导、政府负责、民主协商、社会协同、公众参与、法治保障、科技支撑的社会治理体系"，"到二〇三五年，各方面制度更加完善，基本实现国家治理体系和治理能力现代化；到新中国成立一百年时，全面实现国家治理体系和治理能力现代化，使中国特色社会主义制度更加巩固、优越性充分展现。"[②] 当下我国处于社会变革的关键时刻，全媒体融合的趋势不断加速，并伴随着信息技术的快速发展，所以新时代社会治理渠道的融合、方法的创新、形态的变化、载体的交汇是加强社会治理的关键，这些都充分体现出媒体融合在社会治理中强大的优势。

2016年习近平在北京主持召开网络安全和信息化工作座谈会并发表重要讲话，他指出社会治理模式的三个重要转变，首先是从单向治理转向双向互动，其次是从线下转向"线上+线下"结合的融合模式，再次是从单一的政府监管转向社会协同治理。这一论述

---

① [法]雷吉斯·德布雷著，陈卫星，王杨译：《普通媒介学教程》，清华大学出版社2014年版，第9页。
② 《中共中央关于坚持和完善中国特色社会主义制度 推进国家治理体系和治理能力现代化若干重大问题的决定》，人民出版社2019年版，第36、5~6页。

强调了媒体融合的发展对于社会治理的重要影响，揭示出信息技术的发展境况势不可挡，并深入社会治理现代化进程的方方面面。随着全媒体传播矩阵的搭建，对社会治理体系的革新起到助推作用。媒体主要在社会层面发挥着传播功能，充当着中介化的角色。当下随着融媒体信息传播格局的搭建，媒体中介化、工具化的角色身份在不断改变，融媒体已经具备了与生产生活息息相关的功能，如在教育、医疗、政务、娱乐方面都承担着相应的角色。另外，媒体融合发展与社会治理模式的创新之间的影响相辅相成。在信息技术高度发展的当下，社会治理模式不再是传统的一元式封闭状态，而是处于一个多元协同的动态化过程。多元一体的社会治理模式在基于政府引导的同时还需要自身发挥出创新性活力，在把握整体社会历史发展客观规律的同时满足多样化社会需求，通过融媒体传播体系搭建出具有中国特色的社会治理模式。

　　同时社会治理的智能化、专业化、数字化需要融媒体传播矩阵的推动，现当代社会公共治理能力的建设与全媒体传播体系的构建息息相关。首先是融媒体促进社会治理的智能化方面。随着5G、大数据、人工智能、深度学习等技术的发展，媒体不仅仅是传播信息的载体，而且与技术一起融入社会场景当中。媒介技术的智能化正需要社会治理模式发生转变，先破而后立，即转变传统的社会治理体制机制，加强对于构建社会治理的创新力，在搭建起智能化融媒体生态矩阵的同时直面"智能+"城市治理中遇到的问题，以科学的社会化治理手段进行庖丁解牛，以智能化融媒体手术刀切入社会问题肌理之中。其次是融媒体推动社会治理的专业化发展。习近平总书记在参加十二届全国人大二次会议上海代表团审议时强调，"治理和管理一字之差，体现的是系统治理、依法治理、源头治理、综合施策。社会治理是一门科学，要着力提高干部素质，把培养一批专家型的城市管理干部作为重要任务，用科学态度、先进理念、专业知识去建设和管理城市"[1]。媒体作为社会发展的重要组成部分，主要承担着文化传播、思想宣传等社会文化功能，因此以主流媒体为主导的全媒体传播体系对当下社会治理的专业化赋能有重要意义，并且需要充分发挥主流媒体在媒体融合中的主导地位，积极维护社会舆论的稳定，宣扬主流价值观，并优化社会资源配置，使得社会治理得到科学的引导和专业化发展。最后是融媒体促进社会治理的数字化发展方面。我国"十四五"规划和2035年远景目标纲要提出："推

---

[1]《习近平：推进上海自贸区建设，加强和创新特大城市社会治理》，载http://cpc.people.com.cn/n/2014/0306/c64094-24541425.html，2020年12月8日。

进学校、医院、养老院等公共服务机构资源数字化，加大开放共享和应用力度。"[1]这有助于加强相关部门之间的互联互通和协调配合。在党的集中统一领导和统筹协调下，不同部门和社会主体参与管理国家经济文化事业、社会事务的途径更加丰富、形式更加多样、方式更加灵活，社会治理的社会化水平不断提高。这也体现出上层设计对新时代社会治理的数字化的要求，融媒体在推动社会治理数字化发展的过程中扮演着重要的角色，其一是融媒体的发展为社会治理带来专业化、信息化的人才队伍，为推动数字化社会的发展储备高素质、数字化复合型人才；其二是在信息化社会背景下，数据挖掘与分析、机器学习、精准化、仿真模拟等技术正逐渐渗透到社会治理的方方面面，为了促进社会治理各要素的结合，需要合理运用与延伸数字化工具，直面社会现实问题，才能够有效促进社会治理的数字化发展。

二是媒体融合与社会意识形态发展相辅相成。随着融媒体的发展，当下媒体传播格局、舆论生态及传播的形式都在发生着深刻的变化。媒体融合是全媒体传播体系中的核心特征，在这一社会化过程中，意识形态的发展与大众传媒的关系密不可分，媒介传播带来的是意识形态的内容、特征和形态的变化，并深刻影响着当下社会意识形态话语权的建设。大众媒介承担着社会传播的主要功能，社会意识形态的构建正是基于大众媒介的力量展开的，并通过其进行形象化、具像化的社会情景再现。由于大众传播的实践是置身于宏观表征的微观社会历史动态发展的背景当中，所以传播的内容、形式和途径的建构都会对社会环境中的意识形态产生直接影响，这也是当下社会意识形态媒介化的重要过程。当下我国融媒体传播矩阵的搭建为主流意识形态的构建与输出带来了机遇的同时也带来新的挑战。融媒体平台去中心化的特点成为当下意识形态和社会观点交锋的场所，因此要不断推进主流意识形态的传播，坚守我国主流媒体传播的阵地，牢牢掌控主流意识形态话语权。在把握好融媒体传播规律的背景下从供给侧结构性改革出发，搭建丰富多元的全媒体传播体系的同时，也要深入到人民群众的诉求当中，关注受众的个性化、分众化的需求，构建新的传播方式，基于多重视角把握大众传播在社会意识形态领域的影响力。

---

[1]《中华人民共和国国民经济和社会发展第十四个五年规划和2035年远景目标纲要》，载 http://www.gov.cn/xinwen/2021-03/13/content_5592681.htm，2021年12月5日。

第三章 媒体融合背景下我国广播电视媒体面临的挑战和机遇

随着现代科学技术的发展和媒介生态环境的变迁,"媒体融合"态势在新闻传播领域展现出了极强的生命力。对于我国主流媒体而言,选择媒体融合路径,不仅可以在互联网浪潮中化挑战为机遇、变困局为良机,更可以完成党和人民在多年的媒体事业实践中所赋予的重大政治任务。但同时可以看到,当前我国主流媒体在融合升级过程中,存在机制僵化、发展不均衡、人才短缺等诸多问题。因此,本章将总结我国媒体融合过程中存在的问题与不足并提出对策性建议,以期为我国主流媒体牢牢掌握新媒介行业变化趋势,更好地传达党的指导精神和人民的殷切期盼提供参考。

一、媒体融合背景下广播电视媒体面临的困境和挑战

在媒体融合的背景下,数字化时代的到来冲击着传统的媒介生态。经由互联网这一新媒介的介入,传统广电媒体行业在各个层面都面临着前所未有的挑战,如盈利持续走低、受众市场和广告空间被挤压、人才流失、舆论引导能力下降,均给传统媒体带来巨大的压力,传统媒体也充分意识到形势的紧迫性。另外,媒体融合迭代更新加速,步入了基于5G、AI等新兴技术的智能融合阶段,信息生产与传播模式正在发生颠覆性变化,正如习近平总书记所言:"全媒体不断发展,出现了全程媒体、全息媒体、全员媒体、全

效媒体，信息无处不在、无所不及、无人不用，导致舆论生态、媒体格局、传播方式发生深刻变化，新闻舆论工作面临新的挑战。"①

近年来，我国媒体融合实践全方位深入展开，积累了丰富的经验，但也存在不少问题，亟须进行理论探讨。对广播电视媒体而言，一方面，从宏观的媒体市场来看，商业性视听新媒体凭借技术能力、市场能力和对于新消费场景的耦合能力等，实现了强劲的传播能力，占领了传统媒体的阅听人市场②；另一方面，经营管理变难，广告和人才流失，传播各个环节包括渠道、平台、内容等面临挑战，多重因素造成制度环境的局部突变，成为传统广电媒体发展中的重要影响因素。

（一）困境

1. 人才流失困境："第一资源"的离散

可以说，正是技术引爆了媒介融合的浪潮，然而技术也成为我国传统媒体融合升级过程中的"痛点"。我国传统媒体对于新媒体技术的使用率并不高，不仅忽视了底层互联网技术的使用，技术融合也明显不足，各平台间无法建立联动系统：平台与技术间没有协同，或仅仅是单纯的内容和形式移植，尚未实现信息技术与媒介资源禀赋的有机融合。信息技术的更迭也意味着采编人才所需能力的变化，网络时代下传统媒体人才已无法充分满足全媒体传播需要，也难以满足国家媒介融合转型的形势需求。近年来，随着新媒体的兴起和媒体融合的不断深化，网络媒体和移动媒体表现出了前所未有的强大生命力和强劲的竞争力：以微信、微博和手机客户端为代表的"双微一端"等新兴媒体及其带来的网络文化已经深刻影响了人们的生活方式。在这样的环境中，大量广播电视媒体的优秀工作者离开原单位加入新媒体，传统媒体人才缺失的现象日趋严重。人才流失使传统媒体在向新媒体转型的同时，缺少具有改革创新精神的人才为其提供新鲜的活力与思想。传统媒体人才流失严重，使得人才匮乏问题更加突出，转型升级人力不足，融合发展明显缺乏后劲。有学者调查发现，近年来，传统媒体在转型过程中，采编人才队伍面临着组织结构不合理、中层干部流失严重、全媒体人才缺乏、留人难等一系列问题，人才问题已经成为阻碍传统媒体转型发展主要的瓶颈之一。③

而媒体融合，说到底还是人才对媒介渠道、内容各方面的融合，因此人才在这一方

---

① 习近平：《加快推动媒体融合发展 构建全媒体传播格局》，《人民日报》，2019年3月15日。
② 周逵：《生态与心态：中国广电新媒体平台发展的关键掣肘》，载《视听界（广播电视技术）》2018年第1期，第37~40页。
③ 鲁艳敏：《传统媒体人才队伍建设》，载《传媒》2017年第23期，第8页。

面的作用是至关重要的，是基础性的。周递通过对传统广电媒体从业人员的调查访谈，提出人才流失对广电媒体未来发展的阻碍作用主要体现在以下几个具体的方面：一是体制外人才不愿意流入。由于目前广电媒体相对保守的薪酬制度，使得有能力的技术型、内容型人才不愿意进入这一行业工作；二是广电媒体中有能力、有经验的媒体人大量向市场性机构和商业性媒体平台流动；三是内部薪酬制度使得留在体系内的新媒体人动力不足。[1] 另外，周人杰认为，传统媒体面临发展瓶颈、新媒体崛起、体制内外收入差距扩大和工作压力大是造成传统媒体新闻从业者职业流动的主要因素。[2] 因而，从传统广电媒体的制度体系、薪酬制度、激励机制等方面入手，多管齐下，突破传统媒体人才流失的困境，并努力推进传统广电的媒体融合进程，是值得努力的方向。

2. 广告流失困境：资本支持的转移

网络媒体对传统媒体的强势打击使得传统媒体的市场价值急剧降低，这一点最为明显的表现就是用户迅速流失，从而使广告商大量转移，广告收入急剧减少，使传统媒体的核心竞争能力减弱，并随即造成"阵地在，用户不在，广告人不在"的尴尬局面。[3] 被互联网赋能后的传统媒体内部已经悄然发生着巨大的变化。新媒体冲击与行业竞争的日趋白热化，使得多数电视台业绩平淡，并对整体行业形势构成影响。

新媒体冲击与行业竞争的日趋白热化，使得多数电视台业绩平淡并对整体行业形势构成影响。从收视率来看，央视仍然占据中国电视台行业的"老大"地位，尤其是在新闻报道和重大事件直播等领域，央视拥有独特的资源优势。而省级卫视内部的"马太效应"在近年变得日趋显著。广告品牌对电视媒体的选择趋于两极化，或集中于央视和一线卫视，或下沉至地面频道。高收视率综艺娱乐节目的广告冠名收入并未受电视行业总体形势的影响，依然保持高速增长态势。

在此背景下，许多主流的广电媒体不得不开始接受政府补助或在政府的资助下加快探索向新媒体转型之路。同时，很多广告商也注意到新媒体在广告转换方面的巨大潜力，相继离开传统媒体在新媒体平台投入广告。因为在网络大数据技术的支撑下，新媒体能够进行大数据的收集分析，从而根据不同的受众群体进行分众化投放，使广告投放的目标市场更具有针对性，取得更好的传播效果。最具代表性的就是微信广告的精准营销，微信具有天然的社交属性，能够通过互动的形式建立和发展强关系，用一切形式让企业

---

[1] 周递：《生态与心态：中国广电新媒体平台发展的关键掣肘》，载《视听界》2018 年第 1 期，第 37~40 页。
[2] 周人杰：《新闻从业者的职业流动类型及影响因素研究》，载《电视研究》2018 年第 6 期，第 50~52 页。
[3] 郭全中：《媒体融合：现状、问题及策略》，载《新闻记者》2015 年第 3 期，第 28~35 页。

与消费者形成朋友的关系；同时，基于庞大的腾讯用户基数，微信借助移动终端、开放平台和位置定位等优势，利用大数据和云计算技术进行受众细分，帮助商家进行精准化营销。我国主流媒体的经营模式经历了从意识形态宣传到宣传与经济发展并重的转变，过程中最为关键的因素是广告经营，但目前在国际市场竞争中，我国主流媒体的经营规模依然低于欧美国家媒体。可以意识到，在媒介经营管理中，仅依靠广告收入无法解决媒体自身财务问题。因此应当打造媒体融合趋势下的跨媒体、多业务经营模式，尝试建立不同于以往广告收费的获取盈利的渠道，实现主流媒体品牌的线上延伸，在开拓新的业务类型的同时发展媒体的数字盈利。

3. 利益格局困境：媒体市场的变革

随着媒体融合的发展，媒体市场发生了翻天覆地的变化，这带来了传统广电媒体的利益格局困境，主要体现在两方面：一方面是来自新媒体的市场冲击，另一方面是由于受众角色的变化所带来的传统传播权力格局的改变。

一方面，传统媒体一家独大的媒体市场发生了变革。众所周知，媒体内容的生产需要经过实地采写、后期编辑、审核、印刷制作等诸多环节，人力物力成本很大，但新媒体凭借其信息传播渠道的便捷性将大量"转载"自传统媒体的内容免费提供给受众，使得传统媒体的收益巨减甚至无法收回成本，有的只能靠政策补贴苦苦支撑，所以二者在整体的产业格局中的地位是不平等的。传统媒体内容的资源优势无法体现出来并弥补自己的渠道劣势，更无法为自己提供足够的经济保障。当然，来自新媒体的挑战并不是希望通过内容控制抑制其发展潮流，而是为了在媒体融合的过程中平衡利益杠杆，促进公平的竞争与合作，帮助传统媒体迎接挑战、突破困境，重获本该属于自己的东西。而在这个过程中，传媒市场的快速变迁使得来自新媒体的竞争愈加强烈，传统媒体失去了原有的市场优势和受众优势。

另一方面，传统主流媒体的传播主体是专业化的信息生产者，传播者在信息生产、传播的过程中处于垄断地位，引领主流舆论、传播先进文化，而社会公众始终处于被动接收信息的位置上，大众传媒能够强有力地决定让公众获取什么样的信息，以及影响公众如何理解他们获得的信息。传统媒体的信息生产依据编辑部的立场和价值取向，对信息层层把关；记者处于新闻生产传播的最前端，以一种居高临下的思维方式和操作手段主导信息传播过程，影响人们对新闻信息的获取、认知及行动，这种传播模式在引导社会舆论、凝聚社会共识等方面具有积极作用。而在互联网时代，网状的权力分配形式是最高效的分权组织结构。在媒体融合的背景下，网络新兴媒体双向互动的传播特征变革了传统媒体的传播模式，使传统主流媒体的"主流"地位和记者的"核心"地位受到了强烈的冲击。媒体报道议程对公众的影响力在逐渐降低，受众也不再是"你写我看、你说我听、你播我看"的被动的信息接收者。带有"传播者角色"的新一代受众呈现在我们面前，他们可以能动地即时反馈信息、与传播者进行交流互动。正如有学者所言："受众同时扮演着观众、听众、读者、用户等多重角色，与媒介形成高频率的深度接触，而且这种接触并非各自为政，而是相互依赖、相互影响、相互强化。"[1]

数字技术带来的这种信息的双向传播和传受双方的实时互动，还可以实现受众、媒体与商家之间的多向互动和沟通，受众在观看某个电视剧或综艺节目时可以直接通过网页上的超链接进入相关购物网站的界面，购买自己喜欢明星的同款衣服和物品。这不仅进一步增强了观众的参与感和对节目的忠诚度，而且有效促进了相关衍生产业链的发展，进一步说明了媒体融合环境下，受众拥有了直接影响传统媒体市场的可能。加之网络媒体的兴起使受众和传播者角色互换，使受众深度参与到媒介内容的生产之中，自主发布信息，获得了从未有过的信息传播的能力，从而部分替代了传播者的功能，"人人都有麦克风"成为现实。在如今的新闻门户网站和手机新闻客户端，使受众不仅能够自由选择自己感兴趣的新闻话题，而且可以即时地评论新闻，发表自己独到的看法和见解；同时，在特定事件的信息生产传播过程中，受众不仅有自己的判断，而且能够加入自己的情绪和理解，通过网络平台进行信息的再加工和再传播。当大量相同或相似的意见和声音汇聚到一起，就会形成一个民间的舆论场，从而间接或直接地左右传播者的传播意图，影响传统主流媒体的议程设置和社会舆论的生成发展，甚至干预事件的进展。比如，在2010年的"药家鑫案"中，一边倒的网络舆论给案件的审理施加了强大的舆论压力，尽管这种舆论可能是不理性、不客观的，但它确实影响了法院的判决，使"药家鑫案"成为"媒介审判"的经典案例。

互联网使人们都成为记者、专栏作家和评论员，如今的媒体信息生产者不再局限于传统媒体的专业新闻工作者，很多普通民众也在网络中进行着信息的生产和传播。尤其是智能手机的不断普及和移动媒体的迅猛发展，手机"随手拍"迎来了"全民皆记者"的时代。这种主动性带来的是受众地位的空前提高和对传统媒体专业化信息生产依赖程度的不断降低。韩国公民新闻网站"我的新闻"（Oh My News）强调"人人都是记者"，凸显出受众生产传播信息的主体能动性，美国公民新闻网站"新西部"（New West）这样

---

[1] 聂磊：《新媒体环境下大数据驱动的受众分析与传播策略》，载《新闻大学》2014年第2期，第129~132页。

表述公众的投稿："任何你想写的东西都可以通过我们的网站进行发布。我们就是要听到你们心中最真实的声音。"①传统主流媒体必须重新审视自己的地位，重新审视受众的地位，积极进行媒介改造，反映和满足受众不断发展的需求，只有这样才能够迎接挑战，重新获得受众。因此，媒体融合中的受众参与以互动性生产为特征，本质上是一种参与式文化和互动式文化。

从另一个角度来看，传统主流媒体的信息选择和加工，通常反映主流意识形态，而受众对于千篇一律的报道通常感到厌倦甚至反感，传播效果并不理想，而新媒体发布的内容更加草根化和多元化，同时赋予了受众追求信息传播个性化的权力，"众筹"新闻的兴起就典型地体现了非专业的受众独立充当信息生产者的角色。因此，相较于以往，受众在媒体融合背景之下的传播过程中的地位更加积极，并且通过参与和互动生产融合文化而实现自我赋权。首先，民众可以通过互联网参与到信息发布中，借助强大的网络舆论力量，打破传统媒体固化的信息传播模式和身份限制，建立平等的传受关系；其次，以新媒体为载体，民众可以打破依靠传统广电媒体集中或者专题报道的固有模式，进而推动社会进程。

（二）挑战

1. 传播渠道的挑战：新媒体开始为传统媒体设置议程

以电视为例，这种具有传播资讯功能的媒体在制作和传播天气情况、新闻、财经、消费情况等内容类型的产品的同时，也生产电视剧、综艺节目等娱乐性媒体产品。总而言之，电视媒体作为信息传播的渠道，是一种单向流通的渠道。在传统广电媒体向全媒体转型发展的过程中，首先遇到的难题就是现实与发展的问题。众所周知，新兴媒体给传统媒体带来的最大挑战就是其在时效性上是传统媒体无法企及的，新媒体摆脱了时间和空间的局限，借助快捷、即时的网络，信息能够同步传播给受众，几乎不存在任何时差。当然，广播电视等传统媒体在理论上也具有跨时空的特点，但基于广播电视节目制作机构的组织性和人员分工的明确性，需要经过信息的采集、加工、制作、审核等诸多环节。除了直播，在实际操作层面这种跨时空性无法得到充分的体现，但新媒体把这一特性发挥到了极致，使直播成为常态。

新闻的强时效性和可替代性也决定了那些不能第一时间将信息传给受众的媒体会渐

---

① 转引自蔡雯、郭翠玲：《从"公共新闻"到"公民新闻"——试析西方国家新闻传播正在发生的变化》，载《新闻记者》2008年第8期，第43~46页。

渐被受众抛弃。面对严峻的挑战，曾经标榜自己能够采写到"独家新闻"的传统媒体在时效性上不再具有绝对竞争优势。如果不与新媒体融合，那它们传播的滞后的信息内容也不再被受众需要。在与新媒体的竞争与融合中，传统媒体唯一能做的就是在深度上下功夫。

伴随着新媒体逐渐融入人们的日常生活，社会公众对于特定事件的发生往往能够在第一时间获得现场的第一手讯息，并通过手机、平板电脑等自媒体工具传播到网络上，那些原创的图片、视频能够在网络上迅速扩散并引发社会关注，形成新闻热点，而过去的传统媒体和专业记者面对一些突发事件明显表现出反应缓慢，对于一些敏感话题甚至刻意规避，无论在时效性或舆论上都处于劣势。我们看到，网络对舆论的强大影响常常给传统媒体巨大的竞争压力，为了维持自己的公信力，传统媒体不得不跟进很多新闻报道，传统媒体的议程"被设置"。比如在2015年"8·12"天津滨海新区爆炸事故发生时，最早进行报道和持续更新的依然是以网易和澎湃为代表的网络媒体和手机媒体，而后续纸媒和电视媒体的跟进报道也大量转载来自微博和门户网站的新闻，或者使用网友的现场图文和视频。

1986年，丹尼利恩（Danielian）和瑞斯（Reese）提出"媒介间议程设置"理论，认为大报会影响小报的报道议题，或者主流媒体会影响新兴媒体的议程。而在媒体融合语境下，"媒介间议程设置"的界限也被打破，新媒体的信息越来越影响主流媒体的报道。新兴媒体能够作为信源为传统媒体的报道提供新闻线索，成为传统媒体报道和评论的由头，甚至直接参与到新闻事件中，对传统媒体的信息生产传播产生直接的影响。在这种情况下，传统主流媒体不得不重视新兴媒体的力量，纷纷走向转型之路，不断发展新媒体业务。随着媒体的不断融合及其功能的不断扩展，传统主流媒体的身份也从纯粹的信息开发者变成多元的信息消费者，成为被传播和被影响的对象。这一角色的转变带来的是媒体内容呈现方式的变化，并进一步影响人们对于整个媒介构建的社会环境的认知和理解。

在此背景下，与网络新媒体相比，传统媒体在报道速度、受众数量等方面越来越受限，新媒体不仅在信息传播市场上对传统媒体造成冲击，更重要的是开始为传统媒体设置议程，使得传统媒体在信息传播中丧失了部分主动权。

2. 传播平台的挑战：受众信息需求的变迁与升级

一直以来，传统媒体都运用自己的媒介平台为受众提供信息，但随着媒体融合的不断深入，网络媒体凭借其数字化技术优势，不但融合了传统媒体文字、图片、音频、影像等传播形式，而且具有很强的创造性，丰富的传播形式满足了受众不断发展变化的信息需求，也给传统媒体单一的传播形态带来了严峻的挑战。另外，移动智能终端的广泛普及和信息流的高速流通，使部分受众逐渐丧失了对接收信息的原有耐性，最终形成了碎片化阅读习惯。而为了满足受众的个性需求，信息服务提供者开始选择以微型媒介作为信息载体，以多级化、碎片化方式来实现信息的传播。[1] 过去我们说，在"读图时代"，一张优秀的新闻图片包含了受众想要获得的所有信息，而受众也乐于自己去解读图片并从中获得满足感；现在不断更新换代的新闻报道形式更是进一步适应了受众对新型阅读方式的需求，如用图解新闻的方式解读时政、用动漫短片科普知识、用幻灯片宣传广告，因为只有那些被大家喜欢和接受的信息才能真正实现自己的传播效果。

随着移动媒体的发展、社会分工的细化和现代化生活节奏的加快，信息传播的碎片化和个性化趋势日趋明显。移动互联媒体的兴起也打破了空间的限制，使受众能够随时随地地接触和获取信息，移动互联媒体已经成为公众获取信息的重要途径。如今，人们已经习惯于选择在出门用餐、乘坐地铁的间隙用手机或平板电脑来阅读新闻、观看节目，而很少会花费很长的时间窝在家里看电视或在办公室读报纸。同时，人们往往会在海量的、种类繁多的信息中选择自己所感兴趣的，而各种手机新闻应用软件迎合了这一需求，在服务方式上充分体现了"用户至上"的互联网思维，用户有充分的自主权。另外，受众不断增强的个性化信息需求使得信息的细分化、精准化、定制化成为趋势，新媒体的优势可以使受众根据自身的兴趣和需要定制不同的内容，设置个性化的信息专栏，同时可以即时发表观点，并将自己喜欢的东西收藏起来或分享给朋友，在信息的获取上能真正实现"各取所需"。这种"短平快"的信息供需方式给传统的，以"单一形态媒介进行内容发布"为特点的信息传播平台带来严峻的挑战。新媒体平台的技术优势使传统媒体不得不纷纷利用新媒体平台来延伸发展，比如利用互联网平台建立官方网站，创建微博、微信等社交媒体账号，推出移动手机客户端等，丰富受众获取信息的手段，以应对挑战。

3. 传播内容的挑战：网络文化塑造社会形态

我们不难看出大众媒介的信息传播对于社会和文化的影响是持久和深刻的。在传统媒体时代，由于社会信息传播格局的不平等和话语权的垄断，媒体占有有限的信息资源，能够利用大众传播这一工具强力而又潜移默化地进行宣传，影响社会公众。可以说，在传统媒体时代，传统媒体有力地控制社会文化的发展，维护社会秩序的稳定。

---

[1] 张晓萍：《纪录片"微传播"框架下的"微"形态》，载《传媒》2016 年第 24 期，第 50~51 页。

然而，伴随计算机网络技术和移动通信技术的发展，新兴的网络文化也在新兴媒体技术的进步中应运而生并蓬勃发展起来，这种文化自生成开始就表现出对传统的叛离和对主流的反抗，它崇尚自由平等的价值观念，强调对个性的张扬，不追随传统意义上的官方话语。大众被网络技术赋予了话语权，获取了与权威对抗的工具，而且网络的匿名性也很好地保护了他们在网络中的隐私，避免了在传统社会可能因失言而遭受的惩罚。

作为新兴媒体，网络不同于传统媒体的最大特点就是平台高度的开放性和对人们广泛参与的包容性。被称为"互联网原住民"的年青一代更是将网络当作自己的主阵地，形成以网络语言为代表的丰富多彩并不断更迭的网络文化，比如丰富多样的聊天表情、网民创造的新字新词、网络社交、网络视频、网络文学，网络文化逐渐发展为一种独立的文化形态，给人们带来了一种新的思维方式和生活方式，对传统媒体对社会秩序的控制力带来了挑战。

新媒体的内容往往因为迎合了大众追逐潮流的心态而倍受欢迎，一贯以内容生产为傲的传统媒体也不得不纷纷效仿，一改以往刻板僵硬的文风和千篇一律的报道方式，大量引用网络新鲜用语以求赢回流失的受众。传统媒体在内容挖掘和思想深度上的确具有优势，但面对不可抗拒的网络文化潮流，如何顺应时代变化，激起受众的阅读兴趣和分享欲望应该成为传统媒体应对新媒体冲击和扩大自身影响力的重要课题。

在媒介深度融合的今天，传统媒体更应该转变观念，充分重视和尊重网络文化时代受众的创造性，不断革新报道的内容和形式，以平等的姿态与受众交流，以受众喜闻乐见的、符合互联网潮流的语言来报道新闻，表达自己的立场和态度，这样才能使受众不仅入眼、入耳，更能入脑、入心，在媒体融合时代赢回公信力和主动权。

4. 媒介经营的挑战：体制弊端与舆论引导力的下降

在网络信息技术的强大推动下，媒体融合已经取得了相当可观的进展，但从其发展进程来看，依旧受到传统传播体制很大程度上的制约。国家新闻出版总署原署长柳斌杰曾说过："我作为新闻出版体制改革的一个组织者、推动者，在实践中感到最苦恼的问题就是我们新闻出版体制的改革赶不上国家经济体制改革的步伐，不能够同步进行。"[①]

新闻业通常与政策规制关系紧密，受体制约束也相对较大，传统媒体的企业化改革深受体制影响，市场化经营依旧存在诸多问题。我国媒体"一元体制、二元运作"方式对传统媒体的发展和转型有一定阻碍作用。在我国媒介市场还没有充分开放之前，媒体

---

① 转引自熊波：《新媒体时代中国电视产业发展研究》，武汉大学博士学位论文，2013年。

作为事业单位的组织形态，更多的是扮演了党和政府传声筒的角色，承担相应的政治任务。媒体手中拥有较大的行政权力，这就造成了传统媒体的从业人员思想观念来不及或不愿意转变。随着政府的财政投入日益减少，这种体制客观上造成了在激烈的市场竞争中，传统媒体创收渠道日趋单一化，加之广告收入的下降更是使其陷入了资金短缺的困境。媒体发展的历史潮流不可阻挡，无论传统媒体发展有多困难，都必须尽快谋求突围之路，加快媒体融合，实现跨越式发展。

一般认为，在社会舆论环境中存在两个舆论场：一个是传统媒体如党报系统、广播电视台组成的"主流舆论场"，忠实地宣传党和政府的方针政策和社会主义核心价值观；另一个是依托于网络新媒体形成的"公众舆论场"，人们在虚拟网络空间讨论时事热点、自由发表言论、监督政府管理。在过去，传统媒体在社会传播体系中处于绝对的支配地位，然而在媒体融合背景下，旧有的传播体制受到冲击，舆论引导由单向化的一元主导变为双向化的多元共存。尤其是在媒体市场化和产业化的今天，传统媒体很大程度上作为独立经营的企业，不仅在时效性上输给了新媒体，而且在经营上面临着诸多困难，很多时候在舆论引导方面捉襟见肘，在舆论场的影响力也大不如前；相反，新兴媒体在许多新闻事件中已然表现出了很强的舆论引导能力，对传统媒体的舆论引导能力形成了巨大的挑战。比如在近年来的许多反腐案件中，社交媒体起到了很有力的助推作用，相关部门在强大的网络舆论压力下对被曝光的官员进行革职调查。一些不良思潮和偏激言论的传播甚至会影响社会稳定，传统主流媒体必须借助媒体融合来提高和加强舆论引导能力。今天，受众的媒介素养也在不断地提高，尤其是在网络环境中成长的青年一代在新媒体的环境下表现出了很强的反对传统、反对权威的精神。当下，社会舆论变得多元复杂、充满了不稳定性，许多非理性的甚至错误的声音被放大，因此，提高传统媒体的舆论引导能力的重要性和紧迫性就显得更加重要。传统媒体不能再被新媒体牵着鼻子走，要主动谋求变革和创新。

5. 组织管理的挑战：部门设置与人才培养制度的缺陷

新媒体传播渠道的便捷性和平台的丰富性，必然会引起传统的信息生产，尤其是新闻制作流程的变革，而传统媒体以往的组织结构、人员分工也不再适应新的传媒环境。其中最突出的问题就是采编部门与经营部门界限不明，这种经营部门深度介入新闻采编工作的方式会影响新闻工作的独立性和客观性。在新媒体环境下，巨大的创收压力和监管的缺失难免会导致新闻从业人员失德甚至违法行为的发生。

除了组织部门分工的不合理，在媒体融合深度推进的今天，传统媒体的人才培养机制也在新媒体的冲击下面临严峻挑战。随着新媒体的发展,媒体人才的需求也在不断变化,革新迫在眉睫。2014年2月,上海报业集团的新媒体项目"界面"发布了一条招聘信息,没有专业限制,不要求工作经验,聪明热情、吃苦耐劳等宽泛而含糊的要求,取代了传统的媒体招聘对于新闻采访、写作、编辑等基本技能的要求。另外,我国全媒体人才队伍仍然不足,很难满足企业媒介转型的需要。

在国家大力推动媒体融合的背景下,"澎湃新闻""前海传媒"等一大批新媒体项目如雨后春笋般蓬勃兴起,催生了大量的对新型传媒人才的需求。传统媒体必须适应这种人才需求结构的变革与挑战:原有的采编部门架构已不再适应当前的媒介环境,具有新媒体特征的一些工作岗位亟须设置,媒体行业对于全媒体人才需求越来越迫切,媒体人对社交媒体的运用能力也越来越得到重视。在这样的背景下,迈克·麦金(Mike McKin)所说的"能够熟练掌握一两门报道技术、同时熟悉其他报道手段,具有很强的团队合作精神和媒体融合意识的新闻人才"[1]成为稀缺的人才。

主流媒体培养全媒体人才的难点在于部门之间的隔阂,这也显示出新旧人才观念之间的差异。因此,树立互联网思维,正视新老媒体的共同作用,才能真正实现媒体的深度融合。还需要建立优秀的人才队伍,并利用合理的评估体系对企业员工进行评测,促进全媒体人才的成长。[2]只有实行全面的人才引进、激励、培养的制度,才能不仅留住新媒体人才,还能促进他们的成长,为主流媒体媒体融合的管理和采编工作,以及企业的发展夯实坚固的人才基础,形成一个人尽其才、人才辈出的良好局面,新型的全媒体人才才会成为推动企业创新发展的动力和排头兵。

二、媒体融合背景下广播电视媒体的不足及其原因

（一）宏观方面

1. 市场规模差强人意,与欧美国家存在差距

一方面,传统媒体面临着新媒体带来的市场竞争,盈利创收能力与新媒体显示出较

---

[1] 付晓燕:《媒介融合下的美国新闻业和新闻教育变革——访美国密苏里新闻学院媒介融合项目创始人迈克·麦金教授》,载《新闻与写作》2009年第8期,第25~28页。
[2] 周成华:《建设全媒体人才队伍的探索与实践》,载《青年记者》2016年第12期,第9~10页。

大差距；另一方面，我国传统媒体在市场规模上也与欧美国家存在差距。

我国传统媒体原先完全属于事业单位，是以经营的地域范围进行管理的。改革开放之后，国家逐渐打破了广播电视领域条块分割的管理模式。在原本的管理模式下，各类媒体只能在特定的地域范围内进行经营活动，因此，很难有太大的发展。随着新媒体技术的发展，传统媒体不再是人们接触媒介信息的唯一渠道，互联网企业给传统企业带来了巨大的挑战，腾讯、爱奇艺等互联网企业也能够为受众提供综合性的新闻或者娱乐视频等服务。2015年，我国互联网媒体的广告收入首次超过电视、报纸、广播和杂志四种传统媒体广告收入之和[①]，实现了相对数据的位置交叉，这一反超虽意味着我国新兴媒体视听行业的转折，但更意味着传统广电媒体面临着巨大竞争。

与欧美国家相比，我国主流媒体总体规模也存在差距，在国际竞争中处于劣势，许多企业即使在国内具有很大的声誉和影响，却无法打入国际市场，难以在全球市场中占据一定的地位。

2. 地区发展不平衡，融合广度有待提升

近年来，国家从政策层面推动了媒体融合的进程。2014年8月，中央全面深化改革领导小组第四次会议审议通过了《关于推动传统媒体和新兴媒体融合发展的指导意见》。之后，国家确立了媒体转型的发展策略和方向，但是可以看到，由于不同地区不同的经济发展和媒介发展水平，各个地区的媒体融合也呈现出发展不均、差异较大的态势。以中央级主流媒体为代表的新华社、人民日报社和中央电视台等走在了媒体融合发展的最前沿。这些媒体无论从采编模式，还是媒介经营的组织架构都最先发力，开始了媒体融合的改革试验，在各个方面进行融合创新，并取得了良好的效果。《人民日报》的"中央厨房"模式、《光明日报》的融媒体都成为其他传统媒体可资借鉴的案例。

但是，从媒体融合实践推进的广度来看，我国中西部地区由于资金、人才、技术、体制机制等障碍，媒体融合进程较为缓慢，无法与东部起步较早的地区相比较，媒体融合的地区发展不均衡。《2016媒体融合传播指数报告》显示，北京、广州、浙江、上海等地的各类媒体融合传播力在全国遥遥领先，中西部地区的媒体融合虽然也取得了一定的进展，速度也有所加快，但是与东部发达地区相比仍然具有较大差距。

中西部地区传媒产业不成规模，资源无法实现共享，很难形成完整的产业链条。新媒体语境下，媒介发展不再依靠传统媒体的自有渠道，而是需要借助网络渠道中

---

① 郭全中：《新媒体环境下的传媒业新趋势研究》，载《南方传媒研究》2018年第4期，第4~19页。

的各类平台，借力发展。西部地区可以凭借的传媒力量相比东部地区差距较大。在复杂的社会背景和传播业发展生态的影响下，我国传统媒体地区发展不平衡、媒体融合进程不均衡的现状仍然会在很长时间内存在。

从媒体融合实践推进的深度来看，当前媒体融合战略已推广至县级，并已取得一定的成效，但仍存在发展困境。谢新洲、黄杨通过对全国县级媒体机构进行问卷调查与实地调研，总结出当下中国县级融媒体实践中的几大不足：机构难以统筹协调；内容平台盲目扩张，后续运营乏力；内容原创能力不足；人才管理未成体系，专业程度不够；等等。[①] 陆绍阳认为，当前中国县级融媒体中心建设存在三个隐患：一是新闻主业弱化；二是一些地区数字电视用户减少；三是人才流失及专业人才匮乏。[②] 另外，"省级平台＋县级融媒体中心"模式也有其弊端，可能带来的问题是报业集团、广电集团（总台）、省级新闻网站相互竞争，各个平台各执一"端"，导致县级融媒体分流，也可能导致省级融媒体平台实现了进一步做大做强，而县级融媒体发展并没有打通"最后一公里"的问题。由此看来，基层的媒体融合实践还未实现质的跨越，我国整体的媒体融合进程还有很长的路要走。

3. 人才培养体系不完善，后备人力不足

传媒事业的发展需要优秀人才的支撑，而人才的引进和培养需要合理有效的机制。我国主流媒体内部的人才引入、培养和激励机制仍不够完善，无法做到挖掘优秀人才、留住好的人才和培养优秀的人才。

首先，我国新闻传播学人才培养体制单一，无法适应培养全媒体人才的需要。根据中国社会科学院出版的《中国传播新闻学年鉴（2015）》统计，我国目前有600余所高校开设了新闻传播学专业，覆盖编辑出版学、传播学、广播电视新闻学、广告学、网络与新媒体、新闻学数字出版七大本科专业。传播学类专业在校本科生超过14万人。但是，许多传媒院校跟风办学，办学目标没有自身特色，出现了一致化、趋同化的趋势。此外，很多学校本身并没有足够的师资力量和学术水平去培养优秀的传媒人才，使得中国高校传媒教育面临困境。其次，高校新闻传播专业人才培养计划和培养模式与社会和企业的需求相脱节。我国传播专业的学生大部分从事新闻工作，包括编辑和记者等。以记者为例，在全媒体的语境下，记者已经不再单纯从事文字编辑工作，而是要同时使用摄像机、照相机、录音笔等多种设备满足全媒体编辑的需要，擅长处理微博、微信公众号的写作模式。但是，许多高校的培养计划在这些新媒体技术和新媒体平台的内容编辑方面仍有所缺失，

---

① 谢新洲，黄杨：《我国县级融媒体建设的现状与问题》，载《中国记者》2018年第10期，第53~56页。
② 陆绍阳：《提升舆论引导水平要明确方向、完善制度》，载《新闻战线》，第2020年第1期，第14~15页。

主要以传统媒体采编流程和新媒体趋势特征的教学,对于新媒体实际的采编教学仍然很少。最后,高校新闻传播学的专业教学体系仍不够完善,不同专业之间缺乏综合教育模式。传播学专业的学生新闻素养不足,新闻专业的学生对传播学的研究方法掌握不够。这对于融媒体时代下的全能型人才培养是不利的。新闻传播学本质上是以关注社会为基础的,区别于法律、经济学等学科主要实现自身逻辑体系的自洽。因此,培养具有学术性和操作性的双料人才是未来我国新闻传播学教育发展的趋势。

除了高校新闻传播专业培养体系的不足,传媒业本身也经历了人才的严重流失,我国主流媒体是事业制单位、企业化运营。员工虽有事业编制,但工资分配很大程度上依赖于媒体自身的运营利润,而非财政开支。在2016年我国电视台面临的寒冬中,许多企业甚至发不出员工工资,面临极大困难。除此之外,主流媒体在媒体融合背景下面临的转型困难,外加互联网企业的竞争,造成主流媒体从业人员纷纷辞职,跳槽至互联网行业甚至自行创业。

4. 媒体监管体系不健全,网络生态需治理

当前,监管体系不健全使得传统媒体无法界定自己的合理和合法行为的边界,存在交叉性和模糊性。另外,多头管理也是主流媒体面临的一大问题,不同部门对传统媒体的交叉管理,让其无所适从,无法迈开步伐进行媒体融合的体制创新和部门改革。互联网的时效性和信息的快速传播,使得传统的内容管理无法跟上媒介日新月异的变化,以往的管理方式已经不再适合新媒体变革时代的发展管理要求。

5. 国际影响力有待加强,国际话语权缺失

目前,我国主流媒体的国际传播能力有待加强,缺乏对全球主流议题的设置能力,新闻话语的定义权和使用权也有待加强。我国的主流媒体不仅对内承担着舆论引导和丰富民众生活的职能,同时承担着对外传播、促进国际交流的任务,做到这一点,需要我国主流媒体提高国际传播能力,增强在国际社会中的影响力,实现媒体的国际化发展。

造成我国媒体在国际社会话语权缺失的原因是多样的。当前,世界传播体系以西方体系为主导,西方媒体的舆论引导存在明显的偏向性,构建的也是以西方世界为核心的话语体系。同时,由于我国主流媒体拥有的通讯社分社数量及派驻国家数不如世界三大通讯社,传播工具发展水平不及发达国家,可利用的国际传播资源不足。此外,我国媒体对于主流话语的研究和跨文化传播的知识和实际经验并不丰富。

针对我国当前国际传播工作的不足,亟须用党的十九届六中全会精神武装头脑,不断增强"四个意识",坚定"四个自信",做到"两个维护",并用于指导实践、推动工作,特别是要坚持以党的十九届六中全会精神为引领,深刻领会全会决议的内涵,在新时代的国际文化传播道路上,充满"赶考"的意识,增强"赢考"的思维,锻铸符合时代要求、顺应发展趋势的"应考"本领和能力。

6. 传媒产业结构仍未实现优化升级，全媒体发展动力不足

媒体融合背景下的传媒发展为了适应互联网时代的需要，需要借助资本力量实现媒体转型，建设新型主流媒体和新型媒介集团。这也需要进一步实现媒介集团市场化运营，形成资源共享，实现全产业链条的扩张。

当前，传统媒体实现媒体融合转型存在的一大矛盾便是原有的产业结构不再适应新型信息生产的需求。伴随传媒产业化发展进程的进一步加快，我国传统媒体的产业格局虽然日渐多元，但是在现实的试水过程中，诸多传统媒体都遭遇了实践操作的困境。除了内容生产的模式化和产业管理的僵化，部分媒体盲目追赶新媒体背景下媒体产业化发展浪潮，将多元的产业开发作为跑马圈地的工具，盲目拓展业务，不仅没能有效地推动媒体产业化转型，反而因为经营管理不善而增加了媒体自身负担，成为媒体创新发展的累赘。[①]

另外，传统媒体依靠财政拨款的老路已经无法满足大型媒体集团的资本需要。因而，降低对于主流媒体国有成分的限制，允许民间资本和境外资本入资传统媒体，不失为一条可行之路。这不仅能增强传统媒体的活力，而且可以带来外国先进的传媒技术及先进的管理经验和发展模式。2016年，"新华网"在上交所上市，A股市场迎来了稀有的国家级网络媒体平台型公司。资本的成功运营，使得这些主流企业迅速扩大了资本量，拥有了全媒体运营的实力。相反，仅仅依靠财政拨款，只会限制传媒企业发展的动力。我国媒体融合的前景应该是，建设几家具有全球影响力的传媒集团，提升我国在国际交流中的话语权，同时，建设一批新型主流媒体集团，推动传媒产业的全面转型，加强各媒体之间的协同效应，实现追求信息资源的最大化，提升我国整个传媒行业的优势互补和转型升级。

（二）中观层面

1. 内部组织结构僵化，无法适应全媒体采编需要

我国主流媒体作为事业单位，具有特殊的组织架构。中华人民共和国成立后，我国

[①] 张雯雯、徐书婕:《媒介融合背景下中国广播电视产业发展瓶颈及路径选择》,载《中国广播》2015年第3期,第29~32页。

新闻媒介主要承担内宣的职能，不需要从事任何经济活动，直到20世纪90年代才形成了第一批报业集团。我国主流媒体虽然从很早就开始尝试利用互联网和各类平台扩展自己的新闻活动，但是组织机构一直是束缚主流媒体创新融合的一大障碍。

目前，我国广播电视台一般下属广播中心、电视中心及新媒体中心，而报业则分为报纸、期刊、新媒体三个部门，看似新媒体也包括其中，但是各部门之间相互独立，无法实现传统渠道和新媒体渠道的资源共享、资源统筹和工作协同。看似传统企业也建立了微博、微信公众号并且进行内容的编辑和推送，但是无法依托主流媒体资源进行适合新媒体的内容创作。

2. 市场化合作创新不足，无法满足受众需求

在新媒体时代下，媒体行业的生存环境已经与之前有了很大的区别。互联网出现前，传统媒体主要依靠财政拨款，行使政治职能，发挥宣传和舆论引导的功能。媒体融合时代，虽然主流媒体作为党和人民的喉舌，宣传职能必不可少，但是受众已经成为影响媒体发展关键的因素。而为了争取最大化的受众，满足受众多样化的需求，就需要主流媒体不断创新，同时借助外部资源，"借船出海"实现自身的发展。

为了满足受众的需求，主流媒体首先要对受众有准确的定位。从20世纪80年代开始，央视等中央媒体就开始尝试进行受众调查，但早期简单的受众调查已经无法满足如今用户调查的需要。网络时代下的受众调查要运用大数据技术，深度捕捉用户的偏好和行为特征，才能做到为不同类型和特质的受众提供满足其自身需求的丰富多彩的内容和服务。

为了满足受众的需要，创新是必不可少的。在创新过程中，传统媒体不能"关起门来搞建设"，只有学习先进互联网企业和全球媒介巨擘的先进经验，结合自身特色，才能驱动媒体融合发展。在面临各方竞争压力的时候，传统媒体要尽可能地大胆创新，拓宽思路，开辟新的发展模式，建立行业联盟，与更多的社会企业进行合作，在经营策略上多下功夫。

3. 新媒体营利能力薄弱，创收模式单一

传统媒体市场化改革之后，由于接收的财政拨款逐渐减少，便开始通过市场化运营的模式自负盈亏。同时，传统媒体涉足新媒体，往往前期资金投入巨大，且盈利模式不清晰，投入和产出不相称，处于"赔钱赚吆喝"的状态。[①]在新媒体兴起之前，作为垄断了主要传播渠道的传媒企业广告收入数目较为可观。但是随着新媒体不断发展，网络广

---

① 卢剑锋：《对传统媒体深化融合的几点思考》，载《出版发行研究》2017年第5期，第57~59页。

告对传统渠道的广告产生了巨大的冲击。在互联网时代,传统的广告经营模式让主流媒体遭遇了收入的寒冬。2017年初,在国内颇有影响力的《东方早报》休刊,《新余晚报》在出版了1 390期后,于2017年9月正式休刊。这说明主流媒体在盈利模式方面面临着巨大挑战,有必要对融媒体环境下的盈利模式进行探索。

目前我国主流媒体出现该类问题,其一是由于长期坚持以广告为主的盈利方式,盈利模式单一。有些传统媒体的广告收入甚至占据了经营收入的90%以上。其二是没有摸索出新媒体模式下有效的盈利模式。一些网络公司及国外大型媒介集团都尝试了多样化的盈利方式,值得我国的主流媒体借鉴和学习。主流媒体的生存困境,需要建立"一业为主、多种经营"的方式来拓展企业的生存空间。

(三)微观层面

1. 传统生产流程更新慢,工作流程单一

传统的媒介生产模式,只需要专精一种到两种媒介产品的生产即可。而在媒体融合时代,需要对各种媒介产品进行有针对性的生产,并进行深度加工。新媒体时代,虽然渠道商在兴起,但是媒体不能忽视内容生产的重要性。对新闻媒体来说,内容永远是根本,是决定其生存和发展的关键所在。"内容为王"对媒体来说永不过时,媒体融合创新要将创意基因和技术基因相结合,将应用数据分析和提升用户体验作为改进报道方式、提升内容质量的重要途径之一。[①] 同时,运用新媒体多样化、针对性、精细化的内容生产模式来加工传统媒体的优质内容,应当是将内容和渠道有机结合的重要路径。李建新认为,媒体融合的内容再造,不是对过去的内容生产模式进行修补,而是应当充分用好"两微一端(抖)"、短视频、人工智能、VR等新传播技术,以适应、匹配、服务、提升新媒体的需要为出发点和考量而再造内容,摸索内容再造的方法与规律并努力使其成为一种具有满足现代受众特质的优质内容而广为市场所接受和认可。[②] 显然,当前传统媒体在改进内容生产模式上仍任重道远。

互联网时代下的内容生产不能再以传统的业务流程为范本。编辑记者应实现向产品经理的转变。其中,产品经理带领一个团队,关键在于把互联网公司的工作流程引入传统媒体,改变传统媒体单一的以内容生产为中心的工作模式。一个新型传媒集团的内部业务流程应该是先进行全媒体内容的采集生产,随后进行多平台集成、发布、运营,通

---

① 卢剑锋:《对传统媒体深化融合的几点思考》,载《出版发行研究》2017年第5期,第57~59页。
② 李建新:《关于媒体融合内容再造的理论思考》,载《人民论坛(学术前沿)》2019年第7期,第72~77页。

过多网络传输、分发，最后到达用户的多个终端，形成完整的业务流程链条。由于许多主流媒体依旧使用传统的内容生产流程，导致传统媒体转型很难取得实效。

2. 忽视新媒体和移动互联网市场，新媒体技术使用层次低

2012年被称为"移动网络元年"，移动互联网相关技术和服务层出不穷。手机和移动设备已经成为人们日常生活的一部分，预示着移动互联网时代的到来。主流媒体对于移动互联网重视不足，首先是没有优秀的手机客户端，其次对用户使用习惯和使用场景的挖掘信息能力不足。移动媒体时代的话题离不开数据，传统媒体虽然要坚守过去擅长的东西，但是如果不能把思维拓展到其他的信息维度及其利用的层面，这样的传媒业格局在未来一定会受到限制。

媒体融合发展对于技术的需求，并不仅仅在于对优势内容或几个项目的支撑，更要将最新、最适合的信息技术与媒介的资源禀赋融合起来。对现在的广电媒体企业而言，不仅传统的广播电视渠道与新媒体渠道没有融合起来，新媒体各类平台也没有融合起来，这主要体现在两者没有任何协同，或者仅仅是内容和形式的单纯移植，而不是技术的融合。然而，底层技术是具有跨平台属性的，甚至能够延伸到传统的广播电视渠道当中，这对于重塑主流媒体的传播渠道也有很大的助益，且能助力传统媒体搭乘技术快车道实现媒体融合。我国主流媒体目前对于新媒体技术的使用仍然属于浅层次、简单的结合与运用，无法融会贯通地把新媒体技术与受众、媒体运营乃至传统媒体渠道的发展融合起来，形成媒介创新转型的技术合力。

三、媒体融合业态发展障碍原因探究

（一）固守传统媒体惯性思维，未能适应互联网发展需要

思维的转变是媒体融合发展的前提，任何技术与经营理念的发展都需要一定的思想理论作为支撑，而我国目前主流媒体传统的行业思维和惯性思维束缚了它们的媒介转型。我国主流媒体坚持"二元体制"的模式，一方面属于国家和地方事业单位，必须坚持舆论引导和完成上级任务的使命，另一方面又属于运营单位，需要自负盈亏。传统的行政管理体制带来了以计划经济思想为中心的保守思维，无法适应市场需求和互联网时代下媒介发展的需要。因此，实现主流媒体的融合发展，首先就需要破除传统媒体的惯性思维，深入理解新媒体的技术和理论逻辑，这样才能深入理解和推动主流媒体的融合创新发展，实现媒介转型和传媒融合业态发展。

郭全中指出，目前很多传统媒体虽然在形式上轰轰烈烈地提出了媒体融合，看似决心很大，但只是把媒体融合当成口号和应付交差的工具，只是单纯地为了融合而融合。[①] 囿于现有的利益格局和传统观念，满足于主流媒体地位及官本位思想，传统媒体在思想上面对着许多保守观念。首先，计划经济时代的行政思维使得许多主流媒体尤其是欠发达地区的主流媒体产生了"不想干"的消极心理，无法认识到新媒体的发展趋势，只是满足于如今的主体地位。另外，在决心上，媒体融合作为一项艰巨、复杂的系统工程，必然涉及利益的重新调整和分配，而很多传统媒体不愿或不能进行利益的重新调整，自然也就无法调动员工的积极性，这种消极思想只会让传统媒体在新媒体时代丧失机遇，无法迎接市场化的挑战。其次，新媒体作为新兴事物，长期以来适应了传统单一媒介专业化发展的主流媒体，并没有相关领域的丰富经验，因此，许多媒体单位不敢轻易试水，这样就产生了"不敢干"的心理。除此之外，在观念上，传统媒体从业人员没有意识到互联网带来的重大冲击，仍然认为传统媒体依然有着良好的前景，这就必然导致他们不愿意进行真正的融合；在投入上，媒体融合需要较大投入，而很多传统媒体在进行融合时，不仅不舍得投入，而且抱着急功近利的心态，希望尽快获得利润，这就难以取得长期实效。[②] 最后，拿传统媒体思维去套新媒体领域的产品运营，以传统的思维经验和管理模式去进行新媒体产品的产品开发，难以取得良好的效果。新媒体环境下，思想转变是先导，必须把"不想干"和"不敢干"的思想转换为"必须干""能干好"的新型思维。传统媒体应树立危机意识，深刻认识到新媒体时代传统媒体面临的危机，如果仍然以事业单位为自身保障而"居危思安"，对于传统媒体来说将是重大危机。传统媒体的思维转变还应树立"能干好"的思维，学习互联网思维，以新媒体时代的思维方式指导主流媒体的转型发展。"能干好"的思维就需要主流媒体从业人员理解媒体融合的变革，以及从我国现阶段市场的实际情况出发，把握新媒体的发展规律，找到适合自己的新媒体转型路径。

（二）传统体制机制障碍成为阻碍媒介转型的制度性因素

虽然我国主流媒体已经经历了企业化改革，走上了市场经营的道路，但是仍然具有事业单位的属性，在管理方式上也是采用过去常态化的行政指令的管理模式，难以有

---

① 郭全中：《媒体融合：现状、问题及策略》，载《新闻记者》2015年第3期，第28~35页。
② 郭全中：《媒体融合：现状、问题及策略》，载《新闻记者》2015年第3期，第28~35页。

效回应市场的需求。因此，在这种体制下，市场化思维很难确立，也就无法突破行政单位中的条条框框。这种管理方式很难确立以市场化为主导的思维，难以满足受众和互联网的需求。当前，有些传统媒体创办的互联网媒体采取体制外的发展方式，具备了一定的市场竞争力，但是有些传统媒体在进行融合时，打着媒体融合的大旗，把有一定市场活力的体制外互联网媒体重新拉回体制内，这就大大扼杀了好不容易配置起来的一点活力。[1]在这种行政思维指导下，我国主流媒体很难实现资源共享和统筹协调，不仅传统部门之间相互分隔，新媒体部门与传统媒体之间的关系也是若即若离，无法统一。新媒体部门要么完全与传统部门分离，无法利用传统媒体的优势资源，只能独自生产内容；要么是完全划归在传统部门中，采用传统管理方式对新媒体部门进行管理，扼制了新媒体发展的活力。真正的媒体融合应采取和市场对接的方式，改革和完善现有的旧体制，向互联网媒体看齐。主流媒体的融合发展只有打破传统的行政壁垒和部门隔阂，打造全媒体新闻中心，形成多个部门一套人员的配置方式，才能最大化地提高效率，发挥新媒体和传统媒体的活力，形成发展合力，同时减少资源和人才的浪费。

除了管理方式，传统媒体在人才激励机制上也存在问题。首先，现有的人才激励制度已经无法满足新媒体时代的需要。电视台带给优秀人才大量的压力，却很少有完善的个人激励机制。其次，传统媒体事业单位的属性导致其在员工待遇方面进行区别对待。如央视把员工分为"正式职工""台聘职工""企聘职工"和"项目制员工"四类，不同的类别待遇都有很大的不同。有的企业更是区别对待传统媒体职工和新媒体职工，甚至聘用"零时工"充当新媒体部门员工。这一方面反映了主流媒体对新媒体领域不够重视，另一方面也反映了传统行政管理思维注重编制，而不看中人才。这一结果无疑会造成优秀人才尤其是新媒体人才的大量流失。再次，媒体融合也需要全新的业务流程，传统的业务流程已经不再适应全媒体多平台的传播。媒介内容生产环节是传媒企业的核心，也是改革的重要环节。主流媒体的传统业务模式仍然遵循选题——采访制作——编排——审查的流程，最开始传统媒体想把新媒体作为一种新的渠道纳入传统的业务流程生产轨道，但是随后发现新媒体和传统媒体的特性和面向是完全不同的，传统媒体才意识到融合媒体不光需要使用新媒体平台，更重要的是改变旧有的生产流程及业务形态。融合媒体致力于全媒体传播，渠道和平台极大丰富，单一部门不仅无法满足剧增的信息生产需求，而且造成人员和内容资源的浪费。因此，主流媒体需要关注全媒体一体化的采编流程特点，

---

[1] 郭全中：《媒体融合：现状、问题及策略》，载《新闻记者》2015年第3期，第28~35页。

重塑全媒体的生产流程。最后，媒体融合需要改变传统单一的以广告为主的经营模式，探索符合互联网语境下的全新经营模式。我国主流媒体在事业化单位企业化改革中逐渐从政府拨款转向自负盈亏的模式，在这一过程中，主流媒体主要形成了以广告收入为主的盈利模式。但是，在互联网时代，传统的广告经营模式让主流媒体遭遇了收入的寒冬。这体现了如今主流媒体在盈利模式方面面临的巨大挑战，造成现在几乎没有一家规模相当、具有国际影响力和竞争力的信息媒体企业。探索互联网时代多样的媒体经营形态，成为我国主流媒体亟须解决的问题。

（三）生产内容仍以传统内容为主，互联网优质内容不足

技术和内容是媒体融合创新中极为关键的两点，传统媒体一直在不断尝试使用新技术，与此同时，作为媒介生存的重中之重，内容生产也需要不断创新和发展。以优质的内容获得用户的信赖和喜爱，是实现舆论引导和企业盈利双重目标的重要路径。

广播电视媒体擅长广电平台内节目的生产，因此好的节目层出不穷，但是一接触互联网完全不一样的操作方法和制作流程，就不知所措了。麦克卢汉提出"媒介即讯息"，不同媒介有不同的偏向和媒介特性，传统媒体的节目内容直接放到互联网上并不会取得良好的效果。然而，我国主流媒体一开始的融合方式大多是开通新媒体平台，直接把传统方式生产的内容搬到新媒体平台上。尽管其中不乏很优秀的内容，但是因为新媒体平台和传统媒体截然不同的特性，仍然无法取得良好的效果。互联网作为一种集大成的媒介形式，集合了文字、声音类视听信息，给用户带来了全新的媒介体验。主流媒体因此需要根据不同的新媒体平台的特性，生产符合媒介特性的高质量内容，增加更多的原创互联网优质内容才能吸引更多受众，提高传统媒体的新媒体平台的影响力和公信力。

与传统媒介渠道主要由主流媒体控制不同，互联网是一个开放的平台，任何有营业资格的企业甚至个人都可以在各类平台生产内容。一些互联网公司纷纷进入内容生产行业，这类企业对传统媒体产生了巨大的威胁，不仅减弱了主流媒体舆论引导的能力，而且蚕食了主流媒体的生存空间，造成了主流媒体的人才流失。主流媒体在互联网优质内容生产方面的短板形成了经营弱势，其重要原因就是传统媒体在互联网上没有生产出优质的内容，在网络自制剧不断丰富的时期，这对于主流媒体是巨大的挑战。

新媒体环境下，高质量的内容生产需要创新内容表现形式，打破传统媒体内容限制，制作专门适合互联网环境的高质量内容。主流媒体不仅可以采用自制的方式，也可以通

过购买专门公司制作的成品内容，来扩展自己的内容生产渠道。同时，主流媒体应重视专业生产内容（PGC）和用户生产内容（UGC），构建用户共享平台。这样不仅可以回应互联网时代用户主动性增强的特性，而且便于构建受众数据库，为媒体进一步了解市场打下坚实基础。

（四）传统渠道为主，新媒体渠道单一，网民渗透率不足

当前，很多传统媒体在进行媒体融合时，并没有顺应传媒业的发展趋势，而仅仅把互联网当成工具和手段，幻想以传统媒体来融合互联网媒体。从传统媒体的转型实践来看，无论"电子版""报网互动"还是"全媒体"，仅仅把互联网当成工具和手段的实践无一例外地都失败了，"媒体融合"自然也不例外。[①]

然而，随着新媒体技术的发展，报纸、电视、广播等传统媒体已经不再是人们接收信息的唯一渠道，人们接收信息的方式更加多样化、多元化。其中微博、微信公众号和社交媒体等成为人们获取信息的重要渠道，新媒体扩展了受众接收信息的方式，随之而来的就是主流媒体传统渠道的受众危机。各大商业媒体的客户端，以及微博账号和微信公众号"截流"了大量用户流量。即使主流媒体生产出了许多优秀的内容，网民也可以通过各类腾讯、网易新闻客户端来观看这些报道。主流媒体是优秀的内容生产商，如果没有多样畅通的渠道，主流媒体就仅仅沦为了内容提供商，难以把握市场的主动权，因此，拓宽新媒体渠道，加强主流媒体在新媒体环境下的受众渗透率是当务之急。

传统媒体在过去的发展道路上，由于垄断了重要的传播渠道，天然地会以"内容为王"为论断，不注重渠道发展。到了互联网时代，传统媒体的垄断地位不再，于是"渠道为王"的说法便甚嚣尘上。事实上，渠道与内容是传统媒体发展的鸟之两翼、车之两轮，在保证生产优质内容的同时，自发开拓新渠道、创新传播形式尤为重要。

主流媒体在新媒体发展过程中过分依赖新兴的互联网渠道，很少进行自身的平台建设和渠道创新。创新是互联网发展的重要动力，只有突破传统渠道思维，聚焦新媒体前沿和受众需求，为用户提供更加个人化和人性化的服务，以新的传播渠道，兼有传统媒体的内容制作优势，才能在未来发展中占得头筹。

[①] 郭全中：《媒体融合：现状、问题及策略》，载《新闻记者》2015年第3期，第28~35页。

（五）新媒体技术利用率不高，技术融合层次较低

长期以来，对"媒介技术决定论""泛媒介化"的批评，以及近年来"为媒介技术决定论正名"的理论冲突，[①] 充分反映了媒体业界、学界、政界对于技术的态度及变化。这表明，在媒体融合的大背景下，技术视角下"万物皆媒"的观点被越来越多的人重视。[②]

技术是社会发展的重要推动力，互联网技术带来了人类传播方式的深刻变革。正是因为互联网和数字技术深刻地改变了我们的生活方式和社会形态，所以称之为"数字革命"也不为过。以互联网和移动互联网为核心的数字技术和网络技术打破了传统的单一媒介形式，使得多种媒介和表现形式的融合成为可能，电视、广播乃至报纸都成了网络媒介中的内容。互联网不仅开拓了新的媒介形式，也赋予受众更大的媒体接近性。在新媒体语境下，受众不仅仅是信息的被动接受者，而且成为信息的主动传播者，而这离不开互联网对受众的赋权。互联网对各个行业及人们的生活产生了巨大的影响，新闻行业也不例外。技术的发展提供了全新的融媒体新闻形态，全方位、个性化、多平台的融合新闻发展成为可见的趋势。以云技术、移动互联网、便携式终端为基础的移动互联网让新闻采编和新闻接受不再受到时间和空间的限制，AR/VR 技术不仅体现了虚拟空间与现实生活的融合，也使得在场新闻等全新的新闻形式得以实现，所有这一切令人耳目一新的技术都需要媒体行业进一步加深认识。对新媒体技术的深层利用成为主流媒体融合创新发展的突破点。

在新媒体技术蓬勃发展的大潮下，主流媒体当然不可能完全不利用新媒体技术。但是，我国主流媒体对于新媒体技术的应用大都停留在简单的直接应用，而没有根据自己的特性和特色进行深层开发。传统媒体现在最常见的做法就是把传统渠道生产的内容原封不动地投放到新媒体平台，不加任何编辑和调整。这种简单的内容移植使得适合电视、广播的内容无法适应新媒体的媒介特性，难以产生好的传播效果。许多媒介集团开发的网站数日才更新一次，其手机应用软件因为没有鲜明的特色，下载量也不尽如人意。主流媒体在媒体融合创新的过程中最先遇到的困难就是如何对新媒体技术进行合理应用，既不是简单相加也不能一概而论。技术与需求之间的割裂，在媒体融合发展中表现最为突出，这在很大程度上是因为媒体机构长期以来对技术的更新进步缺乏认知，并属于被动接受。媒介技术融合绝非把传统媒体搬到网上来，放到手机上，而是利用新的数字技术，

---

① 胡翼青：《为媒介技术决定论正名：兼论传播思想史的新视角》，载《现代传播》2017 年第 1 期；第 51~56 页。
② 鞠靖：《技术视角下的媒体融合》，载《新闻记者》2019 年第 3 期，第 52~55 页。

根据自己的需求开发相应的功能，实现在全媒体平台上的信息采集、编辑、发送，以及新媒体平台上的用户数据采集和分析。这就对主流媒体对新媒体技术的应用提出了较高水平的要求，不再是把传统媒体搬到网上，而是开发具有自身特色的产品和服务来满足受众和互联网用户的需求，深层次运用新媒体技术，重视新媒体产品的研制与开发，形成多元化的经营方式。

四、媒体融合背景下我国传统媒体的发展机遇

媒体融合已成为传统媒体的发展方向和趋势，这一趋势不仅打破了时空的围墙，标志着近几年来传播领域技术水平的勃兴，而且创造了全新的传媒生态，彰显着业界理念的更新。如上文所述，在此背景下，全球许多媒介机构纷纷走上了融合发展的转型之路，希望通过媒体融合战略的实施获取竞争优势。我国也在加紧步伐规划媒体融合发展的蓝图。从中央到地方的媒介机构在探索的过程中，根据"差异化竞争"的原则，探索出了富有特色的媒体融合模式。纵观当下我国媒介发展进程，融合发展日益成为不可逆转的趋势，新机遇与新模式在媒介的内容、渠道、平台、经营与管理五大层面竞相出现，成为传统媒体加速转型、提升影响力的重要推动力。

（一）内容层面：多样化来源与多元化形态

尽管在移动互联网时代，一般性信息铺天盖地，但思想深刻、权威准确、对用户具有"定心丸"价值的优质内容依然能够"一锤定音"。对传播内容进行价值评估不仅可以指导媒体内容选择，还可以指导媒体内容创造。如今，媒体融合也为媒体内容的开发与传播创造了良好的发展机遇。

一方面，传播内容的来源日益多样化。媒体融合时代到来之前，信息内容的流动往往是单向的，传播内容的生产牢牢地掌握在专业传播者手中。这种传统的内容生产模式支配着受众的认知框架，也制约着新闻报道的广度和深度。媒体融合融入了更多声音，大众开始参与传播内容的生产，从而使传播内容更趋多元化和个性化。尤其是基于社交网络平台的关系型媒体，为传统媒体注入了一股活力。自媒体发出的一则现场报道、一条理性评论，都可以成为传统媒体的素材来源。自媒体与传统媒体相互协作，既使用户获得的信息内容更加全面，也使得传统媒体能够提升亲和力和满意度。媒体融合时代，

内容价值增值愈发成为传统媒体融合的逻辑起点和原发内生动力。

另一方面，传播形态日益多元化。在数字化技术产生以前，文字、图片、音频和视频等不同的产品形态是无法兼容的，传统媒体依靠的是较为封闭和独立的新闻生产模式，这种单一的运作模式较难适应瞬息万变的媒介市场，以及多元的受众需求。而媒体融合推动了数字化技术的演进，打破了不同形态互不兼容的壁垒。信息的传播载体由单一的文字、图片、音频、视频等扩展为多媒体内容。这些内容格式成为支撑传播的"元数据"，使得信息内容可以低成本、便捷地在各种媒介产品之间转化，这是媒体融合给新闻生产领域带来的重大突破之一。伴随着内容制作技术从前数字传播技术转向数字传播技术，传统媒体不断强化着内容制作能力，主要表现在采访数字化、发行及播放数字化、存储数字化、内部管理系统数字化。内容制作技术数字化之后的媒体在内容制作能力上得到了长足的突破，这种突破催生出的是一种相对开放的、基于数据库的生产模式。这种模式集多种媒介形态的储存、管理、检索与发布于一体，实现多元媒介形态的整合共享与优化配置，这意味着传统媒体的传播者可以充分利用多种多样的传播载体进行有效传播。

（二）渠道层面：新旧媒体的互补与交融

目前，互联网每时每刻都在产生海量内容，在内容实时性和广度上很有优势，而传统媒体在内容深度及传播覆盖率上更具优势。充分发挥传统媒体与新媒体两种传播渠道的优势，实现跨媒体的内容共享与传播，能够实现更好的传播效果。

首先，传统媒体可以借力新兴媒体。互联网技术还未发展成熟之时，传统媒体牢牢地把握着信息传递的主动权，其传播渠道也仅仅局限于纸媒及广播电视等大众媒体。一方面，信息的传递与发布会受到排版、印刷、制作及剪辑等因素的限制，传播周期较长，时效性较低；另一方面，传统媒体的单向传播形式限制了反馈行为的施展空间，导致互动性不足。数字传播技术的出现让传统媒体的信息载体形式出现了另外的可能。数字通信网络和计算机不仅仅是新兴媒介的专属工具，传统媒体同样可以借力这些新鲜的渠道和终端。媒体融合使得传统媒介脱离了"以内容为中心"的传播理念，从习惯于说教（teaching）转化为习惯于学习（learning），从而得以全方位借力新媒介来实现深度发展。一方面，信息借力新兴媒介进行多渠道的广泛传播，增加了信息覆盖率，大大地提升了新闻时效性；另一方面，传统媒体借力新兴媒体的多渠道实现了信息的交互功能，使用户不仅能够参与信息的传输过程，而且拥有了言说、表达、辩论甚至批判的能力，进而主动参与到事件的意义建构中。目前的传统媒体将自己的内容进行数字化处理便可以通过数字通信网络和终端送至媒介用户手中。这种新兴媒体和传统媒体对数字通信网络的共享实质上就是媒体融合的一种先期形态。

其次，传统媒介能够弥补新兴媒介的缺陷。互联网时代，新兴媒体的发展势头迅猛，吸引了业界的眼球，这在一定程度上意味着传统媒体傲视群雄的年代一去不复返。然而，也应看到当前新兴媒体的发展同样存在着问题：在信息传播的深度上，新兴媒体迅速而即时的传播模式成为"浅源阅读"的伏笔，海量而多元化的信息难以保证质量，公信力不足；在信息传递的广度上，新兴媒体虽然依靠互联网技术使得信息传达不分国界，但无法惠及一些欠缺硬件基础的偏远地区。相比之下，传统媒体多年深耕信息传播领域所积累的媒体公信力、内容资源、人才储备等优势十分明显。所以，在网络媒体公信力有待提高的情况下，传统媒体加强自身公信力的保持与建设成为当务之急。以上看来，传统媒体实在不必妄自菲薄，而应抓住机遇，迎难而上，在新兴媒体发展势头强劲的媒介环境下积极探索符合自己特色的发展路径。

（三）平台层面：数字技术与社交机制的助力

首先，在平台建设层面数字技术起到了推波助澜的作用。媒体融合时代到来之前，传统媒体对于平台这个概念还比较陌生，内容的传递和发布主要依靠单向的、纵贯的渠道进行，多个渠道间互不相容，无法有效地形成跨渠道的协同效应。在数字化传播技术的支持下，传统媒介与新兴媒介出现众多交叉点，并开始在横向层面形成汇聚。随着媒体融合进程的逐步深入，大数据和云计算遍地开花，数字化将成为未来各个媒体平台共同存在的形式，传统媒体与新兴媒体的界限将会消解，在形态上殊途同归。在此意义上，各种媒介汇流到一个全新的、集多种媒体形式于一体的数字媒体平台上，实现真正意义上的"美美与共，天下大同"。在这个千帆竞发的大汇流中，传统媒体可利用数字技术的作用推波助澜，让其精品化、专业化的内容在数字化的平台中流动起来。[1]

其次，社交元素起到了支持作用。在传统媒体主导传播格局的时代，传统媒体掌握着话语主导权，议程设置一律化，信息来源单一化，各种反馈渠道的效率也较为低下，从而导致公众表达思想观点的空间受到挤压。媒介形态多元化带来的最为直接的后果是议事平台的延伸，人们可以借助方便快捷的社会化媒体主动配置注意力资源。社会化媒体是基于用户社会关系的内容生产与交换平台，它使得用户而非网站运营方成了社交平

---

[1] 许颖：《互动、整合、大融合——媒体融合的三个层次》，载《国际新闻界》2006年第7期，第32~36页。

台上的主角。[1]

实际上，社交化传播机制的盛行为传统媒体的媒体融合实践提供了更多发展空间，现有经验对于广电媒体具有一定的参考价值。比如，《纽约时报》共推出了 67 种时事通讯，2018 年发布了 13 个不同的 AR 项目，在亚马逊 Alexa 上举办每日新闻发布会，推出了一系列针对亚马逊 Alexa 量身打造的编辑技能，为其旅游、图书和流行专栏的读者提供额外的音频内容，并在纸质版和数字版相应内容中提供音频内容的提示和网页链接。2019 年第一季度末，《纽约时报》宣布他们已经拥有 450 万订阅用户，其中包括 350 多万的数字订阅用户，到 2025 年订阅用户的规模有望迈过千万大关。美国广播公司（ABC News）的新闻视频内容逐步多样化，可以随时随地快速发布内容。2019 年 3 月，ABC News 在脸书（Facebook）上的浏览量为 4.71 亿次，油管（YouTube）上的浏览量为 1.52 亿次，推特（Twitter）上的浏览量为 6 900 万次，照片墙（Instagram）上的浏览量为 3 690 万次。《经济学人》长期致力于在社交媒体平台上建立社区，仅在 Instagram 上的粉丝数量已经达到数百万。这些案例说明，传统广电媒体完全可以搭乘社交媒体发展的快车道施展其媒体融合策略。

（四）经营层面：媒介市场的开发与盈利模式的变革

首先，媒介市场得到深度开发。随着社会主义市场经济的日益繁荣，传统媒体的市场主体地位逐步得到承认，但依然在市场竞争中欠缺活力和主动性。而媒体融合引发的产业融合浪潮，则为传统媒体打开了一道融入市场竞争的大门。2014 年出台的《文化部　财政部关于推动特色文化产业发展的指导意见》和《国务院关于推进文化创意和设计服务与相关产业融合发展的若干意见》等一系列文件，奠定了文化产业在整个国民经济中的重要地位，为传媒产业的发展提供了扎实的政策基础。传统媒体在原本的区域市场、人才储备、内容资源方面具有很强的优势，再加上政策的推动，在传媒整合、上市融资及产业链重组方面都将取得重大突破。在充分进行产业融合之后，传统媒体集团将会发挥规模经济与范围经济的效应，成为跨媒体、跨地区、跨行业经营的崭新的企业集团，不断促进传媒产业结构的优化升级。

其次，传统盈利模式被改写。过去，传统媒体通过售卖受众注意力获取广告收入和利润，在这种单一的盈利模式下，传统媒体无法得到长足发展。媒体融合时代的到来使

---

[1] 彭兰：《社会化媒体：媒介融合的深层影响力量》，载《江淮论坛》2015 年第 1 期，第 152~156 页。

得各种信息流、资金流及物流在网络上进一步整合，整合完毕后将会有更多新的商业模式和盈利模式诞生，这就为传统媒体转变盈利模式提供了契机。为用户提供订制化的信息服务，是媒体融合背景下新闻传播信息资源开发的一种关键的形态，如为用户提供视频点播、新闻订制、财经等特定资讯的定点服务，开发传媒领域更加新兴的、更加高端的信息服务市场。因此，在关键的机遇期，传统媒体更不应该故步自封，而应打破原有的"二次售卖"的思维定式，放眼互联网的大环境，从互联网中的其他行业领域中汲取资源，全面开发用户所需要的网络功能和服务，创造出新颖而高效的盈利模式。

（五）管理层面：管理理念与组织制度的更新

首先，媒介组织管理理念的更新。在互联网时代到来之前，传统媒体享有单独的资源和发展空间，其自身的组织管理理念较为保守。而在媒体融合的背景下，传统媒体普遍存在的封闭式管理理念被打破，开始从封闭式的管理向更开放的管理模式转变。在传统媒体管理理念的更新中，媒介政策起着至关重要的领航作用。媒体融合的背景下，媒介组织内部或相互之间的管理均需从单一走向多元，因此，实现媒介生产组织管理理念的更新，以保持媒介机构内部多元化目标之间的平衡，是媒介生产组织集成管理取得成功的基础。

其次，媒介组织管理制度的更新。传统的新闻生产时代，新闻的生产与传播往往实行科层清晰的管理制度，不同部门间界限分明，但这也带来同一家机构的内部资源无法整合的问题。而媒体融合可以打破媒介机构各部门间那一堵坚实无比的围墙，推动原本的层级制管理结构向扁平制变革。这一变革对传统媒体来说，既是机遇，也是挑战。

第四章 媒体融合背景下广播电视的改革实践

一、国外广播电视媒体的媒体融合实践

(一)英国广播公司(BBC)的媒体融合实践

英国是较早开展媒体融合实践的西方国家之一。早在 2009 年,英国政府就提出了"数字英国"战略。这一战略已成为英国媒体融合进程的指导性纲领,它倡导更新传媒设施、使用新兴数字技术等,其目标是将英国建设成为全球"数字之都"。在该战略指导下,英国建立了一个强调"公共性"的媒体体系,并形成了独具特色的文化优势。BBC 为全球新闻业和广播电视业设立了公共服务的标杆,同时设立了媒体质量的规范。以"创意产业"为旗帜,英国在国家政策扶持下,使流行音乐、电影、设计、视觉传达、博物馆等文化因素融入传播体系,占据了互联网时代创意和文化的前沿。

在"数字英国"战略的指导下,BBC 对传播内容、组织机构等进行了深入改革。

首先,在改革的总方针方面,BBC 将提升自身公信力置于重要地位。此前,英国学界和业界针对媒体融合的目标等进行了探索。BBC 新闻学院院长乔纳森·贝克提出,一个公信力强的媒体对于受众意义重大,公众需要被告知什么事情重要而什么事情仅为休闲。所以,媒介有责任成为受公众信赖的向导。[①] 这体现出 BBC 在应对媒体融合的时代

---

① 乔纳森·贝克,辛欣:《媒介融合背景下的 BBC 新闻职业教育——专访 BBC 新闻学院院长乔纳森·贝克》,载《国际新闻界》2012 年第 11 期,第 120~126 页。

背景时所持的态度，即在开辟多种传播渠道、搭建多个传播平台的同时，尽最大努力保证甚至提高 BBC 品牌的公信力。

其次，在内容生产方面，BBC 积极调动受众的积极性，创设用户广泛参与的生产模式。早在 2005 年，BBC 就已经着手建设"用户生产内容中心"，其职责是更高效地处理受众通过多种渠道提供的新闻信息，并提供给 BBC 的内容制作和播出部门使用。借此，BBC 较早迈出了媒介内容融合的第一步。发展至今，BBC 的日常工作已经形成了一套比较完整的受众参与式的报道流程和管理模式。"用户生产内容"（UGC）是指媒体用户利用新兴的网络技术和传播渠道生产并发布自己制作的媒介内容，如视频、图片、文章，而用户（user）一词也常常被用以指代各种新兴媒体的使用者。在媒体融合的进程中，用户的作用非常重要。"分享"是 BBC 转型发展的关键词。为了促进用户与媒体的信息共享，BBC 积极倡导新媒体传播平台的建设和技术研发，倡导用户建立博客、微博等，并广泛采用观众和读者的自创内容。在"分享"理念的指引下，BBC 建立了一个积极用户的数据库，一旦新闻事件发生，BBC 就能高效联络到数据库中的相关积极用户，或者利用其官网上的"听你说"（Have Your Say）论坛主动向用户寻访新闻内容。利用这些方法，BBC 的用户得以参与到其新闻内容的生产和传播过程中来，他们为媒体提供的第一手信息，如现场视频、图片，极大地丰富了 BBC 的新闻报道。2006 年，BBC 成立了"视频群"（BBC Vision），把以往分属于电视、网络、移动端等不同部门的视频制作部整合在一起，使视频产品从前端策划、中端制作到后端发布的全过程，都能适应不同媒体平台的需要。2007 年，BBC 新闻中心重组，广播、网络及电视新闻部被整合为两个新的部门——全媒体新闻编辑部和全媒体节目部，并大力发展点播平台、移动客户端、网站视频等新媒体平台。这一系列改革，确保了 BBC 广播、电视、网络三个平台的新闻菜单和内容制作一致，也加强了各平台之间信息、人员及采访嘉宾等资源的共享。[1]

最后，BBC 对自身的组织结构也进行了大刀阔斧的改革。在原有的以频道为单位的组织结构下，各部门间信息交流不畅、工作效率低下。重组之后的组织结构打破了原有的部门间的界限，充分整合内部资源，形成了一个巨大的跨媒体的全媒体新闻中心。打破媒体界限，按照内容专题把机构重组为"新闻""视频""音频与音乐"三个跨媒体的节目生产部门。另外设立"未来媒体与技术"部，用技术统筹协调三个部门的跨媒体节

---

[1] 麻静：《国际主流媒体台网融合思考——以 CBS、BBC、NHK 为例看媒体融合》，载《电视研究》2018 年第 8 期，第 94~96 页。

目生产，满足广播、电视、网络、智能手机、互动电视等多个终端的发布要求。[①] 进入数字媒体时代后，随着媒体平台的调整，BBC 历任总裁都对内部人事、组织架构、业务板块和工作机制等进行了持续的改革，管理日趋扁平化，汇报层级减少；整合分散的内容生产团队，按照内容和平台性质，组建新闻团队、视频团队和音频音乐团队，每个团队都要为所有的平台生产、更新或贡献内容，最为大家所熟悉的就是 BBC 新闻团队的融合运行模式。2012 年 BBC 搬进了位于伦敦市中心新扩建的广播大厦，该大厦的核心是位于地下一层的新闻部，这间开放式、座位呈辐射状的办公室是目前为止欧洲最大的新闻编辑室，可容纳近 500 人。从座位的安排就能看出新闻编辑部本身就是一个融合的部门，中间一圈是 BBC 的"总指挥部"，由所有与新闻相关的业务部门领导组成。紧挨着他们的是 BBC 新闻直播间，而每个人的身后就是自己所管辖的团队，从而做到最大可能的协作和分享，并在突发事件发生时以最快速度实现全媒体平台响应和发布。BBC 的新闻编辑室已成为媒体融合的象征。

如今，BBC 已经形成较为成熟的信息采集和分发模式，即统一集成、按需分发原始信息、差异化编辑、渠道化播发成品信息。这一过程统一由 BBC 全媒体新闻中心负责，极大地提高了信息传播及使用效率。更重要的是，该举措使得这一老牌传统媒体的媒体融合水平得到很大提升。

BBC 注重继续扩展用户的信息发布和分享通道。例如，在 iPlayer 上设置专门的反馈入口、为用户开辟 UGC 通道等，通过同用户的交流和互动与之加强联系，提高用户黏性和参与感。2015 年，BBC 和 Facebook 联合推出"新闻快读"服务，当突发事件发生时，BBC 可以第一时间利用社交网络传播信息并与受众进行互动，这一举措有效提高了 BBC 用户对新闻报道的参与感。BBC 的特色媒体——BBC 互动（即 BBCi）是访问量最大的英语网站之一，包括 BBC 所有的互动服务，涵盖了数字电视和互联网。BBC 的许多节目都可以在 BBC 网站上找到，用户可以自由下载收看、收听。受众互动不仅体现在提供互动性的媒体服务，还包括将受众纳入内容生产流程，如 BBC 邀请网民参与到 BBC 网站主页的改版中去，受众登录后可以个性化定制新闻内容。除了受众互动，BBC 还尤为重视收集受众体验数据并进行深度分析，从受众反馈中提取受众认知规律，以期实现有针对性的高效传播，提升受众体验，尤其是对不同国家和地区受众心理的分析和把握，更是成为其受众板块的一大特色。例如，BBC 每年至少进行一次涉及几十个国家和地区的大规模受众

[①] 虞国芳：《谈西方电视的互联网思维——基于 CNN 和 BBC 全媒体转型的观察思考》，载《电视研究》2014 年第 12 期，第 35~38 页。

调研,对有效受众的数量,节目的满意度,收听收视需求,以及 BBC 在当地的知名度、影响力等进行深入研究,在主要对象国和区域还进行全国性收视率调查,采用到达率、客观性、贴近性等一系列指标进行绩效评估。

在传播渠道的融合方面,BBC 也积极进行了多种探索。迈入 21 世纪的前十年,BBC 的转型探索并不顺利,难以有效地统筹传播资源,因此使得内容生产和组织运营相对低效。在这样的背景下,2011 年初,BBC 吸取之前的教训,提出"1-10-4"的多平台融合转型战略。简单来说,"1"是指一个平台,指 BBC 媒体集团的所有传播内容、服务等都属于 BBC 这一核心品牌,因此各个平台要统筹合作,共同打造符合 BBC 品牌定位的优质节目,使 BBC 的品牌特色更加深入人心;"10"是指 10 个主要产品,主要包括新闻、体育、天气、少儿、青少年、教育、网络电视、在线数字广播、BBC 首页及搜索,BBC 旗下所有网站的信息内容都要为这 10 个核心产品服务;"4"是指电脑、电视、平板电脑、手机 4 个播放终端,媒体融合环境下,传播内容的跨屏和多屏传播已成常态,BBC 及时洞察到这一形势,努力打造适合 4 个播放终端特点的媒介内容,确保其产品可以在各个终端更好地呈现。"1-10-4"的发展规划顺应媒体融合的时代大潮,符合媒体融合的演变逻辑,在其指导下的 BBC 品牌公信力得到有效提升,生产和运营更加高效,有力地维护并提升了 BBC 在国际传播领域的影响力。以 2012 年伦敦奥运会为例,当时的调查显示高达 80% 的年轻受众对 BBC 的好感度大幅提升,认为它品质"优良且时尚"。而在 BBC 开展以上这一系列媒体融合实践之前,它在年轻受众中的印象一直是"保守、刻板"。

(二)美国有线电视新闻网(CNN)的媒体融合实践

美国是"市场驱动"传播体系的典型代表,从报纸、广播、电视到互联网,从新闻到娱乐,从智能设备到社交媒体服务,自由主义(从自由至上到新自由主义)贯穿于美国的传播与媒体业。经济利益是首要因素,市场占据主导,国家为资本保驾护航。在美国仍然占据制高点的世界传播格局中,中美两国媒体环境差异虽大,但美国有线电视新闻网(CNN)的融合转型实践路径也可为我国的媒体融合发展提供一定的启发。

1995 年夏,CNN.com 创立,这是 CNN 台网融合的第一步。现在它已经成为 CNN 的一个重要收入来源。根据尼尔森公司的调查显示,CNN.com 平均每月的用户大约为 3 820 万。发展至今,CNN 不断在新闻生产流程、传播方式等方面开展媒体融合实践,逐渐形成了"线上互动""电视网播出"和"线下服务"相结合的"三点多面"的传播网络。①CNN的各种新媒体渠道建设成果丰硕，尤其是2013年以来，CNN在发展战略方面进行了大幅调整，将"移动先行，数字第一"定为其媒体融合背景下的发展战略。② 在这一战略的指导下，CNN主要进行了以下改革尝试。

首先，组织架构的融合。在组织架构方面，CNN主要进行了两个方向的转变：电视记者向全媒体记者的转变；电视新闻机构向全媒体新闻机构的转变。在这一思路指导下，CNN的数字化新闻生产部门主要划分为三个：新闻采集部门、新闻编辑部门、数字产品部门。新闻采集部门主要针对电视新闻的特点进行策划；新闻编辑部门的功能与传统电视编辑部门的功能有一定相似性，但更加强调数字化特征，其编辑过程十分注重新媒体终端的传播特性；数字产品部门主要由各类移动产品的产品经理、网站及移动端的程序员及其他负责数字技术工作的工程师组成。这样的组织架构十分有利于践行"数字第一"的理念。以之为基础，CNN的数字内容生产十分高效。除了日常新闻的新媒体制作外，CNN单独成立的"好故事"（Great Big Story）部门是其组织架构中的一大特色，该部门专门针对年轻群体制作视频，以日常生活新闻议题为主，与其他部门的严肃新闻、突发新闻等注重实效性的新闻区分开来并形成互补。部门的信息分发渠道除了新媒体移动客户端，Facebook、YouTube等社交媒体也是一个重要的传播途径。此外，CNN的新媒体部门还与其他部门，如对外发稿部门紧密对接。

其次，对移动传播渠道的重视。CNN新媒体部门负责人和总编梅雷迪思·阿特利（Meredith Artley）曾说，"移动"是CNN新媒体战略实施及成功的要素之一。央视驻美记者杜毓斌通过对CNN工作人员的采访了解到，"CNN新媒体60%的流量来自包括移动网页和客户端在内的移动平台"。③ 面对如此重要的客户群，CNN在制作新闻时将文字、图表、视频编辑适应移动端媒体的风格作为工作重点，并对其员工强调新闻生产过程中必须要提前考虑新闻内容在移动端的呈现效果，给每一条新闻拟好短小精悍的标题，以期在移动媒体中短时间抓住受众的注意力。另外，还要充分考虑受众的场景消费和时间消费特征，将目标用户特征、社会交往特点等纳入考量。CNN还尤为重视在移动渠道中增强产品的社交功能。

再次，CNN的数字生产制作改革。媒体融合的背景下，CNN大力改革了原来独立运

---

① 陈怡：《让自己无处不在——CNN转型案例解析》，载《中国记者》2013年第11期，第122~123页。
② 杜毓斌：《美国有线电视新闻网（CNN）的新媒体转型之路》，载《南方电视学刊》2016年第4期，第23~26页。
③ 杜毓斌：《美国有线电视新闻网（CNN）的新媒体转型之路》，载《南方电视学刊》2016年第4期，第23~26页。

作的网络部门，取消其与新闻内容生产部门之间的藩篱，使二者可以高效合作，融合发展。具体的改革过程是，2016年，CNN裁换了原来网络部门的工作人员，然后通过内部招聘的形式重新组建了一支对网络传播更感兴趣的新闻工作者队伍。经过这次改革之后，CNN的内容策划和生产效率均大幅提升。如今，CNN也形成了成熟的"中央厨房"式信息采集分发系统，秉承"数字优先"的原则，各路记者将拍摄到的内容分成"粗编""精编"及"多余素材"，并直接上传到亚特兰大总部，由"中央厨房"各个职能小组各司其职地进行文字、图片等的制作，并与受众互动。这些工作完成后将由执行制片人进行整合，并集中在各渠道进行发布。此外，CNN还新建了"CNN共享（Share）"团队，该团队负责为重要新闻创造预警系统和收集编辑内容，然后通过网站、手机和电视来发布这些内容。[1] 每有突发新闻发生，新闻采集部门的工作人员就迅速将新闻信息推送给各组，然后由新闻编辑部来统一处理。转型期的CNN设立了一个叫"跨平台编辑"的岗位。这个岗位是在新闻策划、采集、发布等各阶段进行协调，所以通常由具有媒体融合思维的新媒体编辑担当。在CNN工作人员从传统广播电视记者向全媒体记者转型的过程中，"跨平台编辑"功不可没。

最后，注重对海外媒体市场的开拓。CNN海外业务的蓬勃发展，为CNN的盈利作出了越来越大的贡献。对海外市场的重视成为CNN转型的重要战略方向。[2]CNN的新闻编辑记者遍布全球。CNN在伦敦、纽约、华盛顿、亚特兰大等地成立编辑团队，在所在地有针对性地生产本土化传播内容，并将全球新闻信息以适应当地文化品位和接受传统的方式进行编辑和传播。另外，CNN还拥有成体系的信息源提供系统，其视野也扩充至多数发展中国家，并通过资源收购的手段低价抢攻国际新闻通讯社市场，从而使其拥有强大的信息数据库和丰富的信息来源。

（三）日本广播协会（NHK）的媒体融合实践

日本具有独特的传播体系和明显的优势。政府是主导，财团是主力，使得日本在一些新兴产业领域获得了成功，其媒体融合发展不仅带来了丰厚的经济利益，而且对国家形象建设助力良多。日本广播协会（Nippon Hoso Kyokai，简称NHK）1926年由当时的三家大型广播电台——东京广播电台、大阪广播电台和名古屋广播电台合并而来，是日

---

[1] 虞国芳：《谈西方电视的互联网思维——基于CNN和BBC全媒体转型的观察思考》，载《电视研究》2014年第12期，第35~38页。
[2] 陈怡：《让自己无处不在——CNN转型案例解析》，载《中国记者》2013年第11期，第122~123页。

本第一个全国性广播电台组织。NHK 的媒体融合策略亦有其独特性及可借鉴之处，特别是 NHK 国际台（World TV）实行的"电视无处不在（TV Everywhere）"战略，提出用户对电视节目的收看不仅可以通过传统的电视机完成，也可通过互联网、手机客户端等实现，这被视为媒体融合时代传统电视媒体应对新媒体冲击的一种有效战略。

首先，这一战略实现了信息传播和接收方式的多样化。它包括"传送方式多样化"及"接收方式多样化"两种措施。频道通过有线电视网（CATV）、网络电视（IPTV）及互联网传送节目，用户通过电脑、智能手机、平板电脑等终端来接受信息。其次，NHK 国际台还在 2009 年与环球网展开合作，用户可在 NHK 环球网同步观看电视频道的节目，这种合作形式为 NHK 国际台增加了播出渠道，使其受众数量快速增加。最后，对移动客户端的开发是"电视无处不在"战略的关键之一，NHK 国际台打出口号"随时随地，与你更近（Closer to you, anywhere, anytime）"，从 2010 年起至今，NHK 开发的应用软件已覆盖手机、平板等移动终端。

技术革新也在 NHK 的媒体融合战略中占有重要的地位。例如，NHK 拥有日本唯一一家专门研究广播电视技术发展的研究机构——NHK 传播技术研究所，其研发的多项广电技术专利已在 NHK 的媒体融合实践中得到广泛应用。NHK 目前研究的 8K 电视，致力于带给受众现场感、沉浸感的体验。此前，NHK 已经在日本各地的分部设置了能收看 8K 节目的电视机，并在东京和大阪设置了几处公共观赏点供民众体验。另外，NHK 传播技术研究所也在研制被称为"8K 的下一步"的"立体电视"，计划在 2030 年前后推出。NHK 表示，研发方向已经从传统 3D 转向在无需佩戴眼镜的情况下呈现 3D。[①] NHK 还将继续推进其自主开发的基础设施系统——混合广播（Hybridcast）技术，这是一种结合了广播和通信的新型电视服务，以期实现全天候服务并继续丰富服务内容，其图像质量不仅比以前的数据广播更清晰，也将基于互联网的内容与数字电视广播紧密结合起来，收看电视的观众可以借助手机、平板电脑等设备作为第二屏幕来获取关于电视节目的其他信息。互联网大量集中的信息、高速的算法技术等特性服务于电视节目，不仅丰富了电视节目的附加信息，而且使各种围绕电视的人性化服务成为可能。[②] 对于传播效果评估系统的建设，NHK 导入了"全面接触"（Total Reach）技术手法进行监测与评价，将结果运用于继续提高全媒体服务。[③] 由此可见，NHK 尤为重视在传播的各个环节融入新技术力量，

[①] 麻静：《国际主流媒体台网融合思考——以 CBS、BBC、NHK 为例看媒体融合》，载《电视研究》2018 年第 8 期，第 94~96 页。
[②] 贾秀秀：《日本 NHK 电视台的转型发展之路》，载《视听》2019 年第 10 期，第 22~23 页。
[③] 魏然：《NHK 对里约奥运会的播报策略》，载《青年记者》2016 年第 25 期，第 84~85 页。

并专门开辟了媒体技术管理这一版块，如在音像资料中心建立了用于保存广播电视数据资料的专业化数据库，以便于进一步进行数据分析和查询。由此可见，NHK 已足够了解新技术在媒体融合实践中的重要作用。

值得一提的是，日本电视行业尤为重视与社交网络的媒体融合，这主要是指通过社交网络有效进行电视相关信息内容的发送、共享、扩散，以及节目宣传等活动，并利用社交网络内受众的反馈信息进行节目指标化探索的行为。2012 年，日本电视业将数据传播与 Facebook 进行整合，推出了"联合电视"（Join TV）服务。通过"Join TV"使电视与社交网络进行融合，借助智能手机的第二屏幕，受众既可以与朋友们一起参与电视节目中诸如派发礼品活动，又可以参与电视相关信息内容的发送、共享、扩散。而对电视业来说，通过整合受众在社交网络中的反馈信息，又给赞助商们带来了意外的商机，同时为电视节目指标化探索提供了改善的依据。由此可见，以 NHK 为代表的日本电视业与社交网络的媒体融合，是以信息传播与接收方式的创新为核心的。NHK 重视受众反馈数据的收集和处理，并据此来调整传播经营策略。如"你们的声音"栏目将从各个渠道收集的反馈信息以可视化详细报告的形式呈现在网页上，供媒体人和受众查询、浏览，而"我们的改进"栏目则针对这些反馈信息进行回复，与受众实现实时互动，极大增强了用户黏性。同时，日本电视业从 2012 年开始，逐步展开了关于受众参与度及满意度的实证研究。这表明对受众及其社交网络的重视与分析可作为传统媒体转型发展的一个突破口，"提供更好、更快、更高的用户体验"是它努力的方向。

二、国内广播电视媒体的媒体融合实践

（一）中央电视台英语新闻频道新媒体新闻编辑部的媒体融合实践

中央电视台英语新闻频道（CCTV-NEWS）由原中央电视台第九套节目英语频道（CCTV-9）更名而来，是中央电视台成立最早的英语频道之一。2013 年夏，CCTV-NEWS 成立新的编辑部——全球多媒体工作室。这一编辑部成为 CCTV-NEWS 在媒体融合时代的探索前沿。它依托中央电视台的新闻采集制作能力，集合国内外多个新媒体平台的传播渠道，在央视与国外其他大型综合媒体的国际竞争中扮演着越来越重要的角色，其媒体融合实践主要在以下几个层面上进行。

首先，调整组织机构设置。CCTV-NEWS 的新媒体新闻编辑部平行设置新闻组、社交组、App 组、设计组、视频组、责编组等，其中新闻组主要承担 Twitter 和新浪微博平台上的新闻内容发布工作，社交组承担了在 Facebook 和微信公众号上发布原创新闻的工作，App 组则主要负责维护对频道客户端内容的更新和管理。在任务安排方面，设计组负责制作信息配图，紧密配合其他部门的内容生产，并进行内容包装与媒体形象推广。视频组则下设自采组、新闻视频组和热点视频组，主要负责新闻材料的筛选、加工、后期制作，并有针对性地设置视频议题，投放到社交媒体或新闻客户端。责编组则负责后期语言文字、影像处理，使之更加符合英语文化表达的规范。所有部门通力合作，共同在内容生产和传播环节形成流程化、科学化、分工化的操作系统。CCTV-NEWS 建立了与坦帕新闻中心类似的办公区域，除个别部门外，编辑部的大部分工作人员在同一楼层的一个共同的开放空间工作。这个开放的空间不进行明显的部门区分，仅为不同的工作组设立工位，工位旁的电视屏幕上滚动播放新闻，为编辑们随时了解外界正在发生的事情提供便利。

其次，开展新闻生产方面的融合实践。经过实地调研发现，编辑部的生产流程应该实行扁平化的工作方式，每个岗位上的编辑都对自己的选题具有自主选择权。每天早上，编辑部的责任编辑组会将社交组、App 组等的早班编辑集合起来开编前会，协调和确定当天发布的主要选题。通常，因为工作量大等原因，不同工作组的成员主要负责自己的工作，组间的合作相对较少，而一旦遇到重大的新闻事件或新闻选题，编辑部会临时抽派一名责任编辑担任项目责任人，从各组抽调工作人员组建临时团队，事件或选题报道结束后再予以解散。编辑部每周召开一次例会，与会者是全体工作人员。在例会上，每个组都需要至少派出一名代表来对上一周自己所在平台的表现做出总结。另外，以往的垂直化人员设置也向着扁平化方向发展，人员工作组自由度较高，以新闻为中心而非以流程化为中心进行管理，激发了团队创新力和创造力，如编辑部工作人员可以在与自己本职工作相接近的平台上进行自发调整。除了自采组这一对综合能力要求较高的岗位，各个编辑部之间的人员可根据需要自发换岗，根据工作内容自行组合搭配。这一方面提升了团队的协作程度，另一方面为内容的创新、出彩提供了发挥空间。同时，编辑部的工作人员也会学习不同岗位的多样化工作内容，促进业务交流，注重一专多能型人才培养，增进"台网融合"。编辑部和电视部门的团队常交换意见、换岗锻炼。另外，CCTV-NEWS 还聘用了大量外籍专家，这对频道把握国外受众的文化品位、思考方式等有所裨益。

最后，认真经营与受众的关系。媒体融合时代，社交媒体、大数据等为媒体与受众的沟通提供了便利。对 CCTV-NEWS 而言，一方面，编辑部的编辑可以即时掌握各个媒体平台的用户情况，如了解用户阅读喜好、获取用户评论，并可与用户进行线上互动。CCTV-NEWS 与受众互动的一大特色便是通过对社交媒体新增优质账号进行分析和总结，挖掘其背后的受众媒体使用习惯，并收集受众意见和反馈，联系相关新闻当事人进行回复；另一方面，编辑部设专门的岗位收集每个组当天的后台数据，并每周撰写各组分析报告，通过数据来把握受众与市场的动向，可有效指导不同小组下一步的工作实践，如重点关注并分析新增的优秀自媒体，在之后相关领域的报道中与其展开合作。

（二）新华通讯社的媒体融合实践

通过专家访谈和实践调研发现，新华通讯社（简称新华社）的媒体融合实践经验中，最值得关注的是其对技术力量的重视，尤其是人工智能机器人在其新闻生产、传播和消费各个环节的运用，极大地提升了新华社新闻运作效率。新华社创新的"新闻媒体大脑"板块，开创了我国媒体融合运用大数据和人工智能的先河。"新闻媒体大脑"由新华智云自主研发，新华社和阿里巴巴合资打造，结合人工智能、大数据、云计算、物联网等新技术，为新闻业进行赋能。如语音识别和转换、人脸识别与核查等智能技术，就大大提高了记者进行新闻采集的效率。"新闻媒体大脑"致力于向媒体机构提供"大数据＋人工智能"的新闻生产、分发和监测服务，融合云计算、物联网、大数据、人工智能等多项技术，为各类媒体机构提供线索发现、素材采集、编辑生产、分发传播、反馈监测等服务，助力其实现智能化新闻信息传播。"新闻媒体大脑"的机器人矩阵中包括文字识别机器人、数据标引机器人、人脸追踪机器人、内容搬运机器人、多渠道发布机器人、突发识别机器人、安全核查机器人，可以方便更快更好地采集新闻信息资源；智能会话机器人、字幕生成机器人、智能配音机器人、视频包装机器人、视频防抖机器人、虚拟主播机器人、数据新闻机器人、直播剪辑机器人、数据金融机器人、影视综艺快剪机器人、体育报道机器人、会议报道机器人、极速渲染机器人、用户画像机器人、虚拟广告机器人等构建了新闻信息资源处理机器人矩阵。"新闻媒体大脑"用技术赋能，可以不断提升技术与媒体的融合程度，实现新闻信息的高效运转和传播。

新华社的媒体融合具有国际视野，是国内媒体融合实践的前沿。它注重在新闻传播实战中投入媒体资源，致力于打造更加强大、系统化的融合运作体系。新华社的媒体融合实践紧抓短视频风口，在媒体全行业数字化的趋势下，将 5G 技术投入到短视频内容的开发与传播中。以新华社全球视频智媒体平台为例,在整合需求后的深化设计方案中,该平台着眼于大需求,构建"大系统、大流程、大功能",努力构建一个包括采集、传输、内容生产、内容服务四大领域,汇聚各方面资源,满足多种需求的大技术平台,以尽可能地推动新华社视频供稿业务适应互联网时代及媒体融合的要求。① 新华社在算法和数据的辅助下开发了由机器自动生成短视频的内容生产机制,即机器生产内容(MGC,Machine Generated Content)成为独立的视觉板块。新华社发布了国内第一个短视频智能生产平台——"媒体大脑·MAGIC 短视频智能生产平台",集合运用了自然语言处理、计算机视觉、音频语义理解等多项人工智能技术,引领了由算法辅助、人机协作的机器生产内容(MGC)新闻生产内容新趋势。在 2018 年两会报道中,MAGIC 平台 15 秒内生产出首条两会视频新闻,共计 6 期两会 MGC 新闻的浏览量就超过 1 200 万次;在 2018 年俄罗斯世界杯足球赛报道中,MAGIC 平台在一个月内生产了将近 4 万条短视频新闻,其中最短生产时长达到 6 秒/条,并利用算法实现了精准推送、按需分发。新华社紧抓技术融合风潮,搭建全业态功能的媒体平台来对接短视频蓝海,引领了国内的媒体融合实践探索的发展方向。

(三)上海文化广播影视集团有限公司的媒体融合实践

2014 年春,上海文化广播影视集团、上海广播电视台、上海东方传媒集团有限公司合并重组为上海文化广播影视集团有限公司(即 SMG,简称上海文广)。新成立的上海文广一改之前传统媒体时代的运营方式,进行了多角度、多层面的媒体融合改革,成为我国媒体融合时代的改革样本之一。近几年,上海文广的媒体融合实践主要有以下几种形式。

第一,组织机构的融合。2014 年 2 月,上海文广进行机制改革,坚持"整合资源,改革机制"的核心思路,具体举措是:首先,将"大文广"——上海文化广播影视集团与"小文广"——上海东方传媒集团合二为一,与上海广播电视台并称上海文化广播影视集团有限公司(SMG),即"新文广"、上海文广。上海文广包含经历了内部调整的"小文广"及由"大文广"整合而来的资源,形成了涵盖新闻、财经、新媒体、数据服务、娱乐、文化产业投资等多项主干业务类型。② 上海文广将二者的优质资源相结合,并加大

---

① 陆小华:《媒体融合运作体系构建方法与实现路径——以新华社全球视频智媒体平台与相关运作体系为研究样本》,载《现代传播》2019 年第 10 期,第 1~11 页。
② 严三九、刘峰:《融合背景下上海文广制播分开改革深化的动因与方向探析》,载《电视研究》2015 年第 11 期,第 34~36 页。

力度整合内部资源，打破原来的板块设计，进行业务架构重整，实现产业转型和重点突破，形成新的核心板块。[①]其次，原本分管广播、影视、电视台和其他媒体的三家公司融合为一家公司，原本的三套领导班子融合为一个领导集体。[②]这一改革不仅有效提升了媒体的运营效率，而且打破了原有的条块分割局面，有效地优化了媒体的资源配置。再次，上海文广旗下的互联网上市公司"百视通"收购了上海东方明珠股份有限公司，两家媒体公司的融合为SMG的全面融合发展提供了融资渠道，使"百视通"迅速成为拥有近千亿市值的媒体公司。最后，体制机制坚持去行政化，构建扁平式、平行式架构，并以内容生产为核心，在外围设立专业团队、独立制作人、协调部门等，形成协同统一的大平台。组织机构上还设立了包括互联网电视事业群、云平台与大数据事业群、主机游戏事业群、电信渠道事业群、网络视频事业群在内的五大事业群。在未来，SMG集团的战略核心业务将落实在互联网电视板块。

第二，内容板块的融合。频道整合方面，之前的东方卫视、艺术人文、星尚等六个频道整合重组为东方卫视中心，之前的广播新闻中心、第一财经广播等广播整合重组为东方广播中心。之前内容、风格相近的频道通过融合改革由多变少、由小变大。这一改革精简了节目数量，使得节目质量得以提升，之前相对分散的用户资源也得以整合，进而有利于提高资源利用率。另外，上海文广频道节目内容的服务性大大增强，以期打造以创新为基础的"信息服务、生活服务、娱乐服务、技术服务的新型整合服务平台"。在内容终端方面，上海文广针对手机电视、移动电视等业务终端的内容生产均被纳入发展规划之中，并在区域媒体融合发展方面投入大量资源。

第三，打造"看看新闻"（Knews）。2016年6月，SMG大力组建的融媒体中心成立，同时，由该中心打造的融媒体新闻产品"看看新闻"上线。以新闻为核心、以视频为特性、以直播为亮点的"看看新闻"是从"+互联网"到"互联网+"、从"你中有我，我中有你"到"你就是我，我就是你"的一次转型，将覆盖传统媒体和新媒体三种渠道。它将之前独立的三种传播渠道打通，将东方卫视频道、互联网电视、"看看新闻"手机客户端融为一体，信息发布频率也由原来的不定时传播转变为全天候传播，并在"看看新闻"进行首发。这一改革既发挥了传统媒体内容质量高的优势，也利用了新媒体传播速度快、传播范围广的优势，是SMG媒体融合实践的重要成果。

---

① 易前良：《"三位一体"：电视媒体融合发展的进路》，载《中国电视》2015年第8期，第45~49页。
② 焦雨虹，赵逸人，谭勇：《上海文广新一轮改革整合背景下的融合发展研究》，载《声屏世界》2016年第7期，第6~9页。

（四）湖南广播影视有限公司的媒体融合实践

湖南广播影视有限公司（简称湖南广电）的媒体融合实践如今已取得较大成果，这背后有其特有的内在逻辑。湖南广电和上海文广的路径有所不同，上海文广主要是从体制机制入手，而湖南广电则是以内容的创新、开发、运营和营销为切入点的。[①]

首先，内容创新方面，自制优质内容、打造特色品牌是湖南广电坚守的目标。湖南广电于2014年将"芒果TV自制"提升到战略地位，所有自制节目均以"马栏山智造"命名，力图形成自己的独特风格。同时，芒果TV坚持其自制策略的年轻化、精品化、互联网化三大基点，先明确其受众主要面向青年群体，主要是满足年轻消费群体的个性化需求。内容开发方面，湖南广电的新媒体转型策略值得关注。它善于利用内容资源优势拓展多元化盈利渠道，互联网和移动互联网多种业务模式的出现也为其多元化盈利提供了可能，其内容的多元化业务渠道主要分为互联网端和移动互联网端两大模块，其中，互联网端口又开发了网络视频、网上零售、网络游戏、社交网络服务（SNS）交友平台几个部分；移动互联网端则向着手机游戏、移动增值、手机客户端、中国移动多媒体广播（CMMB）、手机动漫[②]等几个方向进行拓展。电视方面，湖南广电紧追媒体融合趋势，将其旗下官方网站金鹰网打造成为全国第一个"网络娱乐生活平台"。在该平台上，电视、个人电脑与移动终端合为一体，资讯阅读、社区交往、网络视频观看、网络游戏体验等多项服务倍受用户青睐。

其次，传播渠道方面。湖南广电重视"一云多屏"，即共享同一内容供应渠道，使用多种传播终端，如使芒果TV和湖南卫视互联互通，表现在媒体资源、核心技术、数据管理和运营等各个方面，传播终端则覆盖了传统电视、手机、电脑、平板电脑等。这种模式不仅提升了信息传播效率，节省了人力物力，还打通了各个渠道板块的资源，达到"一体两翼"的效果。

再次，在媒体业态方面。2018年7月，芒果TV、芒果互娱、天娱传媒、芒果影视、芒果娱乐五家公司被纳入快乐购重组上市，更名为"芒果超媒"，以此为基础建构"芒果全媒体生态"。具体而言，"芒果全媒体生态"以芒果TV视听内容为核心平台，整合娱乐、影视、游戏电竞、电子商务各个板块，打通上下游产业链，通过自制知识产权（IP）向上追溯至网文、动漫的挖掘，向下延伸到游戏开发、电商变现、衍生品生产等多方渠道

---

① 易前良：《"三位一体"：电视媒体融合发展的进路》，载《中国电视》2015年第8期，第45~49页。
② 董倩：《以内容破局——三网融合背景下湖南广电集团新媒体战略研究》，载《新闻知识》2011年第8期，第15~17页。

的打通，促进内容生态的良性循环。

最后，在内容运营和营销方面，湖南广电创新发展出一种外包的形式，即在掌控业务中具有优势的核心环节的前提下，将支付、技术等需要长期建构资源的环节外包给其他媒体企业，通过"联合运营"的策略达到资源的有效利用，提升资源的运作效率。在内容营销策略上，湖南广电采用"多元并存"的营销模式，在芒果TV的推广期结束后，湖南广电开始专注于优化对全媒体版权的控制，综合采用移植策略、价值衍生策略和节目自制策略来完善其内容分发，从而实现收益最大化[1]。一是将湖南卫视的优势节目资源移植到芒果TV平台播出，原创品牌资源所具备的吸粉能力，成功实现了不同媒介之间的价值导流，初步实现了"电视和网络"两翼之间的互联互通。二是实施价值衍生策略，对同一优质IP进行多次开发，打造差异化内容，提升用户对平台的忠诚度。三是坚持贯彻节目自制策略，力求打造最具网感的综艺节目，并面向台网双向输出优质内容。

（五）深圳广播电影电视集团的媒体融合实践

深圳广播电影电视集团（简称深圳广电）自2016年开始探索媒体深度融合路径。在科学合理的顶层设计之下，深圳广电致力于建构一个融合媒体产业的生态系统，从而实现"内容、渠道、平台、经营、管理"一体化发展。

从内容产品来看，深圳广电走差异化、特色化路子，根据对自身的资源分析和市场分析，发掘自身优势，并与差异化生存空间相结合，确立自身的内容发展定位，集中自身的有限资源，在特定市场上拉开与竞争对手的距离，打造出特色鲜明的、完整的内容生态链。[2] 在新的媒体环境下，深圳卫视立足年轻城市特色，抓住年轻受众，响应"万众创新，大众创业"的"双创"大趋势，推出系列"双创"类节目、多个活动和颇具特色的跨年演讲，如《为梦想加速》《合伙中国人》《有志赢在中国》《一块投吧》《创客星球》多档创投类节目。另外，政情军事类节目也成为深圳卫视的特色内容产品，如《直播港澳台》《军情直播间》《决胜制高点》《关键洞察力》系列节目。深圳广电在国际性、军事性专题新闻方面形成了较强的比较优势。[3] 深圳广电以内容为基础，加快拓展相关产业链条，融合新旧内容渠道，建立统一调配的新媒体矩阵，开展包括版权运营、广告运营、

---

[1] 王虎：《打造"芒果生态圈"——"一体两翼"架构下湖南广电的转型路径》，载《电视研究》2017年第7期，第11~17页。
[2] 袁侃：《深圳广电打造新型主流媒体的思考》，载《传媒》2018年第1期，第39~40页。
[3] 张春朗：《新媒体环境下省级卫视融合转型策略——兼议深圳卫视在新媒体背景下的创新与发展》，载《中国电视》2017年第8期，第109~112页。

衍生业务开发等在内的业务，形成良性可持续的内容经营生态新格局。①由于互联网创作环境相对宽松，近年来，部分优质网络综艺节目开始出现了向电视台反向输出的进程。作为身处我国互联网产业重镇的深圳广电，十分注重拓宽节目内容来源，多次尝试链接网络资源，来提升电视关注度。例如，深圳卫视曾引入爱奇艺网络综艺《偶滴歌神啊》，该节目在电视荧屏播出后也取得了很高收视率。通过这一差异化战略，深圳卫视成为各大卫视跨年演唱会夹击下的一股清流。②

在新媒体平台开发上，深圳广电集团重点推出其融媒体项目"壹深圳"，并在其中开辟广播专版。"壹深圳"的运营强调用户思维至上，以大数据分析和用户画像为基础技术手段，基于集团制作出品的节目内容进行针对个人的精准分发。除此之外，为扩大节目内容影响力，深圳广电与腾讯企鹅调频广播（FM）展开合作，建立"企鹅深圳"，由深圳广电提供专业化、精品化的节目内容，企鹅FM负责针对用户的数据分析及产品营销，从而实现优势资源互补。③

在产业经营方面，深圳广电主要采取了以下举措：一是打造台网联盟，使电视内容与网络电商深度结合起来，实现台网深度合作的台网通。二是通过在电视内容中加入电商元素，使得电视内容的专业精品制作与电视的互联网营销模式相结合，力求打造出具有电视媒体与新媒体融合的"电视内容+网络电商"互补模式，形成内容制播和产品推介之间的良性互动。④如《宅人食堂》节目就是电视导流电商的经典案例。另外，深圳卫视与一些知名网站进行深度合作，推出产品超级发布会，试图通过深圳卫视电视内容发布来打通从电视观众到电商消费者之间的导流链，从而打造产品发布超级平台。

（六）县级广电融媒体改革发展实践

1. 江苏省邳州市银杏融媒集团

2015年底，邳州广电传媒集团（简称邳州广电）拉开了融媒体改革序幕。改革之初，邳州广电就策划以新媒体平台为依托，将现代企业管理制度引入事业单位，探索实践事企并轨运作模式，希望通过创新管理体制来激活用人机制、改革分配制度、探索人才培养模式。首先，邳州广电启动技术改造，成立银杏融媒集团。该集团将广播、电视、报纸、

---

① 袁侃：《深圳广电打造新型主流媒体的思考》，载《传媒》2018年第1期，第39~40页。
② 陈蓊：《切入互联网 提振电视业——深圳广电的媒体融合探索与实践》，载《视听》2017年第8期，第31页。
③ 李向辉：《构建"广播+"媒体新业态——深圳广播发展与展望》，载《视听》2018年第8期，第189~190页。
④ 张春朗：《新媒体环境下省级卫视融合转型策略——兼议深圳卫视在新媒体背景下的创新与发展》，载《中国电视》2017年第8期，第109~112页。

网站、客户端、微信、微博等媒体资源进行融合，构建了"两台一报一网、两微一端多平台"八位一体的全媒体平台。其次，银杏融媒集团将内部机构明确划分为四个中心，即全媒体新闻中心、经济创收中心、行政服务中心、后勤保障中心。在业务、运营、人事等具体层面，银杏融媒也加快了调整步伐。2015年11月1日，邳州广电完成了所有部门及岗位的调整和选岗，从完全事业化管理进入"事企并轨"运作的新阶段。

2016年5月，邳州广电全台网高清化数字升级改造暨融媒体平台项目获批立项。该项目包含高标清重播、高清制播网、融合媒体平台、媒资平台、全媒体直播间、App客户端七个分项的建设。2016年6月，邳州市机构编制委员会批复，并报徐州市编办，邳州市广播电视台更名为邳州广播电视台，同时增挂邳州广播电视传媒集团牌子。2017年11月，邳州广电发布《"银杏融媒"品牌发展计划书》，提出了集中全力打造"一棵树"的倡议，将银杏元素和媒体融合进行深度融合。自此，"银杏融媒"逐渐成为邳州广电对外的统一形象和主打品牌。

目前，邳州银杏融媒集团有"两台"（电视台、电台），"三微"（邳州银杏甲天下、无线邳州、银杏直播微信号），"一端"（"邳州银杏甲天下"App客户端），以及邳州日报，邳州新闻网，今日头条（头条号）、腾讯新闻（多平台企鹅号）、抖音号等媒体资源，成功将广电资源、新媒体资源融为一体。此外，银杏融媒集团旗下也建立了以邳州精进文化传媒有限公司和邳州精进商贸有限公司为主的经济实体。这样，银杏融媒集团在邳州建构了由多元媒体和多元产业的政务类、生活类、服务类中介平台。邳州银杏融媒集团现内设融媒体新闻、融媒体技术保障、融媒体经济发展、融媒体行政服务四个中心，共计37个部室。

目前，银杏融媒体平台实现了"321百万级"用户覆盖。其中，广播电台用户覆盖突破300万级；电视信号覆盖突破200万级；移动端用户覆盖突破100万级。2015年开始，邳州广电经济创收每年以超过20%的速度增长，2019年总创收突破3 000万元。截至2020年1月，邳州广电挂三块牌子，分别为"邳州银杏融媒集团""邳州广播电视台"和"邳州市融媒体中心"，实现了广电媒体和网络新媒体的全线融合覆盖。

综合而言，邳州广电媒体融合的亮点和优势主要可归纳为如下方面。

（1）积极提供公共服务

银杏融媒将自身打造成为"综合服务平台"，旨在向本地人民群众提供以政务服务为核心的各种本土性服务，以此体现新型主流媒体的服务功能，提升为所在区域人民群众提供综合服务的能力。这给我们的启发是，县级融媒体中心不能简单整合县域各类媒体机构，也不能只依靠孤立的"中央厨房"建设，而是必须盘活各类社会资源，打通与本土各类企事业单位的联系，聚合各类便民惠民服务。

具体而言，银杏融媒一方面在 App 中添加了"智慧城市"的模块，另一方面通过《搭把手》节目来疏通民生堵点和痛点，将广电内容板块和新媒体板块有机结合在一起。"智慧城市"是银杏融媒在"邳州银杏甲天下"App 上打造的手机政务服务平台，目前已经吸引全市 60 多家政企单位合作，代运营微信公众号 20 多个，接入城市服务项目四十多项。《搭把手》是一档服务类新闻栏目，首先通过新媒体收集网友反映的问题诉求，其次记者根据诉求进行现场采访，把解决问题的全过程在大屏进行报道，最后通过新媒体将结果进行反馈，形成互动、联动的融合节目新形式。《搭把手》的栏目形态是，在大屏上，主持人以导播形式引出"话题+记者帮忙全程报道+主持点评"；在小屏上，形成"节目视频+文字+图片+小编与网友的互动"。由此，报纸、广播也同步推出《搭把手》栏目，形成了集合、联动传播效应。

（2）践行舆论引导策略

启动融媒体改革后，银杏融媒用户数量激增，很快就获得了对地方宣传和舆论的主导权。在实现了地方性的舆论主导后，银杏融媒开始尝试将传统广电时代的"正面宣传""舆论管控""组织动员"等职能融入新的日常宣传实践之中。

（3）走产业化发展路径

在财经制度的改革方面，银杏融媒对内采用工资绩效考核制度，对外开始积极创收，并尝试兼顾社会效益与经济效益。截至 2019 年，银杏融媒在实践中摸索出了独特的产业化路径。

"融媒+政务"是银杏融媒目前的主要经营方向。融媒体改革之后，银杏融媒建立了政企云，并开发了政企号、微信矩阵、服务接入、功能开发、应用搭建甚至平台代维等服务，将广电传统媒体资源与新媒体（新闻客户端、网站、微信、微博等）平台资源整合在一起，发布各政企单位信息资源及接入政企单位的应用服务等，让市民更清晰地通过多平台、多元化、多形式的方式获取信息资讯，更加便捷地使用公共应用服务功能，达到政企单位的业务需求。整合了广电与新媒体资源的"政企云"服务项目不仅提供了融合媒体平台的宣传服务，也提供了编排、发布、整合的资讯内容服务，研发、美工、程序等技术研发服务，策划、运营、管理等平台运维服务，还进行微信、微博、网站等平台整体托管服务。多种类型服务相结合，让政企单位可以轻松做好宣传工作，更好地管理运营所属宣传平台。

另外,在银杏融媒内部开启"项目制"后,集团将"融媒+活动"作为营收的方向之一。作为地方媒体,银杏融媒与地方的机关单位和企业有天然的联系,每年都能通过项目安排的方式,在整合现有广电资源的基础上承接会展、节庆、演练等宣传策划活动。

2. 浙江省海宁市传媒中心

2019年6月30日,海宁日报社和海宁市广播电视台、中国(浙江)影视产业国际合作实验区海宁基地服务中心整合设立海宁市传媒中心。海宁市传媒中心建立了以政经新闻部、社区新闻部、视频产品部、新媒体产品部、电视节目部、广播节目部等15个部门为主体的传媒中心组织架构。海宁市传媒中心的广电融合策略值得借鉴的亮点可归纳为如下几方面。

(1)打造采编播融合体系

海宁市传媒中心通过再造生产流程,打通内容传播渠道,拓展终端服务功能,并完善采编播"中央厨房"系统,建成全媒体广电新闻融合平台、高清非编制作网络系统、媒体资产管理系统、新闻协同指挥系统。进一步完善采编播融合体系,依托"中央厨房"和职能部室,建立起总编协调、值班调度、部门沟通、采前策划等制度,建成"一次采集、多种生成、多元传播"的全媒体内容生产分发系统。海宁市传媒中心推行"选、采、编、审、发"五步工作法,坚持移动优先,一端呈现,实现宣传平台融合,同频共振、二次传播,放大传播效应;通过"中央厨房"主动与省、市媒体互联互通互动,推动海宁新闻走出去。2020年海宁市传媒中心完成标改清播出系统、报社大楼视频剪辑系统机房改造等项目,打通上级媒体云端,推进与浙报集团天目云、省广电集团蓝云、新华社合作服务项目。

(2)针对新媒体渠道进行节目改版

海宁市传媒中心实行节目"变脸",以应对媒体生态新现象、适应"受众"新需求。改版后的栏目《海视广角》《广角热线》《广角视界》《主播点屏》《今日速览》有态度、有深度、有温度,其中,《海视广角》采用全新播报方式,《广角热线》聚焦民生诉求,《广角视界》讲述百姓故事,《主播点屏》进行全媒体交互播报。广播FM96"大潮之声"和101"新农村"两频道改版,并推出了房产、汽车、旅游、健康、法律维权等全新节目或板块,从衣食住行、吃喝玩乐到酸甜苦辣、琴棋书画,更多元、更多边地服务海宁市民,让"听见更有远见"成为广播的价值体现。

(3)"媒体+"产业经营

筹建海宁传媒集团,依托"媒体+",推动广电媒体服务、媒体产业转型升级,切实将媒体产业打造为市传媒中心高质量发展的重要引擎，发挥资源优势，提高自身"造血"能力，努力实现社会效益和经济效益双赢。2020年是海宁市传媒中心成立后真正全方位运营之年。海宁市传媒中心充分利用融合带来的市场平台，主动贴近市场，承接云签约、出口商品展销会、端午龙舟赛、汽车展销、集体婚礼等各类活动，实现了社会效益和经济效益的双赢。

县级广电融媒体需要利用因地制宜的本土化策略，最大化地开发本土信息资源的价值，尽可能地贴近民众、服务民众。目前，县级广电媒体融合虽没有固定的模式和统一的策略，但正因为如此，更要汲取各家的成功经验，结合自身发展情况并积极创新。根据调研，县级广电融媒体普遍都存在着如下问题：建设缺乏路径规划与大局意识，导致融合工作进展缓慢；媒体整合过程缓慢，传统媒体踌躇不前；统一的采编流程在实际工作中存在问题，各部门无法进行流畅协作；技术更迭带来了更多的机会和挑战，但技术与工作的结合方式带来困扰；用人模式需要进一步优化，编制身份需要进一步解决。针对以上的问题，县级广电媒体应着力进行逐个击破：重视服务型融媒体业务的开展，积极参与社会服务与社会治理；聚合管理不同类型的媒体机构，统一工作标准与流程并进行技术升级；优化采编流程，不同情况灵活应对；完善技术引进机制，依照规范搭建智能化广电融媒体基础设施；开拓融媒体产业潜力，为"自我造血"探索不同的盈利模式；革新用人制度，鼓励、奖励有能力的人才；等等。

县级广电融媒体的建设是一项战略性任务、系统性工程，是国家交给基层媒体的一项重大任务，是时代赋予县级媒体的一个重大责任。县级广电融媒体建设应以中央媒体发展政策为指导，根据不同地区、不同地域的县情特点及其发展需求，努力构建符合本地县情、适应县域特征，且具操作性、可持续发展的县级广电融媒体中心平台系统，不断在创新实践中解决技术、人才、资金和体制等实际问题，深入推进县域媒体融合工作，加快建成有强大传播力、引导力、影响力的新型县级广电主流媒体。

3. 四川省富顺县融媒体中心

四川省富顺县融媒体中心于2018年8月建成投入运营。目前，富顺县融媒体中心在利用已有广电资源基础上，初步建成了包括"富顺网"官方网站，"富顺融媒""富顺融媒锐观点"微信公众号，"富顺融媒"微博，"富顺眼"App，"富顺融媒"今日头条和"富顺融媒"抖音等的融合媒体矩阵。富顺县融媒体中心以已有的广电资源为核心，建立了融视频工作室，为媒体融合提供适合网络传播的视频内容；打造和推广以"富顺眼"为核心的融合媒体矩阵，以渠道拓展为融媒体引流；成立舆情研判委员会，建立舆情管控机制；积极向社会征稿，倡导公民新闻等。

四川省富顺县融媒体中心的广电融合策略可主要归纳为以下两点。

（1）建立融视频工作室

为了更好地利用原广播电视台频道资源和设备，富顺县融媒体中心形成了"跳出电视做电视，融合思维做视频"的思路，充分盘活利用电视台现有的人员、设备，利用专业优势，成立融媒体中心下的融视频工作室，由资深电视新闻工作者担任负责人，与具有采访、拍摄、制作、播音、主持等专业能力的人员共同组成团队，专门从事融媒体环境下的视频生产。

富顺县融媒体中心融视频工作室承担的工作主要有以下三方面。

其一，生产融媒体视频内容。富顺县融媒体中心自组建开始，就着手传统电视媒体与新媒体的内容融合，策划生产适合新媒体传播的微视频，融视频工作室工作人员自编、自导、自演的短剧《富顺人还在排队挂号缴费吗？》等，运用年轻人熟悉的视角、语态、场景等进行拍摄制作，为推广介绍"富顺眼"App及其功能起到了很好的作用。融视频工作室制作的微视频主要通过电视、App、微信、户外大屏等各种平台播放，将传统媒体的优势与新媒体的传播优势结合起来，收到了良好的效果。与此同时，工作室注册了"富顺融媒"抖音号，专门制作各类短视频，用于全网传播，以提高"富顺融媒"的知名度。

其二，制作《西湖问政》节目。富顺县融媒体中心的融视频工作室成立后，全面接手《西湖问政》节目，并通过电视、手机、户外大屏进行同步直播。《西湖问政》已经不再是一档单纯的电视节目了，它要求负责的团队不仅要有较高的政治素质，还要有对政策法规的把握、新闻工作者的敏锐、电视从业者的专业素养和互联网思维，这被视为富顺县融视频工作室未来的工作重点。

其三，利用电视优势做节目。因为背靠富顺县原广播电视台的电视制作资源，融视频工作室将继续利用电视优势，策划制作一些优质的视频节目。相对于重装投入的大型电视节目而言，适合演播室播放的访谈节目以其投入少、成本低的制作，成为融视频工作室的首选。富顺访谈资源较多，融视频工作室通过对访谈对象进行梳理分类，分别列出部门和镇乡负责人、富顺文化名人、富顺商界精英、群众意见领袖等几大类访谈嘉宾，针对嘉宾类别，确定访谈主题，如政策解读、发展规划、文以化之的故事、创新创业的历程、回报社会的担当、热点事件的评析，围绕主题精心设计问题，通过访谈讲好富顺故事，形成完整节目在电视媒体播出，同时将节目拆分成短视频在新媒体推送。

（2）打造和推广以"富顺眼"为核心的融合媒体矩阵

"富顺眼"App 是富顺县融媒体中心建设的重点。在"富顺眼"App 的打造方面，富顺县融媒体中心打通平台视听节目资源共享端口，移动客户端开设"电视电台"栏目，链接电视频道和交通音乐广播，确保用户可以通过客户端适时收听（看）地方广播电视节目，并可根据节目单实现回看，从而实现了本地广播电视节目的可移动化。

第五章 媒体融合背景下我国广播电视的传播策略

一、我国媒体制度的历史演进

（一）初始选择：党管媒体

中华人民共和国成立初期，即建立了以党报作为中心的报业制度，核心就是"党管媒体"，即党性原则。新闻媒体作为事业单位，主要负责党的宣传工作，具有"党的喉舌"的功能。报纸实行"统收统支、财政补贴、行政摊派、公费订阅、邮发合一"的制度。

这一核心思想的来源是马克思、恩格斯的无产阶级报刊的"喉舌论"。恩格斯阐述了无产阶级报刊的党派属性："党刊的任务是什么呢？首先是组织讨论，论证、阐发和捍卫党的要求，驳斥和推翻敌对党的妄想和论断。"[1] 他在1849年发表的《瑞士报刊》中指出："在大国里报纸都反映自己党派的观点，它永远也不会违反自己党派的利益。"[2] 马克思进一步将无产阶级报刊的作用概括为"喉舌"，提出了无产阶级报刊的"喉舌论"。在《新莱茵报·政治经济评论》中，马克思提出："报纸最大的好处，就是它每日都能干预运动，能够成为运动的喉舌，能够反映出当前的整个局势，能够使人民和人民的日刊发生不断的、生动活泼的联系。"[3]

---

[1]《马克思恩格斯全集》（第4卷），人民出版社1958年版，第300页。
[2]《马克思恩格斯全集》（第6卷），人民出版社1961年版，第209页。
[3]《马克思恩格斯全集》（第7卷），人民出版社1959年版，第3页。

无产阶级新闻事业的基本原则，在无产阶级政党诞生之初就被确立下来，党管媒体，媒体要忠于党、为党服务，是无产阶级事业的重要组成部分。

我国的无产阶级新闻事业在创立初期深受苏联新闻事业的影响，列宁等人为苏联的新闻事业提出了明确的政策方针。列宁最先在《党的组织和党的出版物》一文中明确提出了媒体的党性原则。在这篇1905年11月冬刊发于俄国《新生活报》的文章中，列宁详细地对党报的职能、党报工作人员应坚持的准则等问题进行了论述："写作事业应当成为整个无产阶级事业的一部分，成为由整个工人阶级的整个觉悟的先锋队所开动的一部巨大的社会民主主义机器的'齿轮和螺丝钉'。写作事业应当成为社会民主党有组织的、有计划的、统一的党的工作的一个组成部分。"[1]

中国共产党在一大期间，就已开始确定一些基本的党报思想。1921年，党的一大通过的中国共产党的第一个决议提出："杂志、日刊、书籍和小册子须由中央执行委员会或临时中央执行委员会经办。……任何中央地方的出版物均不能刊载违背党的方针、政策和决定的文章。"[2]这里强调了党对出版物的领导权，以及出版物所必须遵守的基本原则。之后在多个历史时期内，都有对于新闻宣传的管理制度和方针政策出现，"党性原则"成形于解放区进行新闻改革时期，其标志为《解放日报》的改版。从此以后，我国新闻事业最重要的指导方针就此确立。

党管媒体在我国可追溯到中国共产党在延安时期的办报传统和媒体理念，因此可将其界定为党中央对媒体的"行政管理为主的管理模式"[3]。叶敏定考证提出：2004年9月《中共中央关于加强党的执政能力建设的决定》明确提出了坚持党管媒体的原则，即党管媒体就是党领导新闻舆论工作的根本原则。[4]笔者通过查阅相关研究文献，结合不断发展的媒介环境和媒体现实，认为可以对"党管媒体"做出如下定义：党管媒体是我党领导新闻舆论工作的根本性原则，它要求依据先进的指导思想，对包括党的机关报和各类市场化媒体在内的媒体机构进行管理规范，掌握舆论主动权，确定其为人民服务、为社会主义服务的基本导向。[5]

习近平总书记指出："党的新闻舆论工作坚持党性原则，最根本的是坚持党对新闻舆

---

[1]《列宁全集》(第十二卷)，人民出版社1987年版，第93页。
[2] 李文:《陕甘宁边区新闻事业》，人民出版社2017年版，第403页。
[3] 夏倩芳:《党管媒体与改善新闻管理体制——一种政策和官方话语分析》，载《新闻与传播评论》2005年第5期，第124~133页。
[4] 叶敏定:《浅析党管媒体与尊重媒体传播规律的统一》，载《金田》2015年第3期，第355页。
[5] 段鹏:《新媒体环境下党管媒体问题探析》，载《现代传播》2017年第5期，第26~31页。

论工作的领导。"①"做好党的新闻舆论工作,事关旗帜和道路,事关贯彻落实党的理论和路线方针政策,事关顺利推进党和国家各项事业,事关全党全国各族人民凝聚力和向心力,事关党和国家前途命运。"②掌握意识形态工作领导权就必须坚持党管媒体这一根本准则。在贯彻党管媒体的具体实践方面,传媒领域的机构改革是使党管媒体在组织结构上更为清晰、功能上更为优化的重要举措。当下,新媒体逐渐取代了传统媒体的部分功能,党管媒体的工作在媒体融合的新形势下变得更加复杂。但是,党管媒体的原则仍然是指导我国媒体传播工作的基本准则。在这一前提下,真正落实好党管媒体原则,就要融入我国发展的时代背景、社会结构、媒体形态变化的大环境中。

（二）第一次改革：事业单位,企业化管理

1978年,八家中央媒体联合向财政部报告,要求施行"事业单位,企业化管理"办法。自此,媒体开始尝试二元管理模式,媒体的自主经营权开始放开,允许多种形式的经营,同时灵活调整了人事与工资制度,鼓励更多的人进行创新,适应市场经济的发展。我国传媒业逐步走上了"自主经营、自负盈亏、自我发展"的产业化发展道路,我国新闻媒体开始产业化运作。1979年4月,财政部又发文重申并在全部新闻媒体中推广"事业单位,企业化管理"。与此同时,商业性广告开始逐渐得到恢复发展。

1996年初,广州日报报业集团成立,这是中国第一家报业集团。国家新闻出版署在关于其成立的批复中指出：随着社会主义市场经济体制的建立,报纸的竞争也日趋激烈,在这种形势下,适时组建以党报为龙头的社会主义现代化报业集团,可以带动实现中国报业由规模数量型向优质高效型转移,由粗放型向集约型转移,推进中国报业的繁荣与发展,因而它具有十分迫切的现实意义……建设社会主义现代化的报业集团,是中国报业发展迈向新世纪的一个重要飞跃,是中国报业改革带方向性的大事。广州日报报业集团成立一年后,其收入已进入广州市国有资产十强之列。到1999年,集团达到10报1刊的规模。成立至今,广州日报报业集团的经营范围已从媒体扩展到广告、印刷、餐饮、地产、金融等,并由此实现了跨行业、跨媒体经营的局面。

1999年6月9日,最早的一家产业化广电集团,即无锡广播电视集团成立,由此也拉开了中国广电产业化改革的序幕。2003年6月,国家广播电影电视总局（现国家广播电视总局）决定在广电系统选择7家改革基础较好的单位作为文化体制改革的试点上报

---

① 《习近平新闻思想讲义》（2018年版）,人民出版社、学习出版社2018年版,第2页。
② 人民日报社评论部：《论学习贯彻习近平总书记新闻舆论工作座谈会重要讲话精神》,人民出版社2016年版,第8页。

给中宣部，在这 7 家单位中，省会城市集团模式——南京，局台合一模式——厦门，现有的电台、电视台模式——深圳，都是地方广电单位的代表，后无锡广播电视集团也成为试点单位。可见，地方广电单位在广电产业化改革中占有重要的位置，且发挥着特有的作用。

新闻媒体的二元运作模式一方面保障了媒体作为"喉舌"属性的功能，保证其能够贯彻党的方针路线，另一方面能够为国家减轻负担，同时适应市场经济的发展，一举两得。

（三）第二次改革：采编与经营分离

"事业单位，企业化管理"也带来一些弊病，由于新闻从业人员的属性不清而导致的新闻腐败现象时有发生，迫切需要进行改革。为了预防新闻腐败现象，同时加强媒体集团的经营管理工作，提高经济效益，国家颁布了相关法律条例要求采编与经营分离。

1988 年发布的《关于报刊、期刊社、出版社开展有偿服务和经营活动的暂行办法》就明确提出要正确处理本职工作（新闻出版工作）和经营活动的关系，规定经营活动应由经营部门负责，采编人员不得参加经营活动。中共中央宣部、新闻出版署 1993 年发布的《关于加强新闻队伍职业道德建设禁止"有偿新闻"的通知》指出：新闻报道与经营业务必须严格分开。记者、编辑不得从事广告业务，从中牟利。中宣部等四部门 1997 年发布的《关于禁止有偿新闻的若干规定》第十条规定：新闻报道与经营活动必须严格分开。新闻单位应由专职人员从事广告等经营业务，不得向编采部门下达经营创收任务。记者、编辑不得从事广告和其他经营活动。1994 年 10 月，浙江省金华市委机关报《金华日报》率先实现报业采编部门与广告、发行等经营部门的剥离，这种新的经营机制取得了成功，并催生了其他不同形式的新的经营机制。

2005 年，中宣部、国家广电总局、新闻出版总署联合发布《关于新闻采编人员从业管理的规定（试行）》，其中重申要严格实行新闻报道与经营活动相分开的规定。规定不得以记者、编辑、审稿人、制片人、主持人、播音员等身份拉广告，不得以新闻报道换取广告，不得以新闻形式变相播发广告内容，不得为经营谋利操纵新闻报道，不得要求被采访报道者为自己、亲属和本部门、本单位提供经费、报酬等，更不得以批评曝光为由强迫被采访者投放广告、提供赞助，或为自己谋取私利。

新闻出版总署还有一些部门规章也有"两分开"的规定。如《报纸出版管理规定》第四十条规定：报纸采编业务和经营业务必须严格分开。新闻采编业务部门及其工作人员不得从事报纸发行、广告等经营活动；经营部门及其工作人员不得介入新闻采编业务。《新闻记者证管理办法》规定新闻记者不得从事与记者职务有关的有偿服务、中介活动或者兼职、取酬，不得借新闻采访工作从事广告、发行、赞助等经营活动，不得创办或者参股广告类公司等。《报刊记者站管理办法》规定报刊记者站不得从事与新闻采访无关的其他活动，不得以报刊记者站名义发布新闻，不得从事出版物发行、广告、开办经济实体及其他经营活动，不得利用行政权力摊派发行等。

将采编与经营分离这一措施实施后，采编部门依然履行事业单位的职能，以社会公共利益为核心，进行新闻采编工作。而经营部门则按照企业化的管理思路，去从事经营活动以获取经济利益。

采编与经营分开的重点在于两个岗位的人员要相互独立，不能够一人身兼二职，将广告与新闻严格区分开。这保证了社会的公共利益不被资本侵蚀，避免了市场力量和商业对于新闻采编的影响。我国新闻媒体的重要职能是宣传社会主义核心价值体系，承担正确舆论导向功能。维护社会效益是媒体的首要任务，其次才是经济效益。这保证了新闻采编人员的纯洁性，保证了公权力不被滥用。

（四）第三次改革：事业与产业分离

党的十八大报告提出了有力推进事业单位的分类改革。在党的十八届三中全会上，推进文化体制机制创新的一项重点工作就是按照政企分开、政事分开的原则，有力推动政府部门由办文化向管文化转变，推动党政部门与其所属的文化企事业单位进一步理顺关系。传媒的体制机制改革目的是为了产业发展，但同时要兼顾政府、公众和传媒利益，这是一项非常复杂的系统工程，必须坚定地按照文化体制改革提出的"事业和企业分离"的设想，推动传媒事业单位从部分剥离到整体转制的全面改革。

政府推进文化体制改革的目的很明确，就是要通过实行"两分开"形成一批产权明晰、有独立市场主体地位、有较强自主创新能力和市场竞争能力的文化企业与企业集团。这在政府出台的多个相关文件中均有所体现。文化体制改革已经涉及产权制度的核心层面。

转企改制是在文化体制改革的大背景下提出的，充分遵照了文化体制改革的宗旨，希望报刊等媒介通过改革实现中国产业化又好又快发展、走出国门，在国际竞争中拥有话语权。在第二次改革中，我国的新闻媒体为了预防新闻寻租现象而采取了将采编与经营分开的措施，这种混合体是适应当时社会现实的需要而产生的，但是随着社会变化发展，这种做法已经不符合现代企业管理的要求。新闻媒体的产权问题暴露出来，成为国有企业改革的一个难点，同时不能够建立健全的法人治理机构，也难以实施现代企业的管理，这个时候就需要进行新的改革。

我国传媒领域的集团化经历过两个高峰时段，一是以报业集团组建为主的1998年至1999年，二是以广电集团组建加速和报业集团组建完成为主的2001年至2002年。以前的资本运营是在"事业单位，企业化管理"的体制下进行的，在这样的关系模式下，"企业化"只意味着按照企业的相关方面进行管理经营，并没有建立现代企业制度。在这种情况下的资本运营没有为报业发展释放活力，对媒体的限制和束缚也比较多。转企改制要求报刊广电等媒介不仅改变原有的事业单位性质，还要建立现代企业制度，解决一些关乎报刊广电发展的关键问题。

这种新的整体转制模式行之有效，它建立了传媒企业真正的市场主体地位，从体制层面解决了"两个制度"的问题，因而与"部分剥离"具有明显区别。从国家层面来看，企业法人主体地位的确立，将有效推动传媒产业与其他相关产业的融合，推动跨媒体、跨地区、跨产业的经营，对优质资源实施优化配置。积极构建通过市场选择的传媒集团，实现大传媒格局的蓬勃发展，这样的结果同样有利于国家对媒体的分类和分层管理。[①]

（五）第四次改革：媒体融合

经过几轮改革，我国目前已经形成了以传统媒体为基础与新兴媒体共同构成的全方位的传播格局。网络的出现打破了传统媒体单一的传播模式，各种媒介之间的界限被打破，开始互相交融，信息生产的形式与方法、设备都开始改变，媒体融合也开始出现。

1993年起，中国紧跟世界形势启动了信息化的步伐。1997年4月，全国信息化工作会议在深圳召开。会议通过了《国家信息化总体规划》，提出我国信息基础设施的基本结构是"一个平台，三个网"，一个平台即互联互通的平台，三个网即电信网、广播电视网和计算机网。这是我国第一次正式提出"三网"的概念。同年，北京大学中国经济中心周其仁教授在《计算机世界》报撰文，第一次系统地向国内介绍了"迎接电脑、电视与电话合一的新时代"这一理念，这是国内最早有关"三网融合"的全面论述，也是中国媒体融合的雏形。

国家推进"三网融合"的方向始终十分明确。2001年3月，第九届全国人民代表大会第四次会议审议通过了《中华人民共和国国民经济和社会发展第十个五年计划纲要》

---

① 黄玉波，张金海：《从部分剥离走向整体转制——当前中国传媒产业体制改革趋向初探》，载《新闻大学》2006年第3期，第107~111页。

提出：以信息化带动工业化、发挥后发优势实现社会生产力的跨越式发展、推动信息产业与有关文化产业结合的发展战略，并要求大力发展高速宽带信息网，重点建设宽带接入网，促进电信、电视、计算机"三网融合"。2006年，《中华人民共和国国民经济和社会发展第十一个五年规划纲要》进一步提出：加强宽带通信网、数字电视网和下一代互联网等信息基础设施建设，推进"三网融合"。2008年，《国务院办公厅等转发发展改革委等部门关于鼓励数字电视产业发展若干政策的通知》规定，电信和广电可以互相进入对方的部分业务，鼓励广播电视机构利用国家公用通信网和广播电视网等信息网络提供数字电视服务和增值电信业务；在符合国家有关投融资政策的前提下，支持包括国有电信企业在内的国有资本参与数字电视接入网络建设和电视接收端数字化改造。

媒体融合深刻地改变了大众媒体的生态环境，这种改变具体表现为：首先，融合终端的出现改变了以往用户媒体通过传统媒体而形成的使用习惯，改变了传统媒体盈利的基础；其次，多媒体信息产品改变了新闻生产的方式，UGC及"融合新闻"的生产模式不断挑战人们的认知习惯，以市场为导向，媒体融合促使传统媒体进行内部组织流程再造和组织重构。虽然还存在利益分割问题，但是广电、电信和互联网三大行业进入对方核心业务是大势所趋。

以往的报纸、广播、电视作为传统媒体，其信息传递无法脱离载体本身，媒体形态是以载体和渠道为特征的。但是在媒体融合的不断发展之下，网络新媒体的出现，让信息可以跟媒体分开，形成各具特色的内容。这种媒体形式将互联网的互动性、高效性带入传媒领域之中。在这一发展方向中，全媒体是媒体融合的重要方向。

二、传统广电媒体融合的应对策略

2018年8月8日，习近平总书记在中央全面深化改革领导小组第四次会议上指出："要遵循新闻传播规律和新兴媒体发展规律，强化互联网思维，坚持传统媒体和新兴媒体优势互补、一体发展，坚持先进技术为支撑、内容建设为根本，推动传统媒体和新兴媒体在内容、渠道、平台、经营、管理等方面的深度融合。"[①]

具体而言，促进广电媒体融合在媒体发展、政府决策、国家战略等层面均具有重要

---

① 习近平：《在中央全面深化改革领导小组第四次会议上的讲话（2014年8月18日）》，《人民日报》，2014年8月19日。

的应用价值和社会意义,其宏观布局和战略规划应从以下四个层面进行。

其一,国家战略层面。从广电媒体实践的对内与对外两个方向出发,将其置于国家战略的高度进行实践方案与路径的探讨、规划与拟订,兼顾全媒体建设实践的全局性与具体性、实效性与长远性,以为国家战略的制定作出贡献。

其二,政府决策层面。在战略全局的基础上,综合思考广电各个部门、各个层级和各个地域的决策需求,为广电传媒融合传播体系建设的政策制定与实施提供理论与实践的参考,力图打开传播体系建设决策与实施之间的通路,为各个方面的政府决策提供参照。

其三,社会生活层面。通过建构智能全媒体传播体系,为探究人类智能化生存的未来模式、广电全媒体生活服务的未来模式提供启迪,为实现人民群众智能化广电全媒体的美好生活愿景提供参考。

其四,媒体发展层面。在智能化的新媒体生态环境下,从微观层面建设融合化的广电传播体系的流程模式,从中观层面进行广电媒体的智能新闻、舆情治理、全息影像、智媒教育、国际传播等专项建设,并从宏观层面搭建智能化广电全媒体传播体系的整体架构等,以推动我国智能化广电全媒体传播体系的建设实践。

从具体实施来看,媒体融合成为传统媒体在新的发展形势下进行转型的必经之路。传统媒体不断从思想观念等各个方面进行尝试与探索,借助新媒体低门槛、强互动性等特点,取长补短,力图寻求一条真正合适自身的发展道路。从以往的研究来看,国内传统媒体的转型主要体现在思想观念、内容、平台、经营、管理等方面的深度融合,因此,针对国内传统媒体如何在媒体融合的大背景下进行转型,我们从以下方面进行策略分析。

(一)转变思想观念:开放与互动

传统媒体在实际工作中对于媒体融合仍然存有一些滞后的理念和认识的偏差,由于之前传统媒体拥有较高的社会地位,使其难以对媒体融合环境带来的变革产生真正的积极性,甚至具有一定抗拒心理。故而在媒体融合的背景下,推动传统媒体的转型发展,要认清现实,挣脱观念束缚,形成适应时代发展的媒介思想。[1]因此,要在媒体融合的背景下推动传统媒体的转型与发展,先要进行思想观念的转变,要形成能够适应新媒体与传统媒体相融合的背景下的新观念。

在媒体融合的新时代,社会信息制作与传播的途径已经发生了巨大的变化,受众与

---

[1] 段鹏:《媒介融合背景下京津冀广电传媒发展策略研究》,载《中国电视》2018年第1期,第72~77页。

媒体的互动性也显著增强，原有的思想观念和运行模式等也受到严峻的考验。因此，传统主流媒体机构只有加快转变思想观念与发展方式，增强对新兴媒体的运用，才能更快地适应新形势，更好地运用媒体融合来发展自身。

1. 增强思想开放性，拓展多样化的媒体融合方式

传统主流媒体在进行媒体融合的过程中，应该持更加开放的态度来进行多种类型的媒体融合活动。媒体机构要正确理解融合的内涵，不要因为新媒体所带来的强烈竞争性而对其进行抵制，要取长补短，以新媒体之新来补传统媒体之旧，更好地适应社会的发展变革。媒体融合将极大改变传统主流媒体的生态。一方面，制作、播出、传输产业之间原有的链接将进行重组；另一方面，电信、互联网积极介入传统主流媒体产业链的每个环节当中。单一类型的媒体融合已经满足不了更加多样性的受众需求和信息传播方式，因而，融合的思想观念的深化，是媒体融合发展的关键一步。

早在2003年，美国西北大学的学者里奇·戈登（Rich Gordon）教授就对"媒体融合"活动进行了分类，即所有权融合、策略性融合、结构性融合、信息采集融合、新闻表达方式融合。这一分类方法虽然已过去了20年，但对当今的媒体融合发展仍具有一定的指导意义。我们可以结合案例来厘清这五种融合类型的优势。

一是所有权融合。大型的传媒集团拥有不同类型的媒介，如电视、广播、报纸、网络，集团拥有促使不同类型的媒介信息相互推销、优化内容配置和资源共享的能力，重要环节可以层层打通，追求合作共赢，避免各自为政。江苏广电集团下的组织机构有广电新闻中心、电视传媒中心、新媒体事业部等。电视节目《你所不知道的中国》在制作过程中，会在集团内不同媒介机构里选拔优秀的编辑及摄影人员等一同参与拍摄和制作。该节目还利用旗下的江苏卫视、江苏网络电视台、江苏新闻客户端等平台进行宣传播出，各媒介之间在统一的目标下最大限度地实现资源的共享和整合，各平台协同运作，使得节目产生1+1>2的效果。从过去个别孤立的"点"式经营向规模化的集团"结构"型经营的转变，使得传统主流媒体中的内部资源得以优化，形成资源的规模优势。

二是策略性融合。主要指所有权不同的媒介之间在内容上实现共享。如分属不同媒介集团的报社与电视台之间进行合作，相互推介内容与共享一些新闻资源，实现资源的升级整合，构建共通的资源数据库。譬如，人民日报社的一个重要改革是形成了新闻生产的"中央厨房"。它涉及多方面的革新，其中既包括业务形态的革新，以及重新梳理策划、采访、编辑和分发的流程，又包括技术形态的革新，即建立统一的平台和流水线，做到同一渠道、多元分发机制能够顺利、迅速地运转开来，保证新闻信息在机构内部的传输效率。

三是结构性融合。媒体融合不是把所有部门放在一个办公室里，而是要求每一个部门从内容信息的收发、制作到传播都要发挥相应的作用，共同参与，加强联动机制，这才是电视媒体组织结构改变的目标所在。① 除此以外，加强内外合作、内外联动的结构性融合也是一条可供选择的路径。这种融合与媒介机构在内容方面的采集与分配方式有关。如《我是演说家》是由北京卫视和能量传播联合出品的大型原创新锐语言竞技真人秀节目。北京卫视由于在真人秀节目的研发、制作和发行等方面的经验不足，决定雇用以网络视频内容服务为主的提供商——北京能量影视传播股份有限公司的团队来完成节目的制作。这种结构性融合通过启用组织机构外的其他媒介形态的专业化团队，提供内容创意策划、拍摄制作等专业化技术服务，为客户量身定制个性化视频节目及相关服务，通过传统媒体具有人气和影响力的播出平台，更为准确、专业化地传播客户文化信息、呈现品牌的内涵及诉求，达到更加有效的推广效果。

四是信息采集融合。主要指在新闻报道中，新闻工作者应以融合媒体的新闻技能进行新闻信息采集，具有突破传统媒体形态的意识和能力。单一媒介形态记者转型为全媒体记者是必要的，也是数字新闻时代的要求，其益处也很多，既可以及时报道突发新闻，也可使报道更具现场感，更加生动。应该意识到的是，不同形态的媒介给从业人员提出了不同的从业要求，但也为其提供了更多表达信息、展现自我的空间。全媒体记者亦可实现对信息进行"一次采集，多次使用"，从而大大提升信息使用的有效率和信息产品的多样化水平。

五是新闻表达方式融合。这一点是就新闻工作者而言的。媒体融合时代需要全媒体记者，他们可以充分利用不同媒介的优势，全面有效地报道新闻。从业人员在策划新闻报道时可依据发散式思维，充分利用文本、图片、视频、音频、三维动画等"跨媒介质"进行报道，最终按照叙事模式、受众定位、媒介属性，决定哪一部分内容最适合在哪个媒介上呈现。另外，在媒体融合语境下，互动、交互的新闻表现形式亦是传统媒体进行内容表达的必要手段，传统媒体要通过互联网扩大传播影响，必须充分体现互动参与的特点。但在当前的社会舆论环境和新闻宣传管理体系中，传统主流媒体难免顾虑重重，放不开手脚。

国内许多学者就媒体融合的多层面和多阶段进行了论证。有学者认为，媒体融合的

---

① 段鹏，梁译心：《我国电视媒介的媒体融合战略思考——试以"一带一路"倡议下的电视媒介表现为例》，载《中国电视》2019年第3期，第64~67页。

多层面体现在以多媒体化为主要诉求的业务形态融合；以产品相互嵌入，个性化、多元化为主要特征的市场融合；以网络为主要发行渠道的"合"和不同接收终端的"分"为特征的载体融合。还有学者将媒体融合阶段进行划分，分别命名为互动层次、整合层次和大融合层次，并且指出媒体融合的大融合层次，就是不同媒介形态集中到一个多媒体数字平台上。[1]

2. 提升互动思维，重视受众体验

当前，在实践媒体融合战略时，有部分传统媒体机构未能认清媒体融合的大势所趋，存在着"等、靠、要"的观念，抱有"互联网仅仅是工具""内容大于渠道"等观念。这就要求我们重新思考互联网对于媒体融合的重要意义，以及应当运用何种思维来审视当前的媒介环境。

2014年8月，习近平总书记提出运用互联网思维推动传统媒体和新兴媒体融合；2015年3月，李克强总理提出运用"互联网+"推动传统产业优化升级和"大众创业、万众创新"。胡正荣认为，媒体融合，不仅仅是媒介与媒介的简单相加，而是形成一整套、有机的媒介生态系统。推进媒体融合、建构全媒体的过程便需要一种全新的思维方式，也就是习近平总书记多次强调的"互联网思维"。[2] 那么，传统广电媒体如何运用互联网思维来实现媒体融合？喻国明总结了两个关键词：连接、开放。他认为，"当前互联网已经成为今天传播领域的基础性的底层设施，就像一台计算机的操作系统一样，规定着你的运作方式、决定着你的价值评估、划定着你的运营空间"。[3] "连接"最重要的是连接互联网的多元化受众，关键是要顺应用户的阅读趋势，以互联网思维，真正做到用户体验为王，即以用户需求为导向，以提升用户体验为核心。对传统媒体来说，这就需要抛弃"高高在上、我播你看、爱看不看"的旧观念，建立起基于互联网的"面向用户、你爱我播、互动参与"的新观念，真正和用户打成一片，做出用户喜闻乐见的新闻产品，在潜移默化中实现舆论引导功能。[4] "开放"则意味着传统广电媒体需要摒弃原有"一对多"传播模式带来的单一本质思路，在传受关系趋于平等、传播模式趋于分散、多元的互联网语境下，树立分享、平等、开放的理念。互联网思维还强调细化用户体验，彰显人性化，形成去中心化的思维模式。

---

[1] 寇嘉：《新媒体环境下中国电视媒体的生存策略》，载《新西部月刊》2010年第3期，第133~134页。
[2] 胡正荣，张英培：《我国媒体融合发展的反思与展望》，载《中国编辑》2019年第6期，第8~14页。
[3] 喻国明：《互联网逻辑下传媒产业转型升级的关键与发展进路》，载《新闻与写作》2014年第7期，第50~55页。
[4] 郭全中：《媒体融合：现状、问题及策略》，载《新闻记者》2015年第3期，第28~35页。

（二）确立核心竞争力：技术、团队与资源

"核心竞争力"是由美国的普拉哈拉德（C.K.Prahalad）和哈默（Gary Hamel）1990年在《哈佛商业评论》发表的《公司核心竞争力》（The Core Competence of the Corporation）一文中提出来的。他们将其定义为"能使公司为客户带来特别利益的一类独有的技能和技术"。也就是说，核心竞争力必须是相较于竞争对手而言所具备的不可模仿的竞争优势与核心能力差异，只有这样，才能保证企业基于核心竞争力的优势得以持续。

在所有竞争力要素中，核心竞争力是最基本的，是能使整个媒介机构保持长期稳定的竞争优势并获得稳定收益的竞争力。一般认为，核心竞争力对竞争对手有越高的进入壁垒，核心竞争力结构中的智能化成分所占的比重越大，其竞争优势越明显。[①]

核心竞争力是一个以知识、创新为基本内核的某种关键资源或关键能力的组合，是能够使传统主流媒体在一定时期内保持现有或潜在竞争优势的动态平衡系统。当前，对媒体机构而言，核心竞争力存在于技术层面、团队建设、资源整合等各个方面。

其一，技术层面。传统广播电视媒体要充分利用媒体融合中的大数据、虚拟现实、增强现实等新技术，为电视节目的内容具象化提供技术平台。技术的发展也提供了全新的融媒体新闻形态，全方位、个性化、多平台的融合新闻发展成为可见的趋势。以云计算、移动互联网、便携式终端为基础的移动互联网让新闻采编和新闻接受不再受到时间和空间的限制；AR/VR不仅体现了虚拟空间与现实生活的融合趋势，也使得在场新闻等全新新闻形式得以实现；而5G以其高速率、低延时、大容量的优势为推动媒体融合向纵深发展提供重大机遇。所有这一切令人耳目一新的技术都需要媒体行业加以深刻理解，对新媒体技术的深层利用将成为主流媒体融合创新发展的突破点。如美国的纽约公共广播电台就曾经做过一个"蝉群跟踪器"的项目，发动当地听众采集蝉群破土而出的土壤数据，以及蝉鸣的声音数据等，并依此制作了新闻产品。这是数据新闻、传感器新闻和参与式新闻相互合作的一个范例。

将新兴的媒体技术运用于优质内容的生产与传播，将渠道拓展与内容优势结合起来，是提升媒体核心竞争力的重要方向。传统广电媒体还应深层次运用新媒体技术，形成多元化的经营方式。譬如，中央广播电视总台组建后提出"5G+4K+AI"的发展策略，布局5G、4K/8K视频标准、AI应用等前瞻性技术，快速建设适应未来技术发展的、传统媒体和新媒体业务深度融合的、占据移动端传播阵地的智慧型视听平台，并为全国融媒体中

---

① 黄继刚：《核心竞争力：未来企业竞争的基础》，载《经济管理》2000年第8期，第57~58页。

心的建设提供有力的平台支撑，尤其是提出重点发展短视频产业，找到了一个主流媒体向互联网空间进军的突破口。① 再如，国内媒体对多信道直播云台的使用。近些年，在两会报道期间，光明日报社的记者身上披挂的一套新闻采集系统非常引人注目，他们因此被称为"钢铁侠"。这套设备叫"多信道直播云台"，它可以同时为16家平台提供高达3K画幅、4M码流的视频和VR信号，使得只要一位现场记者就可以为直播提供丰富而多元的内容。广播电视媒体应借鉴这一思路，注重新闻传播渠道中的技术应用。

其二，团队建设。譬如，团队创造力是湖南卫视的核心竞争力，是为其源源不断输出高收视率、好口碑节目的内在动力。湖南卫视的金牌团队在明确自身品牌定位的前提下，不断创新节目内容，真正做到内容为王。目前，从人员管理模式看，湖南广电在缩减行政层级的基础上进行团队化、项目制管理。其中，团队产品经理作为项目负责人，全程负责节目的策划、录制、推广，以及衍生IP产品开发，在平行架构上建成了包括26个综艺类和5个新闻类的团队。有组织、高效、风格一致是他们的优势，更利于节目品牌的塑造。此外，还有没有固定生产目标的项目化团队，这也是湖南卫视节目生产中一种较具特色的存在。如一年一度的跨年晚会、小年夜晚会、元宵喜乐会，均采取"由一个团队为主，其他团队抽调人员配合，临时组建项目团队"的做法，更好地实现了人力资源的优化配置和传播效果的最大化。每个团队都会根据自身的优势完成自上而下分配的生产任务。

其三，资源整合。湖南卫视和凤凰卫视相继推出"芒果TV""呼啦""凤凰网"等不同形态的融合产品。湖南广播电视集团、凤凰卫视集团在传统媒体原有的广泛受众基础和互联网的双重优势下，积极地实现台网平台在内容传播上的互通。另外，善于管理自身的内容资源也尤为重要。为了适应碎片化阅读时代的到来及社交媒体上内容的快速传播，凤凰卫视的许多资讯节目在凤凰网上被压缩成了3~5分钟的短片，受到20~40岁受众的极大欢迎。凤凰网还积极整合受众资源，将他们纳入内容生产的体系中，实现生产者的多元化，提升内容资源的多样性。受众真正成为内容的创造者，不少由网友在凤凰网上上传的内容，也被凤凰卫视资讯采用。这些内容不仅可以保证媒体自身内容通过多种媒介传播出去，而且其锁定的年轻、前卫的目标受众也在接收更适合自己的高品质内容后成为更具黏性的主流受众人群。另外，它们以市场化能力和专业化能力较强的传统媒体为主体，大力整合分散在不同类型、不同行业的功能相近的媒体资源，以尽快形成

---

① 阎冬：《智慧广播 融合发展——融媒创新产品如何弯道超车》，载《传媒》2018年第20期，第17~18页。

具备较大规模、实力较强的新型媒体集团[①],盘活整个传媒资源系统,实现资源有效利用。

传统主流媒体核心竞争力的确立与坚守,不仅有利于巩固其传统领域的市场地位,进一步扩大影响力,也开拓了自身业务市场,实现了资本的增值。核心竞争力的有价性、稀缺性、不可替代性和不可模仿性,将为传统主流媒体在媒体融合的大背景下走出发展困局提供不可或缺的助力。

(三)重视内容生产:差异化创新

媒介的融合发展是传统主流媒体未来发展的必然趋势。在融合过程中,传统媒体必须清醒地认识到,内容是传统主流媒体的重要竞争力。不断挖掘节目内容的提升空间,注重节目品质,才能最有效地提升传统媒体的核心竞争力。媒体融合后,播出平台得以拓宽,对内容产品的需求会迅速扩大,内容产业将成为重点。特别是电视剧、动画、电视节目的生产经营将出现迅猛发展的势头。当产业发展相对成熟时,内容的价值必然要显现出来。因而,传统广电媒体需要以丰富多彩的节目内容,不断满足受众日益增长的多样化、多层次、多方面的需求。

在媒体融合的大背景下,虽然以新闻和内容为核心竞争力的传统媒体营利能力在大幅降低,但是作为主流媒体,其所拥有的较强公信力,依然有着对信息的佐证和赋能作用。在全媒体中心的建设上,应确保高质量、有价值的新闻内容的采编与制作。通过人工智能、大数据、虚拟现实等新技术和新应用,实现最新资讯与新闻的及时、有效传播,打造具备一流传播力、公信力和影响力的媒体集群。在内容多样性建设方面应继续坚持"内容为王",创新更多的"精品化"内容产品,打造内容生态,制作出有价值的、能够对受众产生较大影响力的节目,推动媒体内容建设与媒体盈利模式之间形成良性的互动关系,促进媒体的可持续发展。

刘奇葆在《加快推动传统媒体和新兴媒体融合发展》一文中指出,对新闻媒体来说,内容永远是根本,是决定其生存与发展的关键所在。媒体经济是影响力经济,也属于注意力经济,而内容正是汇聚注意力资源的关键。[②] 随着各种新媒体形态的出现,由传统媒体垄断信源的时代已经成为历史。"渠道""技术"等优势被新媒体所占有,传统媒体若想加入产业链下游直接与新媒体进行激烈的竞争,很容易"鱼与熊掌"皆失。从宏观及长远角度而言,传统媒体除了继续坚守"内容阵地",恪守"内容为王"这一理念,依靠

---

① 郭全中:《媒体融合:现状、问题及策略》,载《新闻记者》2015 年第 3 期,第 28~35 页。
② 高贵武,刘娟:《内容依旧为王:融合背景下的媒体发展之道》,载《电视研究》2015 年第 4 期,第 27~30 页。

传统媒体在公众心中长时间形成的公信力及从业人员的专业媒介素养，进一步挖掘信息的深度和广度，通过高质量、高可信度的内容来吸引受众，并不断拓宽"渠道"，增强技术优势，实现融合发展。

媒体融合的大背景虽给"内容为王"带来了严峻的挑战，但也为传统媒体带来了机遇。首先，新媒体对新闻报道的采编权的受限，使得其在内容方面对于传统媒体具有相当高的依赖性。其次，新媒体的发展使得信息传播的渠道不断拓宽，对内容的需求也将出现供不应求的局面。因而，传统媒体应紧抓机遇，积极寻求内容突破口，不断开发、整合、传播优质内容资源。

媒体融合环境下的受众对媒介内容有了更多选择，对产品的需要也更为多元化，因而，差异化、精准化的内容生产是在传媒市场上占有一席之地的关键因素。譬如，凤凰卫视敢于走创新的差异化定位路线，始终致力于为受众提供"你无我有，你少我多"的节目内容。[①] 如"大事发生看凤凰"的独家节目内容、"名栏目+名主持"的包装形态、东方节目赋予西方表达形式的节目风格、"三高一低"（高知识水平、高消费群体、高职位者、低年龄层）的受众定位。凤凰卫视准确把握住自己的市场定位——提供差异化的媒介产品及差异化的受众服务，从而在竞争中获得一席之地。另外，媒体融合时代，广电媒体在与新媒体融合发展的基础上必须凸显自身优势，放大伴随性优势和提高内容信息的公信力。当下，各种信息纷繁复杂、真伪难辨，广电媒体在信息采集、梳理、解读、分析时要坚守事实真相，炼就火眼金睛，去伪存真，还事件以本来面目；要站在道德的高点，有鲜明的社会立场和思想观点，深入挖掘新闻背后的社会现实，弘扬主旋律，自觉抵御娱乐化、低俗化倾向；要发挥传统媒体的社会职能，提高传媒内容的公信力和影响力。[②]

清华大学熊澄宇认为："无论媒体形态如何变化，要想用户心甘情愿地掏钱买文化产品，一定是因为内容值得花钱。满足三个条件，原创性、差异性、不可替代性。"[③] 在传统媒体被新媒体不断抢占市场的当下，湖南卫视、凤凰卫视等一些传统媒体集团对于新媒体市场的占有和建设更是丝毫不敢懈怠。[④] 媒体只有在差异化竞争中，保持自己的风格、个性和核心竞争力，才能具有足够的市场黏合力，才能吸引更多的受众。

---

① 李瑶，胡睿：《浅析凤凰卫视品牌的整体塑造和扩张》，载《现代传播》2002年第4期，第108~111页。
② 桑莱斯：《媒体融合视阈下广播媒体转型的多维度建构》，载《出版广角》2018年第23期，第66~68页。
③ 熊澄宇：《无论媒体形态如何内容仍然重要》，载《新闻论坛》2015年第1期，第123页。
④ 王亿本：《凤凰卫视集团的差异化经营策略分析》，载《当代传播》2009年第1期，第105~106页。

在这方面，湖南卫视的媒体融合策略值得学习，它打通了电视平台和网络平台的内容资源，并深挖内容的独特性，逐渐形成年轻有活力的品牌特色。首先，互联网内容平台"芒果TV"依托湖南卫视的强大IP内容优势，独揽国内人气最高的综艺节目资源与独播周播热剧资源，成功在视频网站迅速站稳了脚跟。2015年，湖南卫视所有自主制作的节目内容均由芒果TV全网独播。与此同时，芒果TV不满足于视频网站的定位，相继建立了移动客户端、互联网电视、湖南IPTV等多屏产业，并全面打通多平台之间的用户，真正实现台网跨屏融合。今后芒果TV将身份从播出方逐步向制作方转变，湖南卫视所有自主内容将由湖南卫视、芒果TV共同出品，为台网跨屏融合保驾护航。

除此以外，深挖内容价值，适时调整内容创新策略，也是湖南卫视在内容生产方面的一大亮点。湖南卫视经历了"后超女时代"的低迷，于2013年在经过一系列内容创新策略上的调整后，再次夺回了省级卫视的领跑地位。在将娱乐元素与社会教育相结合方面，《天天向上》是一个成功案例。节目中设置的知识礼仪的传播满足了受众文化传承的需要，明星的加盟满足了社会参照的需要，幽默诙谐的主持又为节目增加趣味性和可看性。其居高不下的收视率也印证了在娱乐元素基础上加入公益、文化等其他需求定位，不仅可以拓展受众群，而且具有市场前景，这也是节目拓展内容创新空间的突破口。但是，就目前来看，网络自制节目由于在人力、物力、财力等方面的先天不足，还难以追赶传统媒体的领先地位。2014年5月，湖南广电集团宣布，今后湖南卫视拥有绝对知识产权的自制节目，将由芒果TV进行独播，不再分销互联网版权给其他视频网站。借助在芒果TV这一平台的二次营销，《天天向上》成功地吸引了年轻受众，在播放量和影响力飞涨的同时，广告赞助也纷至沓来，从而带来了丰厚的收益。

虽然传统媒体在媒体融合的新时代应该建立互联网思维，比如增强互动意识、受众本位意识，但是传统媒体的"内容为王"的基本运营方式在媒体融合时代也同样适用。传统主流媒体在内容的深度、广度、高度，及其权威性和严谨性方面都具有很大优势，内容才是媒体传播的出发点和归宿。

（四）重视受众的多样化需求：开拓长尾市场

人工智能、云计算、物联网等新一代信息技术的飞速发展，使得媒介之间、"媒介"与"非媒介"之间的界限淡化、模糊，一个"人人皆媒""物物皆媒"的泛媒体化时代正在到来。泛媒介环境下传播权偏移下沉，人人成为传播者，传播格局发生重大转向，受众对媒体的内容产品、传播渠道等提出了更加多样化的要求。如今，用户获取新闻的典型场景发生了巨大的变化。"场景"可以理解为一个社会个体所面对的地理位置、生活情境和社会环境三个层面交织形成的聚合点。在智能手机大规模普及之前，用户在获取新闻过程中花费的时间较长，空间相对固定，一般集中在家里的客厅、餐桌或办公场所。而如今，移动技术在时空上解放了阅读者，用户获取信息的时间变得零散且随机，通常在移动的空间里进行碎片化的信息消费。

随着媒体内容和播出渠道的增多及竞争的加剧，各类媒体产品的定位更加明确，对受众需求的细分越来越强化。美国的未来学家凯文·凯利提出的"1 000名铁杆粉丝"理论，是对长尾理论的一种延伸。他指出：创作者，如艺术家、音乐家、演员、动画师或者作家——换言之，也就是任何创作艺术作品的人——只需拥有1 000名铁杆粉丝便能糊口。这意味着，再冷门的媒介内容也会有受众，细分化、小众化、个性化的长尾市场亦具有广阔的开拓价值。同时，在媒体融合的当下，差异化媒介市场的形成恰恰具备在媒介场域开发长尾市场的条件。

产品差异化是指媒介应努力打造自己与其他媒介相区别的特殊性，以使受众将其与其他媒介相区别，从而使自身在媒介竞争占据有利位置。美国哈佛大学商学院首席教授迈克尔·波特在《竞争战略》一书中，提出了企业在竞争中通常采取的三种战略：成本领先战略、差异化战略、集中化战略。而差异化策略又是三种竞争策略中采用最多的一种竞争策略。对媒体而言，实现差异化竞争策略有多种方式，如内容差异化营销、频道形象差异化定位、品牌形象差异化包装、营销手段的差异化，都可以形成自己的独特性。在传媒资源匮乏的过去，传媒产品是公共物品，受众无条件且不挑剔地接受媒体所提供的一切内容。但随着社会的发展和科学技术的进步，传媒产品的公共性正在淡去，而私人属性越来越明显，如数字电视及个人频道的诞生，使私人个性化定制内容之间的竞争越来越激烈。媒体所提供的产品差异化程度将直接决定其在媒介市场是否能占有一席之地，差异化越高的产品将会对竞争对手及产品拥有绝对垄断权，并且对其他媒体进入该领域市场设置壁垒，以此获得自己的竞争优势。

经济学中的"边际效用递减"规律指的是在其他条件不变的情况下，如果一种投入要素连续地等量增加，增加到一定产值后，所提供的产品的增量就会下降。通俗些理解，就是在一开始投入与产出是成正比的，投入越高，收益值越高。当达到某一峰值后，收益便不会随着投入而增加，甚至会出现减少的现象。受众在消费各种传媒产品时也遵循"边际效用递减"规律。譬如，当一些真人秀节目初次出现时，对受众来说是一种全新的、前所未有的体验，受众内心的满足程度也很大。而随着同质化节目的复制，受众接触该类节目的频率越来越高时,受"边际效用递减"规律的影响,受众的满足程度会逐渐下低。这时受众追求多样化媒介产品的需求应运而生,提供差异化内容成为传媒领域的新主题。

关于实施差异化策略并取得明显成效的媒体集团,不得不提的便是腾讯了。腾讯公司的差异化竞争策略体现在企业理念定位差异化、产品差异化、品牌差异化、服务差异化、经营模式差异化、人才管理差异化。然而,差异化不能仅仅为了不同而创造差异。在制定差异化竞争策略之前,必须对自身的内部资源、产业结构、行业竞争现状、目标市场、目标受众、竞争对手等进行全面透彻的分析。腾讯网与一些传统门户网站相比,最早开创了"桌面门户"时代。腾讯率先利用即时通信工具QQ、微信等,将新闻第一时间推送到用户桌面。在"腾讯迷你首页"中,用户可阅读自己感兴趣的内容,从而进入腾讯网页面。与一些知名搜索引擎相比,腾讯网更加专注于满足用户,尤其是年轻网民快速便捷、随时分享的需求,这是差异化策略较早阶段的媒介表现。腾讯网囊括了其他搜索引擎所能提供的网页、图片、音乐、博客、新闻、视频等一切资源,它的独特竞争力在于它将腾讯公司的产品及服务进行了整合创新。受众在腾讯网、腾讯视频、QQ音乐、QQ空间等搜索到的资源可以通过即时通信工具与其他用户进行交流与资源共享。以社区聚集用户,以内容满足用户,反过来以用户成就社区。这是腾讯公司打造的最与众不同的"一站式社区在线生活"理念。受众在享受媒介内容的同时,还可将带有个性化标签的信息分享出去,社群中的其他个体便会通过与之互动,来加深这种个性化身份的形成。

在内容生产的执行环节与具体的内容产品打造中要有选择性与针对性,不一定要以居高临下的理论说教方式呈现,面对"90后"、"00后"这一批伴随互联网成长起来的受众,更应当注重内容叙述方式的趣味性和接近性。因此,在广电媒体的内容打造中要注意用户群体的细分和优化,不适宜用统一的标准对待所有用户,不能因为追求普适性而造成刻板结果。相反,应该通过对不同群体的特征侧写,基于群体特点进行分众化内容传播。在保留原有内容产品的同时,打造融合内容传播矩阵,针对不断变化的新生代网络用户生产符合需求和信息接受习惯的宣传内容。采用年轻化、网络化的内容符号与话语风格,通过采用年轻化的话语体系进行内容的建构,减少与用户的距离感进而增强传播效果。例如,央视新闻打造的短视频栏目《主播说联播》,不同于传统新闻播报的独立性与客观性,该栏目在短视频节目中将更多的态度倾向与观点进行输出,将严肃的政治话语表达亲民化,遵循网络传播的规律,激发了青年群体的政治参与积极性,有效推动了时政内容在社交媒体平台的二次传播。同时,在5G时代,中长视频内容所受到的内容传输与存储瓶颈限制将不复存在,流媒体服务将成为网络内容平台的基本形式,更加丰富的视频形式将成为主要的内容生产形式，短视频与长视频成为互联网内容叙事的基本形态，UGC将会成为内容生产的重要部分。后千禧时代成长起来的青年人从小接受以上形式的内容，因此，在广电媒体融合化的内容生产中，有关部门还应当注重这一特点，在各种视频形式中充分发挥自己的职能，通过上下联动，充分调动不同用户群体的积极性和创造性。对于新兴的网络内容平台，要保持包容态度，结合融媒体建设，实现一个内容、多重传播的效果，在不同的平台灵活适配相应用户群体的话语体系。比如，共青团中央、环球时报社等机构纷纷入驻哔哩哔哩（bilibili）、抖音等视频网站，结合各自的特色生产相应内容，收获网友的点赞和好评，取得了很好的效果。

如今，各媒介形态之间的壁垒已被打破，机器算法、人工智能等新技术使得智能化、个性化、定制化的媒体信息供应成为现实。在未来，媒体必然是面对个性化的用户界面，私人用户界面摒弃了传统的大海捞针式的检索形式，用户只会在自定义的主页上，依照内容分类直接订阅自己感兴趣的信息，这对新闻业提出了新的要求。其中，新闻获取的四个新趋势值得关注，分别是个性化的新闻获取、碎片化的新闻内容、参与感的新闻体验和沉浸性的新闻服务。第一，个性化的新闻获取。在前互联网时代，新闻传播呈现从一到多、从点到面的单向扩散态势，而如今的新闻传播越来越体现为以个性化的用户为起点的过程。随着互联网上的信息渠道近乎爆炸式的增长，提供同一化内容的"大众媒体"似乎已成为过时之物，新闻的接受者也不再是被动的"受众"，而是主动进行选择的"用户"，这已渐成共识。现实生活中用户都有自己独特的生活经验，由此催生了对于世界的独特关注点。个性化的需求逐步浮现，要求媒体不能只是提供统一化、一概而论的新闻，而应思考如何为用户提供他们所需要的、所感兴趣的个性化新闻服务。第二，碎片式的新闻内容。新闻消费场景在时间和空间上的碎片化、移动化，加之用户选择的自由度和开放性高度提升，促使媒体不能再仅仅提供大容量、高密度和集中化的整合性新闻产品，而要对报道内容进行切割细分，或是对新闻题材进行修正。目前，在电视新闻播出后进行"碎片化"处理和二次传播，已经成为常见做法；甚至部分电视机构在新闻采集和编辑的时候首先考虑的就是互联网上的碎片化传播的可能性。第三，参与感的新闻体验。无论为了获取新闻还是娱乐，用户总是在不断地追寻现场感、临境感和参与感。由于媒体技术和其他相关技术的发展，用户得以摆脱地理空间和现实时间的限制，也逐渐摆脱感官的束缚。在各类新设备中，VR/AR最引人注目，它们给受众带来了感知世界的新方式，构建出一种超出符号化环境的临场化环境，使人们不再只是通过符号间接体验世界，而是直接置身于一个与现实世界感官相似的三维虚拟世界。这也为媒体探索提供新闻的新方式提供借鉴。第四，沉浸式的新闻服务。媒介在不断演化，它不再是固定在某一空间无法移动的事物，也不是一个外置于人的某个物品。随着智能终端的发展，媒体越来越频繁地伴随着人们的日常生活。新闻消费场景的移动化、获取新闻内容的碎片化，都使得新闻开始变成一种贴身式的、沉浸式的服务，人们动用更多感官与新闻事件建立链接，而新闻媒体也使得自己能够进入用户的贴身情境。

以当前我国传统媒体的电视节目为例，当一种模式取得认可或得到追捧，只要不是百分之百的重复，就可以获得商业上的成功。而且大多数电视节目只集中于一个媒体功能的呈现——娱乐功能，导致电视节目的创新空间狭小，一般性的形式创新难以满足受众。除此之外，对娱乐的误解和滥用使得中国电视产业恶搞成风，对私人领域的侵入、对社会道德的漠视，也引发了人们对于"娱乐至死"的担忧。再加上进入全媒体时代，多媒体互动，实时、参与性的媒介体验，也使得电视的第一媒体地位开始受到威胁，电视观众再一次被分流。事实上，无论拉斯韦尔的"三功能说"，还是威尔伯·施拉姆对大众传播社会功能的概括，无不在指出大众传播媒介在现代社会执行着极为重要的社会功能。现实受众的需求也并不是单一的，除了要求在虚幻世界中寻求精神的慰藉，还有为了适应不断变幻的外部现实的环境监视功能、在社会群体中与其他社会成员联系与协调功能等，电视媒体多样化的其他功能也是电视综艺节目可以进行差异化创新的突破口。当然，媒体融合环境下，媒体要从历史案例中吸取经验，在搭乘技术快车道的同时，在满足受众日益增长的差异化内容需求的同时，更要保持好为受众和社会服务的初心，在商业利益与媒体责任之间寻求平衡。

对接受众的差异化需求，还要建立起基于大数据和移动互联网技术的信息智能匹配，即通过数据挖掘和分析用户的需求，把信息和用户个性化、定制化的信息进行智能匹配。[1]

（五）平台建设：融合、互动、社交、跨屏

在媒体融合环境下，加快推进融合、互助的平台建设对传统媒体转型发展至关重要。习近平总书记在"1·25"讲话中指出，推动媒体融合发展，"要坚持一体化发展方向……通过流程优化、平台再造，实现各种媒介资源、生产要素有效整合，实现信息内容、技术应用、平台终端、管理手段共融互通，催化融合质变，放大一体效能，打造一批具有强大影响力、竞争力的新型主流媒体。"[2]

---

[1] 郭全中：《媒体融合：现状、问题及策略》，载《新闻记者》2015年第3期，第28~35页。
[2]《习近平谈治国理政》（第三卷），外文出版社2020年版，第317页。

习近平总书记同时强调,"要抓紧做好顶层设计,打造新型传播平台,建设新型主流媒体,扩大主流价值影响力版图,让党的声音传得更开、传得更广、传得更深入"。[①] 2016年发布的《电视台融合媒体平台建设技术白皮书》和《广播电台融合媒体平台建设技术白皮书》明确提出平台建设在广播电视媒体融合中的关键作用。江苏广电、湖南广电、湖北广电等省级广电集团更是明确将"平台化"作为集团融合战略之一。[②]

对传媒主流媒体来说,推进媒体融合必须要把握好两个平台的建设。一是增强新旧媒体融合平台的互动性,二是加快社会化新媒体平台的建设。搭建媒体融合平台,实现"多对多""一对多""一对一"并存的传播模式,使大众传播与个体传播越来越有机地融合在一起。

随着媒体融合程度的加深,传播正逐步迈向全媒体时代。在全媒体时代,媒介产品不再由单一要素构成,而是由文字、声音、影像、动画等多种元素构成,通过广播、电视、网站、微博、微信等不同媒介形态,最终在广播、电视、电脑、手机等多种终端上传播。因此,推进媒体融合需要着力搭建全媒体数字化平台以整合新闻资源。从现有的发展状况来看,品牌集中化更利于广电媒体的新媒体品牌打造。媒体融合并不是简单的纵向产业链条的瓦解或横向的产业环节融合,而是资源以"信息平台"为核心不断组织聚合,最终形成各层级平台相互嵌套的动态发展过程。[③]

在信息爆炸的时代,任何人在任何时间、任何地点,使用任何终端都可以获得相应的任何想要的消息。传统媒体的媒介产品受到传播范围、传递时间及时效性的限制,覆盖率较低。而互联网及移动互联网媒体因其传播介质及其通信设施,在短时间内覆盖率已接近全球人口的90%。传统媒体因制作周期、审查制度等,信息的时效性受到影响。而新媒体由于其受众的交互性使得遍布世界各地的任何网络终端都可以成为信息的发布者。正是新媒体的交互性充分调动了受众的参与积极性和创造力,改变了受众信息接收者的被动身份,使受众转而成为媒介产品的主动参与者,这些都是新媒体相较传统媒体的优势。但凡事各有利弊,新媒体由于过度追求信息传播的时效性和发布途径的多样性,因此缺乏一定的专业性和严谨性。传统媒体因权威正规的信息来源渠道和严格的"把关人"制度,提供的信息产品有极高的可信度和权威性。而新媒体平台上人人拥有麦克风,人人可以自由平等地发表自己的言论,使得信息内容良莠不齐。传统媒体与新媒体只有

---

① 《习近平谈治国理政》(第三卷),外文出版社2020年版,第319页。
② 朱瑞娟:《广电集团媒介融合战略及新媒体平台建设》,载《青年记者》2018年第7期,第65~66页。
③ 朱瑞娟:《广电集团媒介融合战略及新媒体平台建设》,载《青年记者》2018年第7期,第65~66页。

明确二者融合互动的手段和目标，才能提供给受众集成传统媒体与新媒体各自优势的高质量内容产品，最终达到新旧媒体融合互动的最佳效应。

在平台的融合互助方面，传统媒体借助社交媒体优势进行信息传播，也成为一种融合媒体资源的方式。以前传统媒体的信息内容是以垂直方式传播的，将新闻信息传递给受众。这种单向的传播方式与受众的互动性不强，也得不到有效的反馈。但微博、微信等社交媒体，加速了新媒体的发展，逐渐改变了传统媒体相对固定的时空局面，可以使人们在任何时间和地点通过互联网获取新闻信息。用户在社会化媒体上，可以以最快的速度利用手机平台生产信息并接受反馈，使用户获取信息的便捷性大大提升。同时，传播技术的进步与普及为受众参与新闻发布提供了平台和渠道。智能手机、数码相机、摄像机等传播工具的触手可及为受众发布新闻提供了物质上的支持，而微博、微信、播客等程序提供了形式上的支持。媒体融合时代最大的生产者便是消费者，人人都有新媒体的接触权、使用权和传播权，人人都可以制造内容，可以随时随地地畅游在信息的汪洋大海中，尽情地享受新媒体带来的便利。互联网3.0（Web 3.0）时代的关键词是分享和大规模协作，受众除了可以在这个跨越时间、空间维度的平台上毫无阻碍地进行信息资源的分享，也可以参与到互联网的经济中，并且不受制于传媒组织的模式，通过运用新兴媒体元素和自己的智慧，为媒介生产部门提供劳动，并通过自己的劳动成果得到相应的回报，这也使得"公民新闻"得到前所未有的发展条件。非专业新闻传播者的力量不容小觑，现在越来越多的独家新闻、首发新闻都来自个人发布在自己"界面"上的新闻线索，其社会影响力日益凸显。这让传统媒体更加感受到了应为受众提供平台，允许他们充分发声，只有这样才能增强受众的主动性、参与性和协作性。

传统的记者个人进行新闻采写的方式，由于受到知识背景或其他方面的限制，思路相对单一、视角略窄，与新媒体相比，在时效性和全面性上并不具有很大优势。但在目前Web3.0时代背景下，更多的普通人可以加入媒体内容的制作中来。每一个网络使用者都可以发声，可以有不同的观点、不同的立场，这大大扩充了新闻采写的角度。现在通过大规模协同的方式可以让大众说出自己的新闻，并在文章中署名，这不仅吸引了受众和用户，增强了他们的参与热情，同时增强了受众和用户对媒体的认同感、归属感。[①]

2014年2月，央视综艺频道二维码2.0版上线，表明传统媒体开始注重双向互动这一理念，也突出了社交化的发展趋势。目前，电视二维码的互动方式主要是指受众使用

---

① 蔡雯：《媒介融合发展与新闻资源开发》，载《西南民族大学学报（人文社科版）》2006年第7期，第11~13页。

手机、平板电脑（IPAD）、笔记本电脑等电子产品，扫描电视屏幕上出现的二维码，在进入相关互动平台后，与电视节目实现同步互动。二维码为电视用户提供互动体验，打通大屏幕与小屏幕，加强用户与电视、线上与线下的交互，增加了受众的兴趣，也提升了受众的忠诚度和收视黏度。以央视综艺节目《开门大吉》为例，其互动平台已经拥有572.8万用户，收看过《开门大吉》的电视观众平均每人会累计收看26分钟，参与二维码互动的观众则累计收看节目时长达到55分钟，是电视观众平均水平的2倍以上。按此推算，《开门大吉》的观众中每增加300万人使用二维码进行互动，收视率将提升0.1个百分点。①

此外，积极与新媒体进行融合发展，可以强化传统媒体的互动性，创新其表现形式。传统媒体的内容可以通过微博评论、短信互动等多种形式，有效增强与受众的交流和互动。当遇到突发、紧急事件时，传统媒体也可以通过网络、移动终端等平台，以直播或连线的方式为受众及时、准确地提供现场信息，融合多种渠道，为受众带来高质量的媒介产品。因此，传统媒体应不断加强与新媒体的融合，发挥新媒体互动性强的显著优势，及时对受众进行反馈，以最大限度调动受众的参与度，提高传统媒体内容的质量。

随着固定和移动网络软硬件的发展，全球社交媒体使用者规模增长迅速。越来越多的观众在收看电视节目的同时，通过智能手机或平板电脑等移动智能终端评价节目、交流感受、参与互动等。社交媒体分散了人们观看电视的注意力，但它对促进受众参与电视节目也具有积极作用，同时，传统媒体平台的内容优势与社交媒体平台的传播优势被有机整合起来，实现了互助、融合的效果。

如今，越来越多的视频网站也在着力打造自身的社交功能，它们的经验不仅能够为传统媒体实现受众互动提供启发，还能将传统媒体的优质内容通过社交平台实现更好的传播。比如，网络弹幕的出现和应用便为电视应用"呼啦"的诞生提供了启发。

弹幕网是视频分享网站的一种分支，和一般的视频分享网站不同的是，观看者能在观看视频的过程中发表自己的评论，这些评论会显示在视频的画面上。弹幕可以给观众一种"实时互动"的错觉，虽然不同受众在不同的时间、空间来发送弹幕，但在相同时刻发送的弹幕基本上具有相同的主题，在参与评论时就会有与其他观众同时评论的错觉。而传统的互动交流平台是独立于播放器的，往往通过写信、发帖留言等方式来实现。由于时间上的失效及沟通的单向性，导致评论无法形成话题，也没有"实时互动"的感觉。

---

① 哈文：《加强传统媒体与新媒体融合的策略探析——以CCTV3二维码互动平台为例》，载《现代传播》2014年第7期，第154~155页。

当今世界，互联网和移动互联已经成为青年人生活的重要内容，人们在现实社会更愿意成为"沉默的螺旋"，很难看到大家一起热闹围坐收看电视的情景。人类终究还是社会化的动物，总需要出口来表达自己的想法、抒发情感。弹幕的出现，使人们可以通过观看视频产生跟其他人的共鸣，因此实现了志同道合者之间的交流。所以，越来越多的人认为：既然看视频，那么最好有弹幕。这么一来，弹幕系动画网站便成为最佳选择。甚至于不少人还表示：只要尝试过一次这样的交流形式，就再也戒不掉了。

"呼啦"便是受到弹幕网的启发而建成的。这是一款由湖南卫视出品的电视互动社交应用，用户只需要提供一个邮箱便可注册使用。通过扫描二维码，用户与电视节目、线上与线下之间的界限就此被打破。湖南卫视推出这款电视互动社交软件的初衷，就是希望通过"呼啦"与湖南卫视自身的平台内容形成完整的互补，通过这条通道的搭建，连接家庭共享的电视大屏和个人私享的手机小屏。在互联网线上社交的大潮流中，让亲朋好友多一个渠道聚会在电视机前，促进线下的共享时光和欢乐。这一过程也实现了电视与网络的互动、内容与受众的互动，以及"大屏""小屏"的互动。发送弹幕是"呼啦"使用率最高的一项功能。除此之外，"呼啦"应用软件还提供关于湖南卫视节目的最新节目信息，以及添加好友，建立通讯录，发起聊天、群聊，增强用户使用黏度的游戏功能。在"呼啦"上，每个用户都可以拥有一个"呼啦"角色。这个虚拟角色可以在完成各项电视节目的互动任务中获得成长、奖励。任务通常是在观看节目的同时发布，因此，"玩家"不得不守在电视机前等待任务的公布。这一带有激励的"游戏机制"，成功地保证了用户对于湖南卫视节目的追随。

社交媒体在电视节目的宣传推广方面也具有重要作用，可以提升电视节目的知名度、参与度。2012年9月，美国一项调查结果显示，有半数受访者表示：如果他们喜欢某个视频，那么，他们通常会与三个或更多的朋友分享它。目前，我国传统媒体对于社交媒体的开发最主要的是利用微博和微信公众社交平台的建设进行用户的维系。微博、微信等社会化媒体可以作为传统电视媒体的免费网络营销平台，以此打破电视等传统媒体在网络上影响力不够的局限。中央电视台综艺频道的官方微博"央视综艺"就是宣传推介频道的重要窗口。"央视综艺"与频道内各栏目实时联动，并关注社会热点信息，力求将自身打造成为"以综艺娱乐为主导的热门信息综合发布平台"。截至目前，"央视综艺"共发布微博8 000余条，粉丝量达到400多万。常态性的微博内容转发评论量保持在较高水平，在频道重点节目、特别直播活动的运维中，微博转发评论量多次破万，节目话题多次登上新浪微博热门话题榜。

"央视综艺"的官方微博不同于电视频道的风格，以新鲜逗趣的"网络语言"，具有"网络热度"的热点事件、热点人物，以短小精悍的篇幅和形式多样的图片、视频、声音、文字等形式，将这一官方微博塑造成贴近年轻受众口味，又不失社会正能量的频道代言人。随着微信公众号的流行与兴起，综艺频道的官方微信也加紧建设的脚步。官方微信以综艺频道重点栏目推介为主导，下设了"综艺大全""我爱综艺""我要报名"三大板块。在"综艺大全"的下级菜单中分别为用户链接了综艺频道所有栏目的微博、微信官方账号，点进相关节目便可轻松获得关于节目的所有最新动态。而"我爱综艺"类似综艺频道的门户网站，在这里，所有关于频道的大事件、节目预告、娱乐信息等都将在第一时间向用户推送。"我要报名"板块算是对忠实粉丝的一种福利回馈，也是连接用户线上线下沟通的平台。通过提供的网站链接，用户可以有机会获得亲临节目现场的机会。与前文提到过的综艺频道二维码的上线一起，央视综艺"微博、微信、二维码三位一体"的新媒体传播格局基本形成。

（六）提升媒体形象，打造品牌特色

目前，我国传统媒体在媒体融合过程中普遍存在着媒体品牌定位模糊、品牌缺乏文化内涵、品牌同质化程度高等问题。从品牌效应来看，一些新媒体借助传统媒体长时间来形成的品牌号召力来吸引受众，很多传统媒体的品牌都消融在"新浪头条""网易头条""今日头条"这样的名目中。但新媒体由于其自身影响力不足、发展时间不长及自身存在不确定性和不稳定性等原因，很难在受众心中赢得高度认同、品牌信仰，并最终形成较高的品牌忠诚度。传统媒体更应借此机会充分延伸原有产品的品牌价值，而不应被新媒体所利用、遮蔽及消解。

在当前竞争激烈的媒介市场环境下，对传统广电媒体而言，选择一条适合自身形象的品牌发展路线尤其重要。2015年，在下定决心自己做、造自己的平台与把自己的定位缩小成一个内容提供商的选择中，湖南广电集团选择了后者，打造以芒果TV为品牌的新媒体，与互联网企业正面竞争。芒果TV坚持其自制策略的年轻化、精品化、互联网化三大基点，首先，明确其受众主要面向青年群体，因此主要是满足年轻消费群体的个性化需求；其次，正因为主要是面向青年群体的节目内容制作，芒果TV坚持自制节目内容的主流基调，积极推出弘扬主流价值的精品原创节目，强调节目内容对于互联网入口的可接近性，以喜闻乐见和极具网感的精品内容托底。这些优质特色的原创节目内容大大提升了芒果TV平台的品牌效应。

许多传统媒体缺乏足够的品牌辨识度，节目类型雷同，在媒体融合的大背景下，竞争优势不明显。因此，加强对传统媒体品牌的塑造，是在增强与原有受众黏性的基础上进一步吸引新的受众，从而形成一个良性循环。一个成熟的品牌具有知名度、美誉度、忠诚度三个特征，一个品牌形象建立之后，需要不断提高品牌的"三度"来强化和巩固其地位。下面笔者将结合东方卫视的媒体融合实践，探讨传统广电媒体产品的品牌塑造策略。

1. 节目定位要准确

传统广电媒体应明确节目的受众对象是什么群体，包括年龄、地域、工作背景等，了解受众对象的需求是什么。在竞争激烈的传媒市场，要想自己的产品在众多竞争对手中独树一帜，传统广电媒体应必须首先要弄清自身的产品定位。在这个过程中，受众的特点和需求就起到了十分关键的作用，也是做好后续一系列工作的关键。同时，节目的定位应该与时俱进，因时而变，不断根据现状进行调整和探索，以维护节目的品牌感染力。

东方卫视对于品牌形象定位的思考是慎重的，为了与央视及其他地方频道区别开来，在充分分析了其他频道的品牌定位后，根据上海作为全国金融中心的城市地位，充分发挥上海城市本身独有的地理资源，东方卫视另辟蹊径，提出了"新闻立台、影视支撑、娱乐补充、体育特色"的频道定位。而"东方卫视"名字的由来也是东方卫视品牌化的点睛之笔。"东方"，一语双关，既代表太阳升起的方向，也象征着光明与希望。另外，中国位于世界的东方，与"东方巨人"的称号相得益彰。上海正处于中国的东方，大小东方概念的巧妙结合，也预示着"东方卫视"的成功。而东方卫视台标也有异曲同工之妙，选取鲜橙作为东方卫视的台标，是因为鲜橙具有新鲜、活力、丰润的寓意，也预示东方卫视可以给受众带来最新鲜的资讯、最多样的内容、最时尚和充满活力的话题。这都成为其无形的品牌资产，在受众心中构建起鲜明的媒体形象。

2. 打造品牌"代言人"

知名的品牌主持人、评论员，王牌栏目可以帮助媒体节目吸引观众、提高收视率，从而增强受众的黏性，培养其对媒介产品的忠诚度。这也是增强媒介产品品牌影响力的重要因素。近些年来，传统媒体打造了一大批的当红媒体"明星"，他们所主持的节目、所作出的新闻评论因为其自身的影响力而受到广大受众的追捧，大大提高了电视节目、报纸的收视率和阅读率。通过对这些有影响力的"代言人"的全方位的个性塑造，可以引起用户及观众的共鸣，从而提高媒介产品的知名度和收视率。

3. 借助社会热点事件和突发事件，树立节目的品牌效应

2010年的世界博览会在上海举办。当世界的目光聚焦上海时，东方卫视牢牢把握住了这一机会。在世博会召开之前，东方卫视巧妙抓住宣传节点，紧锣密鼓地筹备世博倒计时，进行有效、集中的宣传。如推出了《欢聚世博2010特别节目——世博百日百馆大放送》，通过对世博园的建设、上海市各行各业的配合、往届世博会的回归等方方面面的报道，既为公众普及了世博会的相关知识，也为东方卫视展开了一场全国造势。在4月30日世博会开幕当天，东方卫视的直播节目从上午9时开始，至晚上8点10分结束，节目分成"总览世博园""世博园区准备好了""上海准备好了""中国准备好了""世博攻略""开幕式准备情况"等板块，几十路记者对世博会进行全方位、高效率的介绍。在后续三天的直播中，东方卫视更是采取24小时滚动直播。世博会召开期间，东方卫视全天收视率一度排在各卫视之首。此外，东方卫视还与腾讯网、东方龙等新媒体进行合作，充分发挥新媒体平台的优势，通过网络和手机与受众展开互动。截至世博会闭幕当天下午，腾讯互动参与人数达到350万，东方龙短信互动平台则收到了多达11万条短信。

4. 坚守文化内涵，树立民族文化传播的担当意识

不论媒体环境如何变化，在媒体融合时代，党管媒体仍然是新闻舆论工作的根本性原则。它要求依据先进的指导思想，对各类媒体机构进行规范管理，掌握舆论主动权，确保其为人民服务、为社会主义服务的基本导向。媒体融合发展事关国家治理体系和治理能力现代化这一大命题。在全媒体时代，媒体不仅肩负着信息生产与传播功能，而且在国家治理中发挥着重要作用，媒体通过沟通社情民意、传递主流声音、实现党心民意同频共振等提升和优化政府治理效能。

不同于一般的企业生产，大众传媒的产品最终面向广大受众，因此它具有一定的社会责任与担当。具有先进性的广电媒体节目应反映人类社会实践中的"真善美"、劳动的价值与意义，这是形成广电媒体品牌文化的首要要素，也是品牌文化建设的一个高点定位。

5. 融入独具特色的品牌元素

独具特色的品牌元素不仅能够增强受众对媒介内容的辨识度，还能通过吸引同质受众来增强受众黏性，对检验节目的目标定位也颇有裨益。

（七）整合营销手段，拓展传播策略

在媒体融合时代，营销呈现出三大趋势。首先，整合营销的方式是符合社会历史的

发展规律，会更受广告主的欢迎。在广告主投放广告时，不同的广告主根据各自的营销理念及产品定位选择多渠道投放，比如说结合传统的户外广告、线下广告加互联网媒体广告，以及移动互联网的广告，能够更大程度地去覆盖到所有的用户群体。整体来说，如果广告主想实现一个整体的、多渠道的覆盖的话，整合营销是最好的手段。其次，各种新营销方式和创意营销层出不穷。在一些新技术如二维码、人脸识别等技术的推动下，营销方式更加有创意。用户看到营销广告时不再带有厌烦或抗拒的心理。相反，新颖营销方式将会变成一种体验或娱乐方式，受众会乐在其中并欣然接受广告传达的信息。最后，媒介市场精准投放需求高，用户细分将会提升营销效果，这也正是整合营销的挑战与机遇。目前，整合营销共包含以下几种方式。

一是立体营销。立体营销是从市场营销中细分出来的概念，是指整合线上、线下移动终端的全媒体营销渠道。如今单纯的广告投放已不能完全达到很好的营销效果，广告价格的节节攀升、广告投放风险的增长都要求营销的精准化、立体化，大量的营销预算将向受众精准投放转移。

立体营销同样意味着多平台、多层次营销。首先，多平台营销指传统媒体平台和新媒体平台的合作营销，进行内容的共享传播。媒体融合时代，收视率、销量之争在各家媒体之间将更趋于集中，甚至形成马太效应、木桶效应，视频网站和社交平台有可开发的巨大潜力，也将左右传统电视频道的发展趋势。因而，传统媒体除了重视收视率、发行量，也应该格外重视社交网站、视频网站的反馈。以电视综艺节目为例，节目首播后应当立刻上传到各大视频网站，以分段式短视频形式在网站进行二次传播。其次，多层次营销是将内容进行多次整合与再加工，根据不同平台的传播特点，有针对性地进行营销。以内容为焦点，将传统媒体内容在新媒体平台上进行再加工也不失为吸引受众注意力的一条路径。如官方网站设有新闻报道、专题论坛、观众留言板，网站可以直接在留言板中选取热议度最高的话题，在新媒体上进行话题营销。如此一来，处于网络搜索榜单前列的话题将再一次成为社会各界关注的焦点，焦点也顺利转化成收视率。官方社交网站上的营销策略同理，每一档节目都应该在Twitter、Facebook、微博、微信等官方账号进行立体营销，提供在线视频、博客、周边游戏、电子商务。这种密集式的多媒体推广不仅拓宽了受众群，也达到了借助多平台进行多次宣传的效果。

二是口碑营销。口碑营销是利用舆论的力量来作为宣传的手段。随着移动互联网的发展，以及微博及微信社交化媒体的崛起，口碑营销在所有营销手段中发挥着举足轻重的作用。当网络博客在青年中流行起来时，有些聪明的广告主敏锐地捕捉到商机，将产品无偿提供给博客用户使用，利用其影响力达到营销的目的。当下，口碑营销早已被网民接受。以化妆品消费为例，口碑营销往往成为化妆品消费最有力的营销策略，在一个关于化妆品消费的调查中，有31%的被采访对象对他们的朋友向自己推荐的产品表示肯定。

口碑营销有助于内容的快速传播，它更多地影响的是年轻人，同时与网络密不可分。我们可以这样理解，"口碑营销＝青年口碑＝网络口碑"。网络的发展使得虚拟的人际传播出现，新媒体、社交媒体加速了网络口碑的传播速度。口碑营销中的"名人口碑""青年口碑""网络口碑"越来越成为影响营销成败的关键一环。一些节目开播伊始，口碑几乎是"零差评"，借口碑预热后引起收视狂潮。口碑营销比起媒体前期强劲生硬的宣传攻势，更能激发受众的收视行为。现在，越来越多的年轻人不再守候在电视机旁按时收看电视节目，而是会根据传统媒体在新媒体上的口碑效应决定其收视选择。口碑营销的特点就是以小博大，在操作时要善于利用各种强大的势能来为己所用。口碑营销要选择合适的契机做宣传，才能实现病毒式传播的效果。口碑营销更注重与受众的互动交流，通过与时下火热的各种社交化媒体的合作，充分调动消费者的参与积极性和互动性。媒介通过打造新颖的活动内容、交流内容吸引受众的关注。受众群定位准确、病毒式传播、借势营销这三点是保证口碑营销取得成功的必要条件，并使得媒介产品在消费者中的口碑及形象能够持续升温。

三是跨界营销。跨界营销，从字面就可以理解为需要打破传统的营销思维模式，媒体不再单枪匹马作战，而是向领域之外寻找合作伙伴。它是指产品经过不同领域、不同角度的诠释后，让原本毫不相干的元素相互渗透。相互融合，从而给消费者一种立体感和纵深感，可以满足用户的体验性互补。这与Web2.0时代"以用户为中心"的内容开发理念不谋而合。但领域之外的合作伙伴并不是毫无关联的，跨界营销要求他们面对的至少是相似的消费群体，强强联手可以更加贴近消费者的消费习惯，更加快速地促成消费行为。

2013年湖南卫视《我是歌手》剑走偏锋，在传统媒体与新媒体融合的大趋势下，创造性地尝试了电视与电影的合作。《我是歌手》总决赛当晚在全国11大城市的万达影院进行现场直播。电视渠道与电影渠道的终端碰撞，开启了全新的电视与电影的整合娱乐营销新模式。与此同时，《我是歌手》选手的竞演歌曲和个人成名曲已成为各大唱吧的热播曲目，这种线下的跨界营销也为电视节目再次聚集人气。

这样的形式在娱乐活动中还可以进行更加大胆的尝试，如通过影院，对演唱会、音乐会、选秀节目、体育赛事进行实时直播。影院的高规格视听硬件及影院的热烈观看气氛更有利于淋漓尽致地呈现电视节目。对于跨媒体合作，传统媒体不仅不必有淘汰之忧，反而应通过不断的产业融合而焕发生机，拓展多样性的发展和创意空间。

四是粉丝营销。粉丝营销是指通过产品或企业知名度拉拢庞大的消费者群体作为粉丝，利用粉丝相互传导的方式，达到营销目的的商业理念。在互联网时代，粉丝已经摆脱了单纯的定义，不再局限于艺人的粉丝团体，任何企业、媒介产品、个人都可以拥有粉丝，只要身上有发光点。粉丝营销的不同阶段有着显著区别，初级阶段属于围观阶段，粉丝是产品或偶像的"精神后盾"，会在各种社交网站上为偶像、产品刷存在感，对其进行非经济支援。第二阶段粉丝会依托于强大的粉丝后援会，开始组织清晰、分工明确地开展活动。一些支持从线上转移到线下，从精神支援转变成经济扶持。最厉害的粉丝营销正是发生在第三阶段，是自下而上地影响受众。粉丝经济是属于快速消费经济，更新换代较快，粉丝的属性摇摆不定。粉丝营销是圈层经济，针对特定属性人群才能发挥作用。粉丝营销也是一种去中介化的营销手段。一切的宣传行为皆由粉丝主动参与，少有外界力量的干预，没有广告商来宣传，完全是粉丝处于主动状态的营销。

2016年，搜狐定下了"主动进攻"的基调。搜狐新闻客户端率先发力，大胆启用一些极具商业价值的明星为搜狐客户端代言，这引发了粉丝的热力追捧。粉丝营销转变了明星在以往传播中的角色：将传统的"被动配合以品牌为核心的传播"转变为"以明星为核心，为品牌创造影响力"，即围绕明星策划事件，为品牌提供传播平台。

除此之外的营销手段还有很多，如饥饿营销、话题营销，但媒介在营销策略上无论怎么提高技巧，在此之前做好内容还是第一要义。

（八）完善管理体系，融入社会化管理力量

媒体融合所带来的技术融合、内容融合、平台融合等方面的改变，也从更高层次上呼吁新的管理手段的创新、融合，以适应这一发展趋势。传统主流媒体几十年的改革更多的是业务层面的。媒体融合所带来的媒体生态环境的加速改变，已经触及宏观管理体制，单纯的业务改革已经不再适用于传统主流媒体在新形势下的健康发展需要。转型战略必须是自上而下的，首要的是需要管理层接受转型的理念。从宏观管理层面而言，创建统一的传媒管理机构与创新人力资源管理是传统主流媒体未来发展的关键，也是新的任务和挑战。除完善现有的媒体管理体制之外，随着市场化程度的不断提高，社会力量参与传统媒体内容生产的程度也在不断加深，国家给予社会生产机构的政策应当不断放开。

在创新对传统媒体监督管理方面，还可以引入社会公益组织。具有组织性、民间性、自治性的第三部门，既不属于政府公共部门又不以营利为目的，从构成和运作方式来看，社会化的力量可以保持一定的平衡性。第三方监督机制是一种重要的、行之有效的监管方法，建立科学、合理、正确的媒体行为的监管体系，重塑传统媒体公信力，已经成为我国媒体行业成长的迫切需要。合理利用第三方媒体监管，会给行业管理提供有益的监察与帮助。但如果运用不好，就会成为走过场的形式主义。因此，正确运用第三方监督机制还需要不断进行摸索、总结、改进和提高。

（九）创新人力资源管理体制，注重发展协调性

广播电视媒体向新媒体领域转型时不仅要注重对人才的培养，更要建立合理的人才引用和管理机制，最大限度地发挥人力资源优势，避免因人才资源流动带来的风险。传统广电媒体在发展新媒体业务时，应该建立合理的组织架构、跨媒体的应用平台及完善的人才考核制度，打破论资排辈的固有陋习，大胆创新用人机制。用合理的制度确保人才资源的稳定，用行之有效的激励机制挖掘人才的潜能，为媒体从业人员创造实现理想的机会，用事业的发展来吸引人才、用媒体的实力凝聚人才、用与人才自身价值相匹配的薪资水平留住人才，这才是广播电视媒体发展新媒体时应该采取的人才战略。

具体来看，扁平化的人才管理体制是越来越多广电媒体在媒体融合实践中的选择，它强调减少行政层级、管理权力配置的分散及组织边界的模糊化，鼓励员工的自我实现。

传统广电媒体需增强从业人员的稳定性，减少优质人才的流失。近年来，受到新媒体的冲击及媒体大环境的影响，传统广电媒体影响力下降，广告收入也随之减少，传统媒体从业者的收入越来越少。收入的减少将导致传统媒体人迎来又一波跳槽高峰。除此之外，一些传统媒体体制僵化，年轻从业者很难得到快速提升，进而对行业失去信心。因而，建立合理的人才晋升机制、有效的激励机制都是十分必要的。

市场经济下薪金是人才价值的最直接体现，用高薪来吸引人也是重要的人才管理方式。除了经济激励，文化认同感也同样重要，让每个从业者融入传媒企业文化，用独有的正向价值观提升内部凝聚力，真正让人才参与到管理决策之中，是实现媒体融合时代

更高层次的人才管理的必然选择。

在媒体融合时代，传统媒体人才的管理创新首先应强调人与人、人与部门、部门与部门之间的和谐性与发展性，对包括员工、用户、客户在内的不断发展变化中的人有深刻把握，才能真正实现与时俱进的人才创新性管理。

第六章 广电媒体融合的前景展望

如今,传统媒体与新兴媒体在各个层面的融合已成为大势所趋,媒体转型发展刻不容缓。同时,一人一媒体、全时空传播的新型传播形态也在逐步形成,融合、发展、创新已成为媒体融合时代的代名词。在这种背景下,如何推动传统媒体行业及时转型成为媒体人面临的共同问题。在不断探索之中,我国媒体融合实践已取得了一些喜人的成果,但同时存在很多亟须改变的弊端。顺应时代潮流、提升融合策略,仍是需要思考的问题,媒体融合之路任重而道远。

一、媒体融合发展的现状与成果

(一)培养新思维:注重运用互联网思维

对传媒产业而言,技术的发展使得以前媒介间由于不同介质而存在的壁垒不断消融。现在,一次生成的内容可以经由不同平台实现多次传播,传统意义上的中心化被消解。互联网本身是一种媒介,但也不仅是一种媒介,它也是一种载体,既承载着数字广播、数字报纸、数字电视等传统媒体新发展的机遇,也承载着微博、微信、播客等新媒体蓬勃发展的广阔空间,正日益成为重构信息环境的重要力量。技术发展给用户带来了满足需求的更多的可能性,由此,也给媒体的发展带来了不确定性。对传媒人来说,在互联网新型传播环境下,更要注重培养和运用互联网思维来实践媒体融合战略,迎接未知的挑战。

互联网思维是指在(移动)互联网、大数据、云计算等科技不断发展的背景下,对市场、用户、产品、企业价值链乃至对整个商业生态进行重新审视的思考方式,其本质是一种要求人重新对全生态进行审视的思考方式,这种思维方式注重网状思维,即去中心化的思维模式,其内涵是求真、开放、平等、协作、分享。

在互联网技术蓬勃发展和互联网思维备受瞩目的背景下,2014年8月18日,习近平总书记在北京主持召开了中央全面深化改革小组第四次会议。会议发布了名为《关于推动传统媒体和新兴媒体融合发展的指导意见》的重要文件。习近平总书记在会上还发表了重要讲话,他指出:"推动传统媒体和新兴媒体融合发展,要遵循新闻传播规律和新兴媒体发展规律,强化互联网思维,坚持传统媒体和新兴媒体优势互补、一体发展,坚持先进技术为支撑、内容建设为根本,推动传统媒体和新兴媒体在内容、渠道、平台、经营、管理等方面的深度融合,着力打造一批形态多样、手段先进、具有竞争力的新型主流媒体;建成几家拥有强大实力和传播力、公信力、影响力的新型媒体集团,形成立体多样、融合发展的现代传播体系。要一手抓融合,一手抓管理,确保融合发展沿着正确方向推进。"[1] 这些足以表明党和政府对媒体融合问题的高度重视。胡正荣认为,媒体融合不仅仅是媒介与媒介之间的简单相加,而是形成一整套有机的媒介生态系统。推进媒体融合、建构全媒体的过程需要一种全新的思维方式,也就是习近平总书记多次强调的"互联网思维"。

河北华糖传媒有限公司(简称华糖传媒)的组建和运营充分体现了互联网思维在现今媒体融合和业界改革中的作用。河北华糖传媒有限公司由《糖烟酒周刊》杂志社改制组建而成,是一个专业化和针对性十分明显的传媒公司。华糖传媒也针对自身优势和特色,关注自己的稳定用户群即糖烟酒和食品业企业的需求,在改革过程中十分注重实行和深化企业对企业经营模式和理念(B2B,Business to Business,是指企业间通过互联网进行产品、服务及信息的交换),同时十分重视全国糖烟酒和食品行业动态数据库的建设工作,并基于这些数据库进一步推出搜搜酒项目平台、手机终端媒体、中国食品招商网等新媒体。除此之外,华糖传媒也构建和承办了中国糖酒食品经销商发展论坛等活动,并以此降低行业内交流和交易的平台成本。在这一系列举措的推动下,2013年华糖传媒整体经营收

---

[1] 中共中央党史和文献研究院编:《习近平关于网络强国论述摘编》,中央文献出版社2021年版,第63~64页。

入突破亿元，发展势头良好。

互联网思维不仅意味着运用互联网的全局观念来理解商业模式和传播行为，更意味着用平等、共享、互联的眼光来认识庞大的互联网个体。如今，互联网生态系统的主体是用户，也是传统媒体所谓的"受众"。这些主体拥有了传播权力，改变了传统的传受关系，也是推进媒体融合进程的重要力量。因而，互联网思维的另一大特点就是关注用户，也就是俗称"用户至上"原则。媒体融合向纵深推进发展，传媒经营所涉领域愈发广泛，竞争也势必更加激烈，吸引用户、留住用户、经营用户成为传媒经营的重要任务。用户即流量，流量即价值，媒体深度融合背景下的传媒经营将积极发力用户关系维护，以互动式体验等为切入点，以融合优势为用户提供个性化优质服务，从而有效增强用户黏性。单就这一点来说，以用户为中心的策略对商业性企业而言并没有什么特别之处，因为纯商业化运作的企业为了盈利向来是非常关注用户需求和体验的，但传媒行业作为具有双重属性的行业不仅要关注商业属性，还有不能割舍的文化属性，这种文化属性的背后是媒体的社会责任意识和"喉舌"作用的体现。互联网思维要求媒体更多地关注用户，要求各个媒体特别是主流媒体完成由政府主办到受政府监管的转变，变传统的"宣传思维"为"对话思维"和"服务思维"。

互联网思维虽然受到媒体的重视和认可，也取得了一定的成效，但对于互联网思维的具体运用和理解是多样的。无论采用何种方式，真正运用互联网思维是要改变以往传统的运营逻辑的，媒体要通过大数据等多种手段真正做到聚焦用户需求，并以满足用户需求为目标重新整合传媒实力，并改变旧有运营模式。

（二）搭建新平台：逐步形成新传播体系

移动互联时代的媒体融合最明显的特征就是技术发展带动下的平台拓展。面对对网络空间传播主体多元化、内容发布同时性、社交化需求凸显等新的特点，传统的广播电视媒体已经不能适应新的传播环境，而是要针对不同群体、不同用户制作差异化内容并实现精准投放，并且针对碎片化阅读的现状在新闻语言上采用碎片化表达，针对对信息及时性的高要求实现同时性内容发布。为了达成这些目标，媒体就必须进行改革改制，形成适应新的信息环境的新传播体系，而搭建全媒体传播平台成为逐步形成新传播体系的重要一步。

新媒体平台指不同于传统平台的媒体平台，目前是指在互联网时代新兴的一批信息传递平台。传统媒体包括广播、电视、电影、报纸、杂志等，新媒体平台包括但不仅限于数字报纸、数字广播、移动电视、数字电视、数字电影、桌面视窗、触摸媒体等。在新产业结构中，广电新媒体平台的建设关系到整个产业融合发展的成败。2016年发布的《电视台融合媒体平台建设技术白皮书》和《广播电台融合媒体平台建设技术白皮书》，明确提出平台建设在广播电视媒体融合中的关键作用。江苏广电、湖南广电、湖北广电等省级广电集团更是明确将"平台化"建设作为集团融合战略之一。①

近些年，对传统媒体和新型媒体来说，"两微一端"已经成为"标配"，以《人民日报》为例，近些年来《人民日报》从最初数字报纸，到正式开通微博账号，再到推出自己的微信公众号及移动客户端，其海外版旗下微信公号"侠客岛"和"学习小组"也凭借自身独特的视角和针砭时弊的言论迅速抢占舆论高地。以人民日报社、中央广播电视总台、新华社为代表的拥有强大实力和传播力、公信力、影响力的新型媒体集团正在加速成长，同时其平台建设的经验值得学习。包括"人民日报全国党媒信息公共平台"等在内的新型媒体，对市县级媒体的新媒体传播矩阵建设均有助益；新华社主导研发的"现场云"平台，既是新闻直播平台，又是可实现"新闻在线生产，在线审核，在线签发"目标的移动采编发系统，目前已拥有2 900多家媒体和党政机构用户。②

广电集团新媒体平台建设已成为其媒体融合战略的关键步骤。湖南广电集团以"平台化、引擎化、资本化"为其平台建设的战略原则，旗下开拓了以云中心、芒果TV（网络电视台、移动平台、OTT）、IPTV为主的平台架构；江苏广电集团则以"云平台、组团、多终端"为其发展目标，构建了荔枝云（云平台）、荔枝网（网络电视台）、长江手机台（手机电视）、乐享电视（社交电视）、荔枝新闻/社区（移动平台），以及配套的IPTV为主要版块的综合传播平台；上海文广打出"一体两翼、耦合发展"的旗号，开辟了云平台、看看新闻（视频新闻网站、移动平台）、百视通（IPTV、OTT）、阿基米德（移动社交音频平台）等新媒体平台；湖北广电集团则以长江云（云平台、移动平台）、微摇（互动服务平台）及其配套的IPTV为主，实现其"融媒体、平台化、资本化、创客化"的融合平台建设目标。③

平台有很多种，从技术的应用上可以按上文分为传统媒体平台和新媒体平台，从规模上有大平台和小平台的区别，从结构上有垂直平台和综合平台的分类，等等。新媒体平台的搭建是后期实现全媒体内容投放的前提和基础。现阶段，各媒体都积极探索和发

---

① 朱瑞娟：《广电集团媒介融合战略及新媒体平台建设》，载《青年记者》2018年第7期，第65~66页。
② 殷乐：《2018年中国媒体融合发展报告》，载《中国广播电视学刊》2019年第2期，第13~17页。
③ 朱瑞娟：《广电集团媒介融合战略及新媒体平台建设》，载《青年记者》2018年第7期，第65~66页。

展新的传播平台,这种积极性是值得鼓励和肯定的,但是平台的搭建也不能是盲目的。现今,微信公众号和微博账号扎堆涌现,反而难以达到预期的传播效果。在运营新媒体平台的过程中,首先,要注重增强内容的可读性,调查显示,新媒体受众只愿意利用30秒到5分钟的碎片化时间阅读新闻,因此标题和内容要简洁并吸睛,又不能成为"标题党",这对于媒体品牌形象树立是非常大的挑战。其次,要整合信息资源,让用户在选择使用一类平台中的一个后能获得想要的全部或者说大部分资讯,这就需要数据库的支持,在此基础上也要发展具有自己特色的内容或栏目以提升用户黏度和忠诚度。再次,要学会用适应不同平台传播特点的形式进行传播,声音有声音的魅力,视觉有视觉的优势,只有选择正确的传播方式才能达到最理想的传播效果,同时可以避免不必要的成本浪费。最后,借助平台媒体逐步培养与用户的互动关系,形成真正的双向互动,这样既能培养良好的企业与用户的关系,也能及时获得反馈,有助于受众调查的开展和用户数据库的建设。

(三)运用新技术:开拓媒体传播新路径

融合发展关键在融为一体、合而为一。党的十八大以来,以习近平同志为核心的党中央高度重视传统媒体和新兴媒体的融合发展,强调要利用新技术、新应用创新媒体传播方式。习近平总书记多次强调:"推动媒体融合发展、建设全媒体成为我们面临的一项紧迫课题。……我们要运用信息革命成果,加快构建融为一体、合而为一的全媒体传播格局。"[1] 通过媒介的传播升级,利用不断发展的智能技术为社会公众提供更全面、优质的服务。习近平总书记提出的"四全媒体"中的"全息媒体",就是针对媒体融合建设的技术面向。由于物联网、多维成像等技术的成熟和大数据技术的应用,物理空间智能仿真呈现度大幅提高,物理信息源的失真误差大幅减少,标准化、数据化记录,多角度、多方位再现,新闻报道、信息传播无处不在,几乎实现了信息或物体在空间的全方位呈现和多角度同步传播。具体来说,全息媒体指的就是信息传播的形式不再拘泥于简单的图文,AR、音视频等新鲜形式更能为受众带来全新的体验。在当今人工智能技术、云技术等新型技术手段的支持下,"万物皆可为媒介"的发展趋势愈加明显,因而,把握好、运用好这一技术发展趋势,是开辟媒体融合新路径的重要步骤。

可见,媒体融合对科技的依赖程度日益加深。数字化技术带来的全球媒体生态大调

---

[1] 习近平:《加快推动媒体融合发展 构建全媒体传播格局》,《人民日报》,2019年3月15日。

整的序幕才刚刚开启，科技的介入越来越成为媒体融合中不可或缺的环节，人工智能、虚拟现实必将引领传媒业走入全新的"浸媒体"时代。传统媒体借用虚拟现实技术为内容增色，互联网企业与社交媒体集团合作，进一步提升数字化新闻信息的接收体验，如《纽约时报》已经尝试通过虚拟现实让读者去"体验"新闻，即所谓的"沉浸式"新闻体验。最近几年国内外赫赫有名的写作机器人出现在新闻生产中，包括美联社的"文字匠"（Wordsmith）、腾讯的"梦想写手"（Dreamwriter）、新华社的"快笔小新"、今日头条的"张小明（Xiaomingbot）"、第一财经的"DT稿王"等。机器人写作还可以通过结合其他技术，来增强写作的丰富性。例如，今日头条的写作机器人"张小明"，就通过自动翻译技术，再加上人工编辑的干预，让体育新闻内容更有趣味。2016年里约奥运会期间，"张小明"发表了大量的体育新闻；2019年4月4日，"张小明"撰写的关于意甲足球比赛的新闻中，"为本队建功""默契配合""冷静施射"等词语的运用都十分接近专业记者，在精确度上已经达到较高水平。可见，新技术的运用不仅使新闻产品更加适应受众需求，从而取得良好的传播效果，也提高了新闻生产和传播的效率和精确度。在高度数据化、模板化、精确化领域，如体育比赛过程的播报，财经领域的股票走势、企业报表、市场指标讲解，以及天气领域的地震震级、发生地点等信息的传播，都可在未来大力推广人工智能技术的运用。但最前沿的科技依旧掌握在互联网企业中，新闻行业对互联网企业依赖不断加深，虚拟现实技术改变未来传播格局、重塑媒体生态的可能性不断提升。广播电视领域也在跨界尝试中走出了一条新路，就是充分利用科技增强传受互动。

　　技术发展是媒体融合的根本动因。可以说，正是因为数字技术的发展和移动网络的普及，日常信息的获取与传播途径才会发生颠覆性的变化，也由此改变了用户的媒介接触和使用习惯，而媒体为了满足用户变化了的需求和期待，就需要探索发展的新路径，媒体融合就是媒体未来发展的一个大方向。反过来说，若想推动媒体融合发展，技术水平能否跟上将成为非常重要的影响因素。

　　大数据技术是近年来的热点，早在2010年12月，美国科学技术顾问委员会（PCAST）和信息技术顾问委员会（PITAC）就向时任美国总统的奥巴马及国会提交了名为《规划数字化未来》的战略报告，其中就将大数据的使用提升到国家战略层面的高度。2012年3月，美国政府发布了"大数据研究发展创新计划"（Big data R&D initiative），投资2亿美元启动大数据技术研发，足见大数据被重视程度之高。中国在大数据的研究和应用方面起步较晚但发展迅速，2015年8月31日，国务院发布《促进大数据发展行动纲要》，这也成为指导我国大数据发展的国家顶层设计和总体部署。近年来，大数据一词的热度不断提升，可见其在各行各业都广受关注。目前，我国的大数据发展仍然处于起步阶段，这也说明其还有很大的发展空间。大数据技术可以帮助媒体更深入地了解市场需求，也可以帮助媒体储存和分析内容，了解自身长短处，甚至基于数据分析发挥反馈乃至前反馈的作用。

数据新闻（Data journalism），又称数据驱动新闻（Data-driven journalism），指的是对数据进行分析与过滤，从而创作出新闻报道的方式。数据新闻充分彰显了大数据热潮与新闻业的改革，并且在一定程度上改变了传统的新闻生产流程。顾名思义，数据新闻是一种以数据为基础、以可视化方式进行传播的新闻模式。它迎合了当前整个社会数据化的潮流，透过数据来揭示新闻事件和社会局势的潜在意义。不过，数据往往是枯燥的，所以，数据新闻就要求"数据可视化"。从搜集数据到过滤数据，再到数据可视化，最终形成吸引人的新闻故事。这是数据新闻生产的整个进程，在这个过程中它对公众的价值不断提升。单就形式来说，数据可视化的呈现方式本身就拥有不同于文字和照片的魅力。比如，世界语言地图（Languages in the world）就将地图这一视觉化呈现方式和数据相结合，通过一张世界范围内使用同一种语言的家庭的地图，让用户直观地看到哪些语言是被最广泛使用的，并查看该语言在世界各地的使用范围，由此将原本枯燥和抽象的概念变为富于吸引力且有深度的视觉叙事方式。这种数据可视化的魅力同样可以应用于新闻传播领域，比如新华社近年来在数据新闻上的表现就可圈可点，其数据新闻主题涵盖关乎国家政策和政府的内容，比如"小康不小康，关键看老乡——中国扶贫的数十年""聚焦供给侧，2017年农业发展路线这样走""特大城市人口的'减法题'何解"，也包括日常生活相关的资讯，比如"大数据时代，你的个人信息安全吗？""废旧手机躺家里？送去回收可能变黄金！""鞭炮对空气质量影响有多大？数据告诉你""避开航班延误，这些民航大数据或许能帮你"。数据新闻在解读枯燥难懂的政策及传递生活讯息等方面都能充分发挥视觉叙事的优势，提升新闻内容的可读性和趣味性，吸引用户注意力。目前，在大数据新闻制作上可供借鉴的还有不少国际媒体，例如《卫报》《纽约时报》等。我国媒体在数据新闻探索方面确取得了一些成果，不过仍有很大的发展空间，正如《2017中国大数据发展报告》指出的，目前大数据项目主要聚集在公共安全、生态环境、交通、医疗等民生领域，可视化的呈现方式带来公众满意度的提高，而金融、医疗、教育等普遍受到较高关注度的领域却仍旧需要加强。

提升用户体验是媒体融合的根本动力所在，也是目的所在。一直以来，许多产业都非常注重用户体验。单就媒体产业来说，节目内容的编排、播出时间的确定、热线电话的开通等举措都是为了提升用户体验,满足受众需求,增强用户黏性,以稳定现有受众并进一步将潜在受众变为忠实观众。在今天,技术发展的突飞猛进是有目共睹的,新技术的出现与发展一方面能推动媒体产业自身优化升级和更新换代,另一方面,这些最新的可视化控制和感知技术无疑将在未来带给用户更好的体验。伴随 AR/VR 等新技术的发展和在生活中的运用,人类的感知再次得到延伸。《纽约时报》是最早将虚拟现实技术与新闻报道结合起来的媒体机构。VR/AR 技术为用户带来感知世界的新方式,以更为真切的"第一人称视角"进入新闻现场。相比过去受众二维式的"观看"过程,如今的受众可借助 VR 技术以一种"不在场"的方式抵达新闻现场,身临其境地感受新闻事件,减少新闻报道中因多种主客观原因所导致的信息缺失,从而获得更多的互动性与交互性。这种沉浸感不仅仅是身临其境感,更重要的是每一个用户在新闻现场捕捉各种细节,抑或是基于用户自身的兴趣点,获得对于这个事件的观察角度,而较少受到传统的编导视角限制,使得用户获得一个自主的认知视角,从而对新闻事件产生认识与理解。2015 年,《纽约时报》推出了一款 App,通过这款 App,用户能够使用谷歌纸板盒(Cardboard)设备,沉浸式体验虚拟现实内容。为了充分发挥新技术的优势,《纽约时报》随后通过新闻纪录片的形式,拍摄了一系列关于全球性重要议题的 VR 视频。这一点也是非常值得注意的,谈媒体融合不是说只是采用新技术,或者技术和技术的融合互通,也要制作适合不同技术的内容。制作高质量的 VR 视频和匹配的 VR 设备都需要很高的成本,而且沉浸式体验通常只适合于临场感强、难以复制的新闻事件,或者难以亲身经历的事件,前者比如现场直播、大型体育赛事,后者比如历史战役的模拟、天文海洋的科普教育类内容。《纽约时报》开创的"VR+新闻"这种通过拍摄全景视频来呈现新闻事件发生现场的模式,正在伴随技术发展而逐渐盛行。例如,《纽约时报》2015 年 11 月 7 日制作的作品《无家可归》,通过一些难民们的主观视角来讲述新闻事件。用户可以使用 VR 眼镜进入新闻场景当中,跟随新闻的主人公去观察和体验一切。VR 新闻一个有潜力的领域就是体育新闻和体育直播。目前,奥运会、美国职业篮球联赛、欧洲杯、世界职业棒球大赛等多个大型体育赛事都已开始尝试 VR 直播。在国内,包括腾讯、网易等门户网站和《人民日报》、中央广播电视总台等传统媒体,都在尝试采用 VR 技术。同 VR 技术一样,AR 技术同样具备沉浸感和强交互的特点。美国的《纽约时报》《华尔街日报》,英国的《金融时报》,日本的《东京新闻》等,都曾先后推出增强现实(AR)应用,以丰富读者的体验。不能否认的是,VR/AR 技术与新闻的结合可以赋予每一个用户以第一人称视角体验故事或场景的能力,是一种全新的新闻生产方式,而技术本身、技术的使用和技术的变现都还需要经过不断的摸索以变得更加成熟。中国媒体现在积累的经验将会成为未来发展的助推器，"VR+传媒"正得到不断发展。

另外，直播技术在媒体融合中的应用也愈加广泛。2015年9月3日的纪念中国人民抗日战争暨世界反法西斯战争胜利70周年阅兵式可以说是一种民族记忆。在布置这一活动的报道方式时，央视除了传承传统的电视平台直播方式外，还创造性地与美拍这一新型视频直播平台合作，发起"我拍胜利日阅兵"话题活动，共同号召用户以短视频的方式拍出他们眼中的大阅兵，并且只需在发布时加上话题标签，该视频就有可能被央视选中作为阅兵素材播放。这次报道通过台网联动充分调动了用户参与的积极性。在这期间，美拍平台进行全天不间断地互动直播，通过客户端的话题推送和弹窗等形式，时刻向大众推送阅兵仪式盛况，移动终端覆盖数达1.7亿用户。而这些参与话题的视频在美拍社区1天的视频点击量近1亿次，参与互动的网友超过300万人次，创下了当时视频直播活动参与人数的纪录，充分展现出网络直播方式未来与新闻事件结合的无限可能性。

人工智能的浪潮掀起了媒介发展过程中新的变革，智能媒体成为"零点智媒"时代的主角。随着人工智能技术突飞猛进的发展，基于大数据、人工智能和区块链等技术的智能传播已为我们勾勒出媒体深度融合的新框架和新未来。立足这样的发展趋势，未来的媒体融合实践需运用智能技术实现新的新闻生产方式、传播方式、运行方式、消费方式等。人工智能技术作为最新的变量，重新撬动了包括传播体系在内的人类社会版图。中国媒体紧跟这一潮流，将无人机、传感器、多讯道云台、VR/AR等工具和技术纳入新闻传播实践。人民日报社的"中央厨房"以智能技术改造生产流程，新华社的"快笔小新"、人工智能合成主播、智媒大脑等带来新的生命力，从芒果TV到抖音再到各个县级融媒体中心，都在积极实践AI的传播可能性。"今日头条"的成功，就已经用事实证明了人工智能技术对新闻媒体行业发展的促进作用。人工智能技术的核心是数据挖掘，数据资源的整合和利用也是智能融媒体时代一项重点工作。通过相关数据的统计和研究，借助于人工智能技术，能够让我们发现融媒体新闻生产流程中的问题，并及时做出有针对性的改变。首先，借助人工和大数据技术，媒体的受众分析将比以往更精准，内容的聚合与分发将更加精准化、智能化、对象化、个性化。其次，通过人工智能技术，新闻机构可以做到为用户进行智能推荐，实现个性化的新闻定制。近几年，人工智能在媒体融合的大潮中应用得越来越广泛。2017年12月26日，新华社发布我国首个媒体人工智能平台"媒体大脑"，它包括了智能媒体生产平台、新闻分发、版权监测、人脸核查、用户画像、智能会话等八个功能，覆盖从查找线索、策划、采访、生产、分发、反馈等全新闻链路。

这代表着新华社在探索媒体智能化这一方向上迈出了重要一步。

随着人工智能技术的逐渐成熟，机器人的计算能力和学习能力不断提升，传统新闻生产的方式将逐渐被颠覆。过去依靠专业记者生产内容（PGC）的手工模式，继走向"专业生产+用户生产"（PGC+UGC）的Web2.0模式后，又将走向Web3.0新阶段，即算法生成内容（AAC）与专业生产（PGC）和用户生产（UGC）三足鼎立。另外，在第五届世界互联网大会上，搜狗与新华社联合发布了全球首个全仿真"智能AI主持人"，通过语音合成、唇形合成、表情合成及深度学习等技术，克隆出和真人主播具备一样播报能力的"AI合成主播"，这说明AI技术也已深刻渗透进主持传播和媒体形象传播领域。未来的新闻生产应该是人与机器的协作、人类智慧与人工智能结合，从而创造出更丰富的内容价值。

在媒体行业的应用中，文本、图像、语音、视频等信息的融合发展，使跨媒体交互、智能搜索和个性化推荐变成新型媒体形态。机器模拟人类听觉、视觉感知信息，从设计、创作等方面不断实现智能化，这就推动媒体融合不断深入发展。随着计算机视觉、自然语言处理、知识图谱和智能推荐的技术革新，媒体融合将向着更智能、更便携、更个性化的方向发展，并不断地重塑整个媒体格局。

值得关注的是，当前5G，即第五代移动通信技术的诞生与应用将会为传统媒体的媒体融合实践注入全新力量。相较于4G网络，5G具有网速更快、容量更大、延时更短等特点。如果说前四代移动通信技术实现了"人与人的连接"，那么，5G将实现"人与人、人与物、物与物之间的连接"。通过5G网络，无时不在、无所不在的信息传递将成为现实。[①] 韩春苗认为，5G将会实现媒体的"立体融合"。这不仅包含了新旧媒体的融合，还包含媒体与物联网的融合、媒体与通信计算的融合等。媒体产业内部也将发生几个方面的改变：一是媒体形态融合，即媒体边界的模糊消解；二是媒体业务融合，也意味着媒体体验多维拓宽；三是媒体技术的融合，即计算与通信合二为一；四是媒体平台的融合，"万物皆媒""人机共生"的媒介场景将会变为现实。[②] 由此可见，传统广电媒体的媒体融合实践须未雨绸缪，思考如何运用5G促进自身的转型发展，将最新技术转化为媒介生产力。

过去几年，互联网技术突飞猛进，不断更迭，主流广电媒体也屡屡尝试通过这些新技术来开展新闻宣传工作，并取得了良好的传播效果。例如2019年两会期间，人民网强国论坛推出的《"拼"了！90秒告诉你，今年两会网友期盼啥？》，就以短视频的呈现形

[①] 周文韬，孙志男：《5G背景下主流媒体融合转型的可能性分析》，载《新闻战线》2019年第3期，第66~68页。
[②] 韩春苗：《5G时代与媒体融合》，载《新闻战线》2017年第21期，第83~86页。

式预告了即将到来的两会，从而提升了众多网友对于两会的期待感。故而，展望5G时代，利用最新技术手段来创新媒介呈现方式、优化受众体验和提升呈现效果，已是广电媒体融合转型的必然选择。为了提升用户体验，不仅需要将内容进行智能化生产，更重要的是要结合新的平台和技术，定制5G时代专属的广电融媒体原发节目等智能传播内容。未来电视、平板电脑、手机、VR/AR等设备之间互相链接将成为现实，广电媒体也应当在超高清视频等内容储备层面有所应对，不仅仅考虑传统的电视平台，还可以直接在新媒体平台或VR/AR等未来平台上生产新媒体原发节目，切实结合新媒体平台特点打造传播内容，在保证内容质量的基础上提升内容生产效率，根据不同层次受众的差异化需求，制定不同的内容生产策略，从而在数量和类型上完成对相关内容的储备。

5G环境下的高带宽特性为高质量内容的传播提供了平台。2018年10月，央视CCTV-4K正式播出，这是首个国内上星的超高清电视频道；2019年3月，工信部、国家广播电视总局、中央广播电视总台印发《超高清视频产业发展行动计划（2019—2022年）》，明确提出我国在未来三年的超高清视频发展规划。相关政策的明确导向为行业发展提供了方向。5G时代传媒内容呈现设备将进行新一轮的革新，有关内容生产行业应抓住机遇，了解5G时代的新媒体设备特性，制作出更符合设备特性的内容，在内容的采编流程中拥抱新技术，打造优质内容品牌，培养品牌影响力，通过原创性和制作水准提升，积累口碑并吸引一众具有品牌忠诚度的用户。此外高刷新、高码率、高色域内容将带给用户更加富有冲击力和感染力的直观体验，同时配合VR/AR等技术能够提供富有沉浸感的内容消费体验。

另外，在所有新闻环节中，智能技术在新闻分发方面的应用最为成熟，主要体现在对算法的运用，向用户推荐其可能会感兴趣的新闻产品。因此，也有人称之为"算法新闻"。2016年，中国互联网络信息中心（CNNIC）在第38次发展状况统计报告中指出，基于用户兴趣的"算法分发"逐渐成为网络新闻主要的分发方式。个性化推荐是"算法新闻"的最重要原则，机器算法可从根本上解决信息匹配的问题，使得用户在不同场景下、不同的行为数据可以被记录、被储存，进而实现对数据的识别、筛选，并与用户画像和用户需求相匹配，根据不断优化的算法设置不同用户的个性化议程。例如，"今日头条"新闻客户端打出"你关心的才是头条"的宣传口号，主打算法推荐机制。它搭建智能新闻平台，通过对用户画像、场景、文章特征进行分析，为每个用户做个性化新闻推荐，做到了"千人千面"。以算法开展新闻推荐，在经营上有较大的优势。除了能够提高效率、吸引用户之外，累积大数据也是一个值得注意的结果。在双向互动的过程中，新闻聚合平台获取了足够规模的用户数据，打造用户池，完成用户分群、模型建构，同时协同过滤现有的内容平台，并打通与其他资源之间的通道。通过多元的内容分发匹配增强用户的黏性，这也进一步带来数据利用、增值和变现的可能性。

作为媒体的关键要素，未来影像也在媒体融合语境下蕴藏着更深刻的内涵。以虚拟现实、增强现实、全息影像为代表的未来影像将在媒体融合进程中进一步发挥作用，以及作为产业载体的未来影像对人们工作、生活也具有渗透潜力，以此勾画媒体融合在未来影像方面所具备的无限可能。媒体融合本身并不是为了融合媒介与平台而去融合，不是为了追求单纯的传统与现代传播方式的相加，其出发点在于满足受众的需求和给受众提供更好的体验。我们可以看到，现在媒体的发展能切实地结合人们喜闻乐见的新方式进行传播，并取得了一定的成果，希望在未来能继续将媒体业态改革推向纵深发展，推进媒体融合的深度和广度。

二、广电媒体融合业态的展望与建议

（一）站稳新立场：坚守智媒二元价值理性

自1956年达特茅斯会议中人工智能这一概念被提出后，人工智能发展突飞猛进，研究投入和应用规模不断扩大，现已进入蓬勃发展的新技术时期。随着人工智能嵌入社会生活程度的加深，它一方面成了新的技术潮流和应用趋势，另一方面也让人们因其与"人类智能"的过分相似而陷入伦理困境。部分学者认为日益发展的人工智能技术会威胁人类的主体性地位，提出随着人工智能技术对我们生活的全面渗透，其可能引发的社会风险将无法控制。社会对于人工智能的恐慌来源于很多方面，日本机器人研究专家森昌弘早在1969年提出的恐怖谷理论表示，人形玩具仿真度越高越让人有好感，但随着人形玩具与人相似度逐渐上升到达一个临界点就会引发人的恐惧。人工智能技术自诞生以来给人们带来的技术以外的种种迷思，究竟是人类的阴谋论式想象？还是由于社会对于人工智能发展程度有了过高的想象，导致人与技术伦理关系不清晰而造成的思维混乱？正如恐怖谷理论中的恐惧不仅仅是视觉效果的作用一样，人工智能带来的恐慌归根结底来源于人对于类人物体的认知模糊所引发的想象恐惧和伦理关系混乱，而这种伦理关系的不清晰也是人工智能发展进路上的巨大阻碍。让我们以马克斯·韦伯的理性二分法作为分析工具，对不同技术层面下的人工智能技术进行剖析，阐述不同语境下主体与客体的辩证关系。

1. 工具理性：人工智能技术的祛魅

人们在想象中描绘了大量拥有意识的人工智能，这样的机器拥有独立思考能力和根据其经验积累建构的价值观和世界观体系，也是约翰·罗杰斯·希尔勒所提出的强人工智能。但纵观人工智能发展历程，尚未有一个机器事实性地体现出其自发的意识表露，机器给用户的人性化反馈只不过是算法的提前预置。一些意外事件中看似成立的机器人情感表达也都在后来被证实是程序或算法的故障，1958年，苏联的机器人杀人事件中，机器人连续三局败给国际象棋冠军古德柯夫，"恼羞成怒"杀死了人类棋手，让公众陷入对机器人的恐慌。但事后的调查结果显示是机器人本身不完善的内部软件系统失控导致了机器漏电，并使金属的象棋盘导电酿成悲剧。科幻电影中拥有自我意识的人工智能尚未在现实生活中占据席位，当下更多的是作为工具存在的弱人工智能手段，在这样的技术语境下谈论人工智能意识与主体性似乎为时过早，且只有我们摆脱人工智能的拟人化想象，人工智能技术才能在更大的格局中不断发展。而当我们真正步入强人工智能时代，工具理性原则是否适用也要放在另一个语境去探讨了。故此，笔者将人机伦理关系的讨论范围主要限定在弱人工智能语境。

马克斯·韦伯的理性二分法为人工智能主体性的厘清提供了清晰的理论框架，韦伯认为人作为可以自主思考的高级动物，其行为会体现出一定的合理性，合理性层面则划分为工具理性和价值理性。在韦伯看来，工具理性即对外界事物的情况和其他人的举止有所期待，并利用这种期待作为"条件"或者作为"手段"，来实现自己合乎理性的，所争取和考虑的作为成果的目的。从这一观点出发，人工智能实为服务于人类社会生产生活的技术工具，使生产方式趋向智能化，并改造了人类的生产方式。阿里人工智能设计实验室针对淘宝应用软件设计了一个名叫"鲁班"的人工智能，根据需要为App中的不同分区设计海报。"鲁班"每天可以独立完成4 000万张设计图的制作，尤其是在"双十一"期间，为淘宝提供了近2亿张广告海报，是100位人类设计师不吃不喝300年才能完成的工作量。从工具理性原则的角度考量，"鲁班"作图实为通过技术手段降低生产成本、提高生产效率、完成生产任务的一种方式，也就不必被纳入复杂的伦理关系考量中。低成本、高产出的特性让人工智能技术作为生产工具备受青睐，其高效的生产状态也让生产链中一些较为低阶、繁琐的工作环节被替代，人类社会中生产的智能化趋势日益明显。

弱人工智能语境下技术的工具理性体现在不同的使用领域。我国法学界目前对于人工智能生成物的相关判定也有很多，其法理思维也同样体现着视人工智能技术为工具而非主体的原则。我国《著作权法》中规定"作品"是具有独创性的，然而在弱人工智能语境下，人工智能生成物实际上是基于人类劳动产生的信息而自动生成的产物，人工智能依靠人类提前录入的信息和数据对内容进行加工，生成物的质量并不依靠计算机自身而是取决于人类的技术手段，并不具有法律所定义的独创性，在案例判定中多选择保护人的智力成果，而视人工智能为创作过程中的一种工具性辅助手段。在这样的情况下去为人工智能争取主体身份和法律地位为时尚早，人工智能在现行法律的规定中也并不属于民事主体。

2. 价值理性：技术影响下的社会

然而，对于工具理性的过度偏倚必然会造成社会精神的断裂和时代的失语，人工智能的工具理性考量需要与其价值理性思考互为观照。对照工具理性，韦伯认为价值理性是通过有意识地对一个特定的行为——伦理的、美学的、宗教的或作任何其他阐释的——无条件的固有价值的纯粹信仰，不管是否取得成就。不同于以客体为中心的工具理性，价值理性以主体为中心，强调为主体发声，关注客体对于主体的意义。这意味着有关人工智能价值理性的探讨将存在两个维度——人工智能作为主体和人作为主体。

第一个维度中人工智能是价值理性判断中的主体，这一视角与强人工智能语境下人工智能是否拥有主体性的论题紧密契合。从语义学的角度出发，机器人（Robot）这一词语来源于1920年捷克斯洛伐克作家卡雷尔·恰佩克小说《罗萨姆的机器人万能公司》，是根据捷克文Robota（劳役、苦工）和波兰文Robotnik（工人）而产生的。也许是人类的恶趣味或是暗示，"苦工""工人"两个词汇正是含有工具色彩的人格化实体，从这一角度来讲人类社会早已在想象中赋予了机器一种类人的主体性。显然弱人工智能语境下的技术对于人类社会而言只是作为工具存在，其意义主要集中在提高社会生产效率、加深生产的现代化程度上，并不触及社会的伦理道德范畴。但强人工智能语境下人工智能的地位则发生改变，强人工智能观点认为计算机不仅是用来研究人的思维的一种工具；相反，只要运行适当的程序，计算机本身就是有思维的。主体性的判断主要集中在道德哲学领域，康德认为理性和自由意志是判定道德行为主体的重要特征，只有具有理性和自由意志的"存在"才可以成为道德行为主体，而技术语境下人们在判断一个机器是否属于强人工智能范畴时，所使用的标准大多是"该机器是否拥有意志"，按照上述逻辑，拥有意志的强人工智能就在道德哲学层面具有了一定主体性。那么，什么样的人工智能算得上是拥有意志的呢？图灵认为，当一个人同时向人类与计算机发问，如果发问者并不能从两方提供的答案中判定出哪个是机器人、哪个是人，就说明该机器人有"意志"。图灵测试在很长一段时间内成了人们对于人工智能是否有意志这一问题的解释工具，但中文屋实验很快让图灵测试受到了质疑。中文屋实验假设有一个不懂中文的人待在只凿了小孔的房间里，他所拥有的只有一本英汉字典和一支笔，外面的人塞进来一张写了中文的小纸条，他在里面用字典翻译好再递出去，外面的人看到翻译好的纸条就以为里面的人一定懂中文，但实际只是字典这一工具带来的假象。中文屋实验试图说明，人类千辛万苦地发展人工智能，到头来只不过是在完善那本字典所代表的程序，我们所以为存在的"机器意志"也只不过是屋子里的人将翻译好的文字递出房间的瞬间。我们暂且不提真正的强人工智能技术还未出现这一事实，即使强人工智能时代来临，机器的表现越来越人性化、智能化，看起来更加具有"意志"，也并不能更改所谓的机器意志实际上是一种算法优化的事实。在这样的主体性判断基础上，人工智能技术并不能作为标准的价值理性判断出发点，严格来说也就更不存在伦理问题。

第二个维度中的价值理性判断则是以人为主体的，也是当前较为主流的出发点。尽管现在的人工智能技术依然处于工具属性阶段，然而其飞速发展也带来了一系列应当在价值理性范畴内进行思考的社会问题。特定技术孕育于不同时期的社会，其影响又反作用于社会。人工智能技术对于人这一主体的负面影响目前体现在两个方面：第一是数字歧视与数字鸿沟；第二则是社会的运转。从第一个方面来看，目前的人工智能技术尚未普遍达到通过自我学习建立世界观、价值观，机器的认知和作出的判断均来受到设计者置入程序的影响和限制，这样一来也就自然会代入设计者自身的价值取向，造成"AI 歧视"现象的出现。在传统认知中，人与人之间的伦理关系并没有涉及技术，然而"AI 歧视"的出现实际就是技术对歧视的加强与放大。一些公司在利用人工智能技术筛选应聘者时，人工智能有时会在没有预先设置的前提下，更倾向于留下城市出身的应聘者而非农村、男性应聘者而非女性。人工智能在数据上表现出歧视行为的同时，由于地区间的不均衡发展，人们接触人工智能的机会并不均等，也带来了生产条件与水平的差异，随之造成收入与社会地位的不平等。"数字鸿沟"已经是不争的事实，这一切与既有的贫富分化、地区差异、城乡差异等叠加在一起，催生了大量的"数字贫困地区"和"数字穷人"。总而言之，在价值理性这一思考维度中，人作为事件中的主体，一定程度上受到了人工智能技术带来的影响，是值得被社会关注的。

3. 人工智能技术背景下工具理性与价值理性关系的对立与调适

尽管在弱人工智能背景下，诸如"机器主体性"等问题探讨的必要性并不大，但若丢弃人工智能价值理性这一视角，必然会造成人类主体性存在的失语。事实上，人的精神世界是丰富且多维度的，其意志并不能被工具理性简单地量化计算，机器人的算法水平也只能达到"类人智能"，并不能真正拥有意识。在这样的事实条件下，人工智能技术的前进不应当被超出其技术范围语境的伦理关系所束缚，更不该丢失对于价值理性的思考，二者呈现出相辅相成的辩证关系。我们应当抛开对人工智能的无厘头想象，客观看待新技术的出现。回望历史，每一次新技术的出现都会带来社会的变革，同时也会产生新的状态与机制。我们需要做的则是在技术发展的同时，完善技术风险评估体系建设，权衡灾难发生的可能性，做好积极的预防。

我们生活在一个人机共生的时代，人类与机器之间可能会发生各种冲突和矛盾，这些很难只依靠制度或法律去解决。基于理性二分法对人工智能伦理或者哲学的研究对于人机合作信任而言至关重要。同时，创造着人工智能的我们，也将自己对世界的认知以算法的形式投放在人工智能身上。智能化已经是行业发展的大势所趋。如果想要媒体融合能顺利走向智能化高级阶段，智能媒体应用、智能媒体生态、智能媒体产品都是我们必须把握的关键点，与互联网公司合作也是得以进步和发展的必要途径。

展望未来，不难看出，自然语言处理、语音识别、计算机视觉等技术对各个行业的影响都十分深刻，传媒行业也不例外，单独的广播电视已经不能支撑起完善的全媒体生态，动员所有信息、技术与服务行业共同研发新技术、新平台已经势在必行，只有这样才能打造出理想中的智能技术生态系统。智能化发展趋势要求媒体行业必须以更开放的眼光、更完善的机制、更可行的举措来应对。单从广电行业角度来看，"智慧广电"必须海纳百川，并成为一个更开放的体系，将眼光放的长远，明晰未来的广电不能仅仅局限于有强大的机器学习和计算处理能力的弱人工智能层面，而是应该开拓视野，追求更先进的智能系统。在智能化程度已经不相上下的基础上，真正关键的就是情感化程度的较量，而这正是我们应该探索的方向。

进入数字世界与现实世界加速融合、多元文化冲突与融合共在的当下，政治、技术、经济和文化不断推动着传播领域的发展变革，这对中国广播电视媒体传播事业的发展而言既是挑战，也是机遇。

媒体的影响力取决于其公信力，而只有保持符合社会价值取向的价值观、植根于国家和社会的发展逻辑，才能建立起相应的公信力。当前，媒体、公众、国家的价值需求相耦合，主流媒体的公信力、权威性、引导性回归需求日益凸显。[①] 在这一背景下，广电媒体在媒体融合实践中也应当扬弃地对待互联网大数据、人工智能等新技术，在把握机遇迎难而上的同时充分认识到其自身局限，防止陷入对技术的过度依赖而难以自拔。这就要求广电媒体在深入推进媒体融合、建设智慧全媒体的过程中把握主动性，坚守价值理性，用符合社会主流导向的理念来控制技术。

为了使广播电视媒体顺应智能化趋势，可以从以下三个方面切入。

第一，全面普及应用"云技术"。产品和服务的云端化是目前技术条件下媒体的最佳选择，从内部内容制作来说，能够更高效、更集约地完成以前需要按流程分发的工作；从用户体验角度来说，可以帮助用户真正地参与其中，提升受众感官与阅读体验。

第二，更新内容整合方式，以垂直化作为整合重点。产业价值链想要深入发展，必须摒弃传统媒体的发展方式，重视垂直生产。内容的垂直化投放能够让广告等营销内容更精准地传递到受众群体，提升广告价值与盈利水平。广电媒体可以在保证输出内容有价值、有深度的同时，做强、做深垂直化。

第三，在进行需求对接时，可以以场景作为切入点。特定的时空会使每个人产生不同的需求，所说的"场景"就是特定的时空。无论是理论还是实践，都必不可少地需要以用户为中心，场景化才能使服务增值。

（二）形成新业态：创新媒体服务

当前，媒体已经进入智能化、融合化时代，智能融媒体融合广播电视、互联网和移动互联网的业务，在智能化大数据支撑之下，把分散在各种媒体上的业务和服务融合起来，创新媒体业态形式，实现"资源通融、内容兼融、宣传互融、利益共融"，从而带来更多业务和服务模式的创新。聚焦媒体融合的业务和服务模式创新，从服务个人、服务家庭、服务机构和服务政府等视角入手，结合媒体融合创新的技术条件，探索媒体融合在新闻资讯、休闲娱乐、购物交易、增值服务等层面的业务和服务模式创新，以及由此所带来的运营模式的拓展与创新。当前，媒体融合的发展呈现探索"落地期"的诸多特征：智能终端成为现阶段媒体发展的落点操作和走向原生内容创业的起点；技术则驱动媒体开始尝试发力于垂直内容领域。为顺应媒介生态，国内媒体开始嵌入AI基因，从传感器信息采集、机器人内容生产到个性化内容分发，再到智能终端的匹配建设，媒体业务流程

[①] 王润珏，胡正荣：《我国主流媒体智慧全媒体建设与国际传播能力提升——以中央广播电视总台为例》，载《电视研究》2019年第7期，第23~26页。

与服务模式正在再造。因而，具体的融合实践应从媒体产业层面出发，解决媒体融合的模式创新问题，以媒体内容业务与服务产品通过全媒体平台所赋能的市场需求沉淀、用户数据积累、内容资源调配、分发渠道整合等作用过程，解决智能全媒体环境下的媒体内容消费者在消费行为、消费心理、消费观念、消费场景等层面的关键问题。具体的媒体融合实践应从以下几个方面入手。

第一，媒体融合的服务对象是多元化的，从单一媒体、单一服务拓展到个人、家庭、机构和政府等多个层面，服务范围更广，服务力度更大，媒体的价值也将进一步得到提升。如何更好地服务各个主体，是研究媒体融合业务和服务创新的基本出发点。创新媒体服务，应发挥媒体传播体系强大的内容生产能力，提供更多的媒体产品服务，利用海量数据，对用户进行分析，推动公共服务提供精准化、个性化，发挥媒体的舆论监督功能，推动公共服务供给常态化、优质化，此外还可以发挥媒体的社会动员作用，鼓励用户自生产、自享用。

第二，媒体融合的业务和服务创新离不开技术创新的支持，技术驱动已经成为融媒体发展过程中的显著特点。当前环境下，媒体融合的业务和服务创新要符合移动化的特点，以移动互联网作为融合的抓手，移动技术应用优先；要实现多种媒体融合、跨屏联动，实现多媒体、多渠道的同步覆盖与分发；需要大数据和人工智能的支撑，基于大数据和AI进行智能化的内容策划、采编、分发，以及智能化的业务运营。如何把最新技术应用于业务和服务创新，甚至以业务驱动技术创新，是媒体融合实践要考虑的重要因素。

第三，探索媒体融合的多元化业务和服务模式创新，探索业务类型、服务模式、盈利模式、运行机制的新变化、新趋势，描绘媒体融合的业务和服务创新发展体系，可以从以下四大类型入手进行研究。① 新闻资讯类服务模式创新。新闻资讯是媒体的基本业务类型。媒体融合后的新闻资讯，需要打破原有的媒体形态壁垒，融合视频、音频、图文等内容类型，实现信息在多种媒体平台上的同步覆盖、一键分发。当前，传统广电媒体需思考的问题是，如何实现新闻资讯的跨媒体多平台同步传输，并在大数据基础上实现有针对性的智能分发。② 休闲娱乐类服务模式创新。视频、音频、音乐、游戏等休闲娱乐类服务，也是媒体的基本业务类型。媒体融合时代，媒体的娱乐功能将大大拓展。传统广电媒体如何实现大屏小屏更智能的联动，如何发挥家庭大屏、手机屏和电脑屏各自的优势，提升媒体融合的娱乐服务体验，是值得媒体思考的方向。③ 购物交易类服务模式创新。随着电子商务的发展，在线购物已经成为人民群众非常重要的消费行为，也为媒体带来的新的商业模式。媒体融合时代，广电媒体购物需突破电脑屏和手机屏的领域，进一步向家庭大屏扩展，实现全媒体购物，建构全方位的融合化购物场景，由此创新媒体运营模式。④ 增值服务类服务模式创新。媒体融合极大拓展了媒体的发展空间，让媒体成为综合化的信息服务中心，教育、医疗、生活服务（水电气、家政服务、美食、酒店、公交查询等）、政务服务（户籍办理、住房保障、就业、生育、社保、医疗、党建等）、通信（视频通话）、智能家居控制等各种各样的服务都可以在媒体上实现。因而，传统广电媒体应探索各种增值服务的可行性，研究其消费需求、运营机制、发展模式，进一步拓宽融合媒体服务的深度、广度，尝试更多元的盈利模式。

第四，基于以上多种业务和服务模式的创新，传统广电媒体在媒体融合中的业务版图将不断扩展，其自身的运营模式也将随之扩展，从当前以广告为主的模式拓展到"广告＋收视＋电商＋服务"等在内的多元营收模式，进一步丰富和完善媒体发展空间。有效拓展新的运营模式，将有助于全面提升媒体融合的社会效益和经济效益，使其能够更好地满足人民群众的文化消费需求。

另外，在扩大自身经营实力的同时，资本是助力传统广电媒体提升传播力的重要力量。传播力与用户数、品牌影响力、技术开发能力息息相关，而用户运营、品牌推广、技术产品开发都离不开资本的支撑。这是互联网平台做强做大的规律性路径，也是新型媒体集团与传统主流媒体发展的不同之处。通过资本运作积聚资本，将有助于加大融媒体平台的品牌与用户推广，推动体制机制改革创新，快速做强做大，助推传播力提升，全面提升融媒体平台的整体实力。在传统媒体时代，媒体的外部合作主要是通过媒体产业链进行拓展的，比如通过"二级售卖"的经营方式。然而，在媒体融合时代，类似的外部合作方式已无法满足媒体的发展需求和受众的消费需求。因而，传统广电媒体需要以移动新媒体为入口，糅合信息传播与社会服务，通过跨行业的产业融合来实现自身业务的拓展，形成可持续发展的业态布局。例如青岛掌控传媒有限公司旗下的智慧青岛、掌上青岛等产品形成矩阵，运用云计算、大数据、移动互联等技术手段，整合本地化信息资源，统一搭建媒体、政府、企业、民众、社区等多平台智慧应用入口，构筑领先国内的"应用＋资讯＋互动"智慧城市体系，为用户提供了生活、工作、服务一体化平台，贴合用户基本需求，能够大幅度培养用户使用习惯，增强用户黏性。①

媒体融合场景下，传统广电媒体应通过融合平台所赋能的需求沉淀、用户数据积累、内容资源调配分发渠道整合等作用过程，解决智能融媒体环境下的媒体内容消费者在消

---

① 黄楚新，彭韵佳：《2017年中国媒体融合发展报告》，载《现代传播》2018年第4期，第9~15页。

费行为、消费心理、消费观念、消费场景等层面的关键问题，以期突破现有广电媒体的生态形式，在未来开拓更多更新的商业模式。在此，笔者拟提出以下设想。

第一，广电+直播。未来直播将直接和广电网络结合，利用广电网络的通证积分，可以为心仪的主播打赏，减少中间环节，降低环节费用，观众与主播的互动更融洽，同时，通证积分可以给各类选秀节目的选手投票，喜欢谁就投给谁，保证数据真实、绝不掺假。

第二，广电+价值网络。利用区块链的跨链技术和通证交易，实现广电网络与物联网等价值网络的链接，受众可以把运动手环的挖矿通证换成广电网络通证，购买心仪的付费节目，也可以把观看时长兑换的广电通证变为手机网络通证，来给手机充值。在未来，信息、数据和价值的孤岛都会被打破，通过区块链技术真正实现信息互享、数据互通和价值互换。

第三，创新业务不仅需要创新的观念，还需要与之相配合的生产关系。首先，传统媒体旧有的体制机制无法适应新媒体的发展，已经成为束缚媒体融合发展的重要因素之一。媒体融合背景下，广电媒体的发展需要有与之相适应的体制机制，因此主流媒体的体制机制改革创新势在必行。对待新型主流媒体，应该尽快采用制度化、规范化、科学化的法治模式。[①] 同时，在一些主流媒体的内部组织中，不同部门之间具有行政壁垒，各部门之间从事独立的生产工作，相互之间联系和交流较少，很难实现资源共享和协调统筹，不仅传统部门之间相互分隔，新媒体部门与传统部门之间的关系也是若即若离，无法统一协调。新媒体部门要么完全与传统部门分离，无法利用传统媒体优势资源，只能独自生产内容；要么完全划归在传统管理部门中，采用传统管理方式对新媒体部门进行管理，扼制新媒体发展的活力。只有打破行政壁垒，组建全媒体中心，形成多个部门一套人员的配置方式，才能最大化地提高效率，避免资源浪费。其次，形成新的传媒业态，实现全面融合，还需要将新技术行业与自身业态发展有机结合，不断为业态融合注入新鲜血液，如人工智能技术支持下的机器人写作。现在，机器写作还处于初级阶段，以写作财报、股票信息、天气预报和体育赛事等数据性强的事实类报道为主，需要在进一步发掘人工智能技术潜力的基础上，探索机器新闻写作的未来模式，以便在媒体融合进程中提高新闻写作的效率，推动创作者自我定位的升级，激发从业人员工作的热情和创造力，从而开发更具特色的新型媒介业态，实现融合发展的最终目标。最后，大力提升县级融媒体的服务业态创新。相比于技术的推动作用，深耕本地、服务本地的本地化理念是地

---

① 唐远清：《新型主流媒体建设的困境与对策》，载《新闻爱好者》2015 年第 7 期，第 19~22 页。

方媒体获得发展的最根本要素。目前,针对县域媒体融合实践的路径规划尚不明晰的问题,相应的工作应该从进一步明确媒体融合改革的总体方向入手。作为县区内最具传播力的地方媒体,县域媒体融合改革应该紧密结合其地方媒体的优势,通过不断贴近百姓生活,提升自己的服务效能。例如海宁市传媒中心开发了"大潮App",实现了水、电查询和缴费,接入了违章查询、公积金查询、公交查询、天气查询、图书借阅等生活服务;"96345社区服务"可直接联系水电维修人员,并对其服务进行评价;"名医馆"可查看全市各大医院主治医生和坐诊时间,医院挂号功能可方便市民在手机上进行挂号等。下一步,县级融媒体中心应该着力将自身的功能定位与其所具有的服务功能紧密结合,一方面以融媒促服务,继续深入挖掘传媒中心的服务功能,推出更多"便民""利民"的服务,以地方媒体的发展推动老百姓的社区融入,建设美丽县区、社区;另一方面以服务促融媒,树立服务型媒体理念,推动县级融媒体中心在服务民众方面的口碑,增强用户黏性。

(三)培养新人才:建设"全媒体、专家型"后备军

融媒体时代的到来势必会对新闻人才提出更高的要求,如何培养能顺应全媒体潮流的复合型、全能型人才已成为传媒业发展的题中应有之义。传统意义上的记者和内容团队已经不能适应全媒体背景下人们日益丰富和多样化、个性化的需求,加快建设符合技术发展、适应公众需求的人才队伍已刻不容缓。

习近平总书记指出,"全媒体不断发展,出现了全程媒体、全息媒体、全员媒体、全效媒体,信息无处不在、无所不及、无人不用,导致舆论生态、媒体格局、传播方式发生深刻变化,新闻舆论工作面临新的挑战。"[1]当前媒体融合创新型人才的培养,应当响应习近平总书记在中央政治局集体学习会上提出的"四全媒体"新论述。产品生产能力、新兴技术运用能力、社会舆论引导能力、"泛媒体能力"四个维度的能力[2],是传统媒体培养新型人才的主要目标。另外,媒体融合时代强势呼唤适应新媒介及工作流程变化的复合型新闻媒体人。新闻采编人员需具备综合利用多种媒体形态和技术手段的能力,以及处理整合新闻资源的能力,具备纵深复合知识结构和整合传播思维。[3]当前,由于手机等智能终端的普及应用,媒体进入门槛大大降低,参与主体显著增加,"一元主导、强力引导"的宣传舆论场变成多元共治、柔性制衡的公众舆论广场,单向传播转化为多向互动、

---

[1] 习近平:《加快推动媒体融合发展 构建全媒体传播格局》,《人民日报》,2019年3月15日。
[2]《习近平谈治国理政》(第三卷),人民出版社2020年版,第317页。
[3] 宁宁:《全媒体新闻人才培养在路上》,载《新闻战线》2018年第12期,第139~142页。

同频共振，"人人都是媒体、个个都有话筒"成为媒体生态和舆论场的现实场景，新闻媒体内部也面临随时须在现场、专业报道不能缺席的新要求，呼唤涌现更多全媒型、专家型记者，更好地发挥引领主流舆论作用，促进全民媒介素养的提高。

融媒体机构设立了新兴新闻岗位，新型新闻人才培养迫在眉睫。对新技术的掌握与运用、全面的知识体系、宏观的融合视角、高水平的媒介素养，以及对新兴媒体技术的把握，将是未来媒体人才的核心质素。

在人才培养方面，以高等学校为主的教育主体和以媒体企业为主的产业主体需发挥各自的优势，将产学研相结合，不仅要培养人才，还要将人才投入媒体融合实践，使人才有用武之地。对人才培养的教育主体而言，应紧扣媒体融合领域的持续创新发展和行业需求变化，建立学术方向动态调整机制，大力推动科教融合、产学结合。突出人才培养的核心地位，着力培养具有历史使命感和社会责任心的创新型人才。以厚基础、宽口径为特征，优化人才培养方案，创新人才培养机制，大力推进个性化培养、国内外联合培养模式，全面提升学生的综合素质、科学精神和创造能力。以国家重大战略急需、关键科学问题及创新领域，以及当前与未来的业界现实需求为导向，建立起课程动态建设机制，促进专业结构优化，突出办学特色，不断创新教学模式，建立起内部相互交叉与支撑、外部不断延伸与扩展的深度协作式，交叉融合化，创新导向型跨学科人才培养模式。在具体举措上，融合媒体的高精尖人才培养工作将在原有学科领域与具体学科方向的基础之上，进一步完善面向智能融媒体关键创新领域的硕、博研究生培养的学科方向体系；实行以专业能力考评为主体的考核模式，设立融合媒体创新基金，建立全面科学的评价指标体系和质量控制体系，保障培养质量。

在用人制度改革方面，应进一步打通媒体内部人才晋升途径，以工作业绩为标准合理分配事业编制名额，调动工作人员积极性。另外，广电融媒体应建立"专业生产+用户生产（UGC+PGC）"的内容生产模式，借助技术手段实现专业采编人员对用户生成内容的编审，并在编审后将其推送到专业的媒体平台。通常，用户将自己发掘的新闻内容以文字、图片或视频等形式发布到媒体平台的稿件库，之后采编人员会基于对这些新闻内容的突发性、重要性、社会影响等因素的考量从中筛选出符合其预期的稿件，在对其进行再加工后将之发布在其媒体平台上。与上述在特定版块发布用户生成内容不同的是，这种新闻生产模式下的用户生产内容（UGC）对媒体从业人员的专业性提出了更高的要求，应加强对创新型媒体人才的培养力度。

就人才培养的产业主体来说，广播电视媒体企业向新媒体领域转型时不仅要注重对人才的培养，更要建立合理的人才引用和管理机制，最大限度地发挥人力资源优势，从而避免因人才资源流动带来的风险。传统电视媒体在发展新媒体业务时，应该建立合理的组织架构、跨媒体的应用平台，以及完善的人才考核制度，扭转论资排辈的固有陋习，大胆创新用人机制。用合理的制度确保人才资源的稳定，用行之有效的激励机制挖掘人才的潜能，为媒体从业人员创造实现理想的机会，用事业的发展来吸引人才、用媒体的实力来凝聚人才、用与人才自身价值向匹配的薪资水平来留住人才，这才是广播电视媒体发展新媒体时应该采取的人才战略。在新型人才培养方面，湖南广电集团和江苏广电集团都有独到的经验。比如，芒果 TV 招募了大量优秀的节目制作人才，包括众多国内一线导演和编剧，为其内容的精品化制作提供人才支撑。关于媒体融合的培训更是展开得非常频繁，涵盖了媒体融合的国内国际动向、相关技术技能等。为了适应全媒体人才的新需求，江苏广电集团在人才招聘上也做出了调整，增加了经营、技术方面人才的招聘人数，同时放宽要求，对新媒体人才更是不断地增加名额。以"我苏网"和"我苏新闻客户端"的成立为例，为了填补新媒体人才的缺口，江苏广电集团一次性招聘了 20 多人。同时，江苏广电集团鼓励其网络节目各创作团队充分发挥创造性，大力扶持原创内容团队，这为培养创新型人才起到了一定的积极作用。

对媒体融合时代的媒体工作者而言，从"纸媒时代"到"微博微信"再到"视频、VR 全景"等，"提笔能写，对筒能讲，举机能拍"的全媒体记者成为时代的需要。作为智能时代的传播者，媒体工作者应以更大的创新热情生产出更多契合用户需求的新闻产品，也应在媒体融合的考验中经受锤炼。智能时代的传媒人，需努力成为"全媒型、专家型人才"，引领媒体融合与智能媒体发展大潮。

（四）保障新安全：加强融合媒体管理与监测

自 2016 年起，习近平总书记多次在会议上提到依法管网与技术治网的相关问题。2016 年 4 月 19 日，习近平总书记在网络安全和信息化工作座谈会上指出，"网络空间是亿万民众共同的精神家园。网络空间天朗气清、生态良好，符合人民利益。网络空间乌烟瘴气、生态恶化，不符合人民利益。"[1]2018 年 4 月 20 日至 21 日，习近平总书记在全国网络安全和信息化工作会议提到，"要提高网络综合治理能力，形成党委领导、政府管理、企业履责、社会监督、网民自律等多主体参与，经济、法律、技术等多种手段相结

---

[1]《习近平谈治国理政》(第二卷)，外文出版社 2017 年版，第 336 页。

合的综合治网格局"[①]。习近平总书记强调,"各级领导干部特别是高级干部要主动适应信息化要求、强化互联网思维,不断提高对互联网规律的把握能力、对网络舆论的引导能力、对信息化发展的驾驭能力、对网络安全的保障能力。各级党政机关和领导干部要提高通过互联网组织群众、宣传群众、引导群众、服务群众的本领。要推动依法管网、依法办网、依法上网,确保互联网在法治轨道上健康运行"[②]。可见,媒体融合过程中的网络管理、技术安全对广电媒体来说至关重要。

总体而言,由于互联网新技术、新应用、新业态的不断涌现,给网络宣传舆论工作带来了严峻挑战,要占据信息化条件下用网、治网的战略制高点,"技术治网"是关键,"依法管网"是保障。要将习近平总书记的相关重要指示作为全面推进网络空间法治化进程、加快推进网信法律体系建设的根本依据,健全并完善互联网领域法律法规,加强网络执法体系和能力建设。在全媒体体系建设的理论与实践路径建构中,应重点思考依法管网与技术治网的思想内涵,进一步明确"管""治"的理论内涵,探讨依法管网与技术治网的相关论述与指导思想对网络空间发展的重要意义,为全媒体建设中的立法执法提供理论依据。

为顺应媒体融合健康发展的需要,加强对其的宏观管理与监测尤为重要。媒体安全不仅关乎其自身的可持续发展,更事关社会稳定和国家安全。传统媒体并不基于互联网,互联网中众多的安全问题对传统媒体影响较小。但是媒体融合是基于互联网的,融媒体机构在应对网络攻击时经验并不丰富。因而,媒体融合机构将会成为敌对势力重点攻击的对象,一旦被攻击利用,就存在敌对势力在关键节点、关键时期发力搅乱舆论的重大风险。而媒体融合机构的受众多,影响大,一旦受到攻击,后果不堪设想。在此背景下,明确内容监管规定,强化源头审核尤为重要。广电媒体的内容品质及侵权盗版问题在4G时代就已出现,这些问题将会随着5G大带宽、低时延的特点而进一步爆发出来。更快的速度、更大的体量、更智能的技术也对传播内容的监管提出了更高的要求,因此,在内容制播的源头需要加强内容审核,强化"把关人"正向引导的价值作用,同时对互联网平台内容的二次传播进行适当的引导,避免其"野蛮生长"。把握融媒体内容生产的每一个环节,在舆情研判和处理上用技术之本治技术之殇。除了底层基础设施的建设要预先考虑安全问题,融合媒体内容的生产与消费等各环节也要做好安全保护。比如,为融合媒体内容提供版权可信认证和校验,为融合媒体内容提供同源比较和篡改检测,为融

---

① 《习近平谈治国理政》(第三卷),外文出版社2020年版,第306页。
② 《习近平谈治国理政》(第三卷),外文出版社2020年版,第308~309页。

合媒体内容提供合规性审核等。因此，需要研究并解决媒体融合平台的运行安全问题和媒体融合内容的智能监管问题。新的媒体环境下，广电融媒体"新安全"的建构和保障需从以下几个方面着手。

1. 媒体融合平台的运行安全

媒体融合平台的底层软硬件系统是基础设施，是支撑其基础数据及基础应用运行的基石。在媒体融合的建设过程中，要针对融合媒体的软件、硬件和应用的特点，有针对性地梳理和研究可能的安全问题。这不仅要求在建设之初就及时意识并充分考虑到各种安全问题，进行安全防御的架构设计，防范风险，减少安全事件的发生，同时要在运行过程中，做好安全运维工作，及时修补安全漏洞，做好应急处置和恢复，降低安全事件造成的影响。另外，制定融合媒体网络安全应急处理预案，分析安全事件产生以后各种可能的后果，针对不同的后果制定不同的应急处理预案，在人员、系统、处理流程等方面要提前准备，以达到尽快处理并消除影响。

具体来看，这一层面的安全保障又包含以下内容。

其一，媒体融合的网络安全、系统安全、软件安全等问题。针对这一方面，需大力开发媒体运行中信息窃取、数据破坏、后门驻留、账号盗用等安全问题识别和阻断关键技术，以及专用的模拟媒体软硬件特征的安全技术和系统，并组织专家研讨融媒体中安全数据采集、分析和判定系统的建设，研究面向融媒体安全运维的数据采集、数据存储、数据分析和数据呈现方法，研究和开发基于数据分析的安全事件发现、安全事件阻断、安全设施控制等安全运维关键技术和实用系统，以及分析和判定系统与传统网络安全边界防御系统联动机制，形成一套融媒体安全基础设施平台。

其二，建设媒体融合的安全防御靶场系统。靶场是开展攻防演练和防御人员能力培养实训工作的重要平台，是攻击验证和防御措施验证的平台。针对融合媒体中心的软硬件特征、应用特点构造靶场系统，是提高综合防御能力的关键点。

其三，研究解决融合媒体中心安全运行的长效机制，建立一套行之有效的管理措施，包括定期的安全维护和安全测评方案，软硬件更新的安全性检测方案，安全漏洞上报、修补、公告流程等。

2. 媒体融合内容的安全保护

媒体融合内容的安全保护是一个全生命周期的保护，包括内容生产、内容审核、内容发布、内容传播、内容使用等多个阶段。在整个生命周期中，内容都需要进行安全处理和安全保护，未来需建设的主要内容包括以下几方面。

其一，媒体融合内容安全智能监测与应急响应。媒体内容在传播过程中可能出现不良信息、虚假信息、网络谣言、产权盗用、恶意篡改、非法转载、冒名伪造等安全问题，应该通过智能化手段，自动监测、自动发现这些突发异常情况，对其进行分析，并结合版权保护、篡改取证、内容审核等关键技术，进一步鉴别确认以上异常情况；此外，针对各种异常情况，还需要制定应急响应体系，包括响应预案、响应流程、主动响应机制等，从而形成一套智能监测、自动发现、及时应急响应的安全保障体系。

其二，基于区块链技术的媒体融合内容版权保护。针对媒体内容生产、发布、传播和使用过程中存在的内容创作者权益、版权纠纷、非法拷贝、盗用等版权保护需求，研究数字版权保护技术。现有的版权保护方法大多是基于第三方设施（例如中国版权保护中心）对数字内容进行授权和验证。可结合区块链技术的去中心化、难篡改、可追溯、开放透明等特征，研究基于区块链技术的版权注册和存证、版权流通记录和追踪，以及版权溯源等关键技术，为各媒体机构的数字内容提供一套版权登记和管理系统，为媒体融合内容的知识产权登记、使用、推广、维权等需求提供支撑和保障。

其三，在5G时代，要利用大数据技术为广电融媒体的舆情监测和内容监管工作提供更多创新机遇。传统网络舆情研判停留在文本内容、话题标签等显性内容的爬取与整合。在5G环境下，广电媒体传统的机械式舆情研判方式将无法适应丰富的内容呈现形式。5G环境下的舆情大数据分析将不仅仅是大数据，更是全数据，需要通过人工智能、机器学习等技术的发展和应用，在5G条件下快速对广电融媒体内容进行分析和研判，实现对多媒体内容的精准识别聚类。通过标签化的处理手段，实现舆情数据可检索、可溯源、可分类。建立突发舆情处理机制，在机器识别的基础上辅以人工处理，提高处理效率，实现5G网络环境下舆情应对的效果提升。具体而言，广电融媒体舆情大数据分析需要结合统计方法、机器学习方法及人工智能算法进行数据挖掘和知识发现，根据各个阶段的舆情风险评价，以图表可视化或是分析报表等方式呈现，方便决策者参考和判断。与之相似，广泛收集信息是展开思想宣传工作的首要环节。移动互联网时代，场景化触点不断延伸，基本实现了信息互通共享。彭兰认为，"移动时代场景的意义大大强化，移动传播的本质是基于场景的服务，即对场景（情境）的感知及信息（服务）适配。"[①]场景化传播形态的关键在于宣传方向与受众需求达到高度匹配，进而提升受众的场景化体验。找准大数据背景下全媒体时代的主题传播场景，也考验着广电融媒体工作者对自身定位

---

① 彭兰：《场景：移动时代媒体的新要素》，载《新闻记者》2015第3期，第20~27页。

的深度研判。5G能够助推广电融媒体信息的深度传播，但若是片面、武断地认知舆情事件，则容易陷入负面情绪的洪流当中。2020年，随着新冠肺炎疫情危机的发生，国内、国外舆论场中各种舆论交织，冲突不断上演，对立不断显现。虚假信息、极端舆论频现，具有高煽动性的网络行为与言论引起国内外舆论场共振，掀起舆论狂潮，造成恶劣的社会影响。因此，技术的双刃剑需要如何把握，将成为广电融媒体内容监管工作需要考虑的"工具性"问题。技术的发展势不可当，也只有善于利用技术的锋芒才能解决问题。在形成理性的客观认识的前提下，新闻工作者应在宣传思想工作中不断提升自身素养，学习新的技术工具，将不断发展的信息技术作为舆情研判和网络治理的抓手，挖掘将技术为我所用的方法论，对正向引导信息内容加以创新，对舆论环境强化管理，减少以藏代控的消极应对方式，把握舆论引导与社会情绪导引的主动权，将自身融入社会群体，避免与用户群体对立。

为了让大数据舆情监测机制更好地助力于广电融媒体内容安全监测工作，首先，在人才储备上需要一支专业的大数据舆情分析团队。为此，有条件的广电单位可以通过自建的方式进行，无条件的单位则可以通过外包的形式，依托专业的大数据舆情分析机构来开展有关工作。其次，推动大数据舆情监测机制常态化运作，这一方面可以适应网络舆情更迭速度快的特点，另一方面也有助于挖掘许多突发舆情事件背后的社会文化原因，从而使得有关部门的宣传思想工作得以稳定进行。最后，正视大数据技术存在的缺陷与问题，对大数据信息源中的虚假信息和偏见信息予以甄别，注意其中可能存在的伦理问题，比如，在利用大数据对舆情进行监测和对内容展开监管的过程中，切不可侵犯公民隐私及其正当权利。

总之，采用安全技术手段为媒体融合运行平台与内容传播安全与监管提供重要保障，使得融媒体平台及其媒体内容安全可信，为融媒体运行环境提供更加清朗的网络空间，以实现以下目标：应用监督，合规准入；新闻舆情，追本溯源；主动免疫，平台安全。

（五）把握新风口：媒体融合协助提升国际传播能力

事实上，相较于西方国家，我国媒体话语声量在互联网领域稍显匮乏。"十年的时间在社会科学研究的视野中看来仿佛仅仅只是一瞬间，但用互联网的时间尺度来衡量则堪比万年。"[1]互联网的飞速发展与普及在我国体现得尤为明显。据中国互联网络信息中心

---

[1] Brian, D. Loader & William H. Dutton. A Decade in Internet Time. Information, Communication & Society 2012-15, p5.

(CNNIC)最新统计数据,截至2021年6月,我国网民规模达10.11亿,互联网普及率达71.6%。[①]而2010年我国网民数量仅为4.57亿,2000年更是刚刚迈过1 000万人这个关口。若将我国的10亿网民置于全球互联网这个环境中加以考量,即全球互联网中有至少10亿人使用中文作为第一语言进行网络传播活动。据互联网世界统计(Internet World Stats)网站的数据,截至2021年9月,全球互联网中使用英语作为第一语言的用户数量为11.8亿,占全球网民数量的25.9%;而中文网民以约10亿人的数量占比21.7%。[②]考虑到英语在国际上的通用属性,网民中使用中文者与使用英语者在数量方面较为接近,可见我国互联网的发展普及程度并不落下风。

根据"民族语"网站的统计数据,截至2019年,全世界现存依然在使用的语言共约7 100种,其中,英语的使用人口位居首位,为11.32亿;其次为中文的使用人口,为11.17亿。[③]仅从使用人口数量层面来判断,似乎相差并不悬殊。然而英语的使用人口中包含大量官方语言非英语且国民人口母语也非英语的国家的人口,而中文的使用者仅局限于中国和东南亚华文群体这样一小部分区域之中,英语的国际影响力事实上远远高于中文,英语译为其他种类语言的数量也位居第一,英语是全球语言网络中的核心枢纽。俄语、法语和德语等语言则次之,在以上两个指标中虽然占下风,但作为次核心也起到了一定的传播作用。然而,对比鲜明的是,如中文、阿拉伯语和印度语的使用人数相当多的语言在此全球语言网络地图中却居边缘地位,这些语言与其他语言之间的互译频率较低。英语信息事实上对于更多人群而言是可被理解的,而信息生产者为追求较好的传播效果也更倾向于发布英文信息,中文信息相对于英文信息也就显得比较匮乏。

习近平总书记在主持中共十九届中央政治局第三十次集体学习时强调:讲好中国故事,传播好中国声音,展示真实、立体、全面的中国,是加强我国国际传播能力建设的重要任务。[④]习近平总书记的讲话是对我国既往国际传播情势的深刻总结,也是对未来我国国际传播发展方向的宏观指引和殷切期许。当前世界处于百年未有之大变局,国际传播领域也正在发生深刻的转型。

可以说上述研究着眼于我国国际传播的"道",试图构建具有创新性的国际传播理论基石。而着眼于我国国际传播的"术",即从更具体细致的层面来着重提出解决新时代、

---

① 《第48次中国互联网络发展状况统计报告》,载 https://cit.buct.edu.cn/_upload/article/files/78/6b/7f0d8df1428caae3a7d0a24d5050/b3d5c087-8ab5-463a-a1fe-c7d20c2ef708.pdf,2021年12月20日。
② 参见 https://www.internetworldstats.com,2021年12月20日。
③ 参见 https://www.ethnologue.com/guides/ethnologue200,2021年12月20日。
④ 《习近平谈治国理政》(第四卷),外文出版社2022年版,第316页。

新要求下我国国际传播问题之对策及方法也是重中之重。笔者分析了我国当前国际传播所面临的挑战与问题，并据此尝试提出我国开展下一阶段的国际传播实践应从布局智能全媒体国际传播战略体系、加强跨领域国际传播协同创新研究、健全话语体系打造立体化国家形象、探索协同化国际传播人才培养路径四个方面着力的策略建议。[1] 其他的对策性研究包括着眼于国际传播的话语升级[2]、新路径探索[3]及国际舆论格局之总体布局[4]等，均具备较强的实践意义和可操作性。

我国已实现全面建成小康社会的基本目标，脱贫攻坚战也取得了全面胜利，人民的获得感、幸福感不断提升，作为大国公民的自信也得到了大大加强。然而，在中国的和平发展成果有目共睹的情况下，一些西方国家以所谓的人道主义、政治正确、意识形态差异等为借口，对中国进行舆论打压。面对世界百年未有之大变局与中华民族伟大复兴之战略机遇，我国的国际传播事实上面临着风险与挑战并存的局面。

鉴于此，习近平总书记在有关新闻舆论工作的重要论述中明确指出，要推动融合发展，主动借助新媒体传播优势；习近平总书记同时指出，要加强国际传播能力建设。[5]2020年9月26日，中共中央办公厅、国务院办公厅印发了《关于加快推进媒体深度融合发展的意见》，进一步强调"努力打造全媒体对外传播格局，讲好中国故事，传播中华文化"[6]。以习近平同志为核心的党中央为我们描摹出了一幅媒体融合与国际传播相得益彰、互为补充的理想蓝图。国际传播能力建设的最大驱动力正是媒体融合。

人工智能技术的飞速发展让我们不知不觉间处在了智能媒体时代来临的前夜。可以预见的是，技术在信息传播过程中扮演的角色将愈加举足轻重，大数据和云计算等技术将不断为智能媒体的权重加码。面对这一时代背景，智能媒体事实上同时成了我们的挑战和机遇。我们一方面面对着欧美国家在国际传播话语场域的先发优势，另一方面又在智能媒体领域与其站在了同一起跑线上。智能媒体作为国际传播领域各方均需要善加利用和重视的"武器"，有两种现象值得关注。第一，过往需要依托人力完成的舆论风向引

---

[1] 段鹏：《当前我国国际传播面临的挑战、问题与对策》，载《现代传播（中国传媒大学学报）》2021年第8期，第1~8页。
[2] 李玉洁：《中国国际传播的逻辑转向与话语升级》，载《河南大学学报（社会科学版）》2021年第6期，第129~134页。
[3] 张毓强，庞敏：《新时代中国国际传播：新基点、新逻辑与新路径》，载《现代传播（中国传媒大学学报）》2021年第7期，第60~64页。
[4] 吴瑛，乔丽娟：《国际舆论新格局与中国话语新空间》，载《对外传播》2021年第1期，第9~13页。
[5] 杜尚泽：《习近平在党的新闻舆论工作座谈会上强调坚持正确方向创新方法手段提高新闻舆论传播力引导力》，《人民日报》，2016年2月20日。
[6] 《中共中央办公厅 国务院办公厅印发〈关于加快推进媒体深度融合发展的意见〉》，载 http://www.gov.cn/xinwen/2020-09/26/content_5547310.htm，2021年8月20日。

导工作在写作机器人和人工智能语言识别技术的加持下可以通过机器人完成。相对于人工，写作机器人具有数量、效率和时间等方面的巨大优势，能够按照设定自动地在国际传播话语场域不间断发送大量带有明显意识形态偏向性的信息来引导国际舆论。赵爽等研究发现，国外的推特（Twitter）平台上就存在大量写作机器人高强度、多语种地发帖，妄图通过在国际舆论场煽风点火来干涉我国内政，并为其分裂中国的行径进行舆论铺垫，混淆国际视听。[1] 第二，"话语权"将逐步让位于数据话语权。数据话语权依托对海量信息的搜集、处理、分析和传播而形成"现实传播优势"和"深层影响能力"。[2] 强大的信息搜集处理能力和物联网等人工智能技术优势为西方国家的数据话语权赋能，影响着我国国际传播效果的实现。在当前的传播环境下，新闻报道的素材、主体和传播渠道正快速地向隐于事实背后的数据、传感器、物联网和采用了算法推送技术的互联网平台转化。[3] 这些科技指标的优劣将逐渐成为决定一国国际传播能力高低的新标准。这一情况下，中国面临着西方国家互联网平台的先发优势和金融优势，如何避免在数据话语权争夺中落于下风是值得我们重视的。

横向来看，主流广播电视媒体依然是我国国际传播的主要力量，其他机构的参与度相对而言处于较低的位置，理想中"跨部门、多主体"的国际传播格局尚未形成。纵向来看，当前我国的国际传播主要由中央媒体主导，其他地方媒体未能充分发挥其应有的作用。这一状况一方面保证着我国国际传播实践的可控性及权威性，提高传播效率的同时也在一定程度上杜绝了宣传事故乃至虚假信息的产生；从另一方面来看，这种国际传播现状也造成了一定的传播资源浪费，地方媒体的一部分传播力被闲置起来，也使得我国国际传播话语的多样性受到了限制。

国家形象包括三个层面的意义："具有不可描述性的国家形象的'源像'""本国系统中主控族群所力图树立的形象""国际信道传输和其他国家主控族群所描述下的一国的形象"，其中后两者为了争取在受众中的合法化而展开博弈。[4] 可见，国家形象的树立与我国在国际传播话语博弈中的表现关系甚密，而当前西方国家在这一话语博弈过程中占据上风，这加大了我们塑造良好国际形象、扭转话语地位的难度。

---

[1] 赵爽，冯浩宸：《"机器人水军"发展与影响评析》，载《中国信息安全》2017年第11期，第89页。
[2] 陆小华：《数据话语权：国际传播的战略性竞争焦点》，载《现代传播》2020年第10期，第1页。
[3] 段鹏：《当前我国国际传播面临的挑战、问题与对策》，载《现代传播》（中国传媒大学学报）2021年第8期，第1~8页。
[4] 张毓强：《国家形象刍议》，载《现代传播》2002年第2期，第30页。

1. 布局全媒体国际传播战略体系

媒体融合语境下的广播电视媒体亟须转变国际传播策略、布局全媒体国际传播战略体系。胡正荣的《智能化：未来媒体的发展方向》一文对人工智能技术的发展对社会各个行业的影响予以关注，目前可以看出，互联网与媒体在深度融合的过程中，已经从曾经的门户媒体时代过渡到社交媒体时代，未来走向智能场景时代也是必然的趋势。这就对媒体行业提出了技术升级的要求，这既是挑战也是机遇，只要能够坚定不移地走智能化发展之路，传媒业势必可以与新技术、互联网生态共同进步。沈浩在其《人工智能：重塑媒体融合新生态》中曾经提出，根据数字化媒体高速发展的态势和时代背景，媒体融合已经迎来了"AI+媒体"的新时代。革命性的技术变革使得人工智能、大数据挖掘等新技术已经能够应用在媒体并融入现实生活之中，例如无人机报道、机器人写作、VR报道、AR新闻。这其实都是媒体融合智能化在行业内最显著的体现。同时，国际传播也不应放松，必须要紧紧抓住智能化机遇与全媒体建设机遇，在考虑布局全媒体国际传播战略体系的过程中，可以从以下四个方面来考虑。

第一，着眼于整个智能化全媒体传播体系建设，必须要明确顶层框架设计，在合适的框架内填充中观方案设计与微观细节修改。在适当情况下"抓大放小"，将各级政府与各分管部门的职责落实在政策之中，对国际传播领导职权的分配必须清晰明了。在国际传播整体战略的实施方面，应该紧紧跟随时代动向，优化、简化或再造各项流程，同时也必须完善各项法律法规，以此助力国际传播的各项战略能顺利实施。

第二，不能将眼光局限在"国与国之间"的交流，除官方媒体、政府机构的交流与传播外，也要重视民间的传播，可以邀请各非主流媒体、自媒体等与官方合作，在他们所熟知的领域发挥自己的力量，例如可以在各大对外传播平台上用百姓的语言讲更接地气的中国故事，以此让我们的国际传播话语体系更加丰满并具备更强的影响力。

第三，推动智能化全媒体传播体系、建设依赖科学技术的发展，能够独立自主地开发和应用最新的智能媒体技术是关键。目前，我们必须紧跟时代潮流，运用大数据、新闻写作机器人、云计算、智能影像等技术为我国国际传播赋能，并让我国能从容应对西方的恶意抹黑。

第四，地方媒体也要融入整个国际传播话语体系之中，紧随中央媒体的脚步，抓紧建设县级融媒体中心及具有地方特色的新媒体，与国际传播的整体规划步调一致，才能让全媒体国际传播体系形成"同心圆"，使各地方媒体的国际传播动能得到充分激活。

2. 强化议程设置，掌握国际话语权

我国主流媒体应当加强议程设置能力，掌握国际话语权。在国家软实力的评判标准中，国际新闻话语权是其中非常重要的一个指标。广播电视机构的新闻报道往往最能体现该国的国际传播实力。目前，西方媒体占有了大部分的主流话语权，他们可以将许多问题的传播与讨论局限在对其有利的报道议程范围之内。所以，对国际话语权的争夺，以及对我国广播电视媒体国际传播能力的重视，都是为了能够让我国处于一个对发展有利的外部舆论环境，最终能建成一个既合理、又公平的世界通讯新秩序。

第一，把握报道的及时性，确保信息透明。新闻最重要的一点就是及时性。我们应该提高新闻嗅觉与敏感性，及时获取与报道第一手新闻来源信息，作"先发制人"才能提升我国的广电媒体形象。受众自然而然会被最及时的新闻信息所吸引，在增加该信息的透明性与可信度的同时，媒体的公信力也能够得到提升。

第二，利用地缘优势抢占独家新闻资源。目前，世界各国因我国国际地位的不断提高，也越发给予关注。我国的官方媒体在此背景下，作为最权威、最真实、最可信的渠道之一，更应该发挥作用，以此提升我国的国际形象。不仅要对已有的传播观念"取其精华，去其糟粕"，也要有的放矢，从传播技巧、传播艺术方面不断完善，认识到真实的、有效的、针对性的新闻传播才能将国际传播工作提升到新层次；还要充分发挥地缘优势，例如我们临近各国对我国的评价与报道往往会被认为是较为客观的，特别是东亚等国的独家报道等，这些都是能够让西方国家从侧面更好地了解和认识中国的有效途径。

第三，中国视角，国际化表达。随着我国综合国力的不断增强，世界关注中国，世界也需要中国。麦克斯韦·麦库姆斯和唐纳德·肖在20世纪70年代的实证研究的基础上，首次使用了"议程设置"的概念，提出了大众媒体具有影响社会议程的功能。因此，对议程的充分设置必不可少，中国元素、中国语境都需要更多地使用在对外传播过程中，而不是一味地以他人为中心。中国立场、中国态度必须被全面、公正、客观地表达出来。但是与此同时，不能违背基本的国际传播规则，要注重海外受众的心态，在科学合理地分析之后采取受众易于接受、能有效传递信息的表达方式。

第四，平衡报告内容，拓宽报告范围。媒体在国际传播中，需要通过以本国视角尽量客观、公正地传递出真实观点，不能违背信息传播规律，要以柔和、舒缓的方式使受众接受自己的引导。从实际出发来说，可以从以下几个方面改进和重塑公正、公平、客观的媒体形象。首先，必须不断平衡报道的趋势。可以从三个层次平衡报道趋势。一是在对外传播过程中，应该注意正面报道与负面报道的平衡，不能过度偏倚哪方。假如媒

体的报道中只有正面信息，不仅不能让受众信服，反而会在一定程度上使受众出现反感，使媒体的公信力大打折扣；二是媒体应该注意报道信息的全面性，例如在报道中是否综合了不同的声音与意见，无论赞成还是反对，仅仅报道其中一点都会对受众形成误导，无法使其做出对真相客观冷静的判断；三是新闻不应该是由冷冰冰的数字或内容堆砌而成的，只有有血有肉的内容，才能让官方表达出自己态度的同时，也让民生态度得以被重视。其次，必须要扩大报道的覆盖范围。现如今，少数发达国家仍旧牢牢地把控着国际话语权，他们为了使受众更多地关注西方利益集团关注的事件和地区，使其他相对弱势的国家和地区边缘化，不惜通过垄断媒体技术和产业的方式来对全球话语议程进行设置。在面对这种劣势的国际传播格局时，我国媒体必须要有坚定打破这种不利格局的信心，让发展中国家和第三世界国家也能站到世界舞台上，受到国际上的关注。我国的主流媒体，即广播电视媒体也不能偏居一隅，必须要有国际视野，发现西方主流媒体报道和关注的盲区，这既是对我国广播电视媒体新闻报道能力的挑战，也是一个崭新的机遇。

3. 联动全民参与国际传播

我国主流广播电视媒体应当尝试跳出官方一元传播框架，引导全民参与传播。Z世代指出生于1995年至2009年间，从小在互联网环境中长大，受智能手机、电脑等科技产品影响最大的一代人。Z世代以其庞大的人口数量和特征成了我国国际传播的理想受众，争取Z世代的关注和认同应当成为建立良好国家形象的重点目标。事实上，一批中国意见领袖已经在海外信息平台（如油管，YouTube）获得了较高的关注度，中国的风景、美食等均在他们的推介下化作大量的中文信息被广为传播，引发了以国外年轻一代为主体的国际受众的广泛共鸣。由此，建设和加强我国的国际传播力不应仅仅继续遵循政府主导的国际传播既有框架，还要借助具有亲和力和影响力的中国意见领袖，实现中文信息的繁荣、丰富，甚至进一步"化信息流为影响流"[1]，推动中国优秀文化"走出去"。

除了利用意见领袖之外，加强国际传播的全民参与也应当成为我们的目标。喻国明指出，国际传播或许需要实现"国家传播主体由单一的官方传播向多元参与的全民传播转变"[2]。国际传播的参与者不应仅仅局限于国家机构，作为一个话语主体的社会、社会中的个人，都应被纳入国际传播的过程中。具有多元参与主体的国际传播活动或许在内容生产的专业性方面相对较弱，但其相对于宏大叙事的大众化话语而言更加生动真实，能够引起国际传播对象的共鸣。在广电媒体国际传播过程中提高普通人的参与程度，用带有

---

[1] 吴瑛，乔丽娟：《文化强国建设的全球传播战略与路径》，载《青年记者》2021年第6期，第12~14页。
[2] 喻国明：《构建国际传播的基本理念》，载《新闻与写作》2013年第10期。

真感情的具体话语表达替代以往官方国际传播话语的抽象概念传播,在一定程度上可以跨越文化壁垒和隔阂,增强国际传播的亲和力和实效性。

我国的互联网普及率已经达到了较高水平,以微博、知乎、微信等为代表的互联网新媒体平台已经"从根本上改变了人们的生活方式、思维方式,与周围世界打交道的方式,即人们很难做到真正自觉地、不受媒体文化影响和媒体描述方式干预地来观察和认识世界"①。这种影响之一就是人们能够更加即时地接受广泛的信息,个人所生产的信息也更有可能在大范围内传播开来。现代网络空间已经形成了一种去中心化、去权威化的网状结构,新媒体平台打破了以往的自上而下的话语格局,传统的"向弱者的传播"演变成"弱者的传播"。②受益于媒介技术的发展,以往的话语弱势群体被赋予了更多话语权。在传统媒体环境中不敢表达、不会表达、没机会表达的个体,拥有了更多的发声机会。

未来,随着技术赋权的持续深入,民间力量、地方力量将更加广泛地参与到国际传播实践中,并通过更具温度和情感的日常互动,消解一直以来困扰着国际传播实践的语言和文化障碍。③针对西方观众的喜好实现国际传播的精准效果,多多运用"好感传播"手段,将会是增进国与国之间民心互通互鉴方面的有益尝试。

4. 借助媒体融合加强国际中文教育

国际中文教育是指面向海外母语非汉语者的中文教学,是一种以中文教育为核心的人才培养活动。作为国家对外传播、国家形象塑造、文化影响力甚至综合国力提升的重要传播媒介,国际中文教育从宏观层面来看可以增强中华优秀传统文化的国际传播力与影响力,使中国传统文化得到更广泛、更深入的继承和发展,同时增强国人的文化自信和民族自信;从更具体的微观层面来看,可以使中文信息走出"信息孤岛"并在国际互联网世界得到推广,使中国故事被读懂,使中国声音被听懂。

当前,5G 驱动下的智能媒体传播技术为国际中文教育与传播体系创新提供了新的生态契机;线上与线下教育的相互建构为国际中文教育与传播体系创新的结构变迁提供了可能性。在此背景下加强国际中文教育,首先,需要做好国际中文教育的管理布局,以以孔子学院为核心的国际中文教育办学模式为基点,以国际中文教育的市场化运作模式为连接,以多边合作与资源共享为面向。其次,在国际中文教育的发展建设中要注重

---

① 蒋原伦:《媒体文化与消费时代》,中央编译出版社 2004 年版,第 98 页。
② 黄月琴:《"弱者"与新媒介赋权研究——基于关系维度的述评》,载《新闻记者》2015 年第 7 期,第 28~35 页。
③ 李荃:《以媒体融合为驱动的国际传播能力提升路径探析》,载《国际传播》2020 年第 6 期,第 16~23 页。

其教法研究的前沿化、多样化，注重其教材开发的专业化、专门化；注重其师资培养的标准化、本土化；注重其传播交流的项目化、多元化。再次，需统筹国内、国外两个中文教育市场，完成从"借船出海"到"造船出海"的转变；实现互联网经济下国际中文教育与传播的多元化产业模式建构；兼顾社会效益与经济效益，兼顾国际中文教育与传播发展的"一体两面"。最后，不可或缺的是，国际中文教育与传播体系创新需坚持党和国家主流意识形态引导，牢牢把握国家对外传播的政策导向，做好教育道德与伦理规制。

5. 精准评价，建立长期对外传播效果评价体系

在衡量广播电视的对外传播效果时，一般会参考以下几个维度：媒体产品质量和销量、传播渠道和形式、受众认知度、媒体覆盖率、有效到达率等。以媒体产品质量和销量为例，节目选题的选择、节目素材的制作、发布报道的数量、周边产品的消费都被包含在内；传播渠道和形式的多样化也占重要比重。目前，我国对广播电视媒体国际传播评价体系建设的研究尚未完善，相关的资料与学术研究都相对匮乏，相关研究和资料较少，亟须注入更多的新鲜血液。从宏观角度来看，我国必须切实认识到文化软实力中国际传播的重要性和战略意义。目前，无形的话语竞争已经日渐激烈，我们绝不能坐视不理，故步自封，而是要放眼世界，根据不同受众的实际情况有针对性地选择传播内容，让我们的声音以更国际化的方式表达和传播出去。

随着人类文明的不断演进，延续了近百年的国际治理体系不断受到挑战。在此形势下，"人类命运共同体"理念作为解决世界问题的中国方案蕴含着我国几千年文化传承的底色，是一个极具包容性的概念。它不仅是一种美好愿景和衷心呼吁，而且具有成为我国国际传播核心价值理念的潜力。我国广播电视媒体面对西方发达国家业已构建完备的全球传播格局亟须构建出一套能够真实传达中国声音、讲好中国故事的叙事体系，以期在西方国家占据全球信息流动制高点的情况下为我国的国际传播事业争取话语空间。在此背景下增强国际传播能力、讲好中国故事、增强中国国际话语权，若还是在西方范式之下还击西方的抹黑，陷入其所设置的议程，或许效果不会显著。恰恰是人类命运共同体这样承袭着中国自古以来的天下观和"大同社会"理想[1]的理论才具有足够的高度来助推我国的国际传播事业的发展。

智能媒体传播时代前夜，国际传播场域被不断解构、冲击，时代为我们提供了机遇，

---

[1] 张磊，胡正荣：《帝国、天下与大同：中国对外传播的历史检视与未来想象》，载《南京社会科学》2015年第6期，第117~122页。

而媒体融合技术和相关政策为我们提供了条件。展望未来，立足于第二个百年奋斗目标新征程的起点，中国国际传播事业的发展、探索其与媒体融合的理想结合方式，需要学界和业界的共同努力，我们也必将站在道路自信、理论自信、制度自信、文化自信的基础上为建立全球国际传播的新秩序作出贡献。

参 考 文 献

一、著作文献

（一）中文著作

［1］鲍立泉.技术视野下媒介融合的历史与未来［M］.武汉：华中科技大学出版社，2013.

［2］毕书清.新时期的媒体融合与数字传播［M］.南京：江苏凤凰科学技术出版社，2015.

［3］蔡敏，韦文杰编著.媒介融合胜出战略［M］.北京：中国书籍出版社，2012.

［4］蔡雯.媒体融合与融合新闻［M］.北京：人民出版社，2012.

［5］曹慎慎.互动与融合：全球化视野下的中国电视与网络媒体［M］.北京：中国社会科学出版社，2015.

［6］邓建国.媒体融合：基础理论与前沿实践［M］.上海：复旦大学出版社，2017.

［7］段鹏.传播学基础：历史、框架与外延［M］.北京：中国传媒大学出版社，2013.

［8］段鹏.电视品牌战略研究［M］.北京：中国传媒大学出版社，2007.

［9］段鹏.挑战、变革与提升：媒介融合背景下中国广播电视舆论引导能力研究［M］.北京：中国人民大学出版社，2015.

［10］段鹏.政治传播：历史、发展与外延［M］.北京：中国传媒大学出版社，2011.

［11］段鹏.中国广播电视国际传播策略研究［M］.北京：中国传媒大学出版社，2013.

［12］段鹏.中国主流媒体融合创新研究［M］.北京：中国传媒大学出版社，2018.

［13］段鹏，王永滨主编.创新与发展：关于中国传播能力建设的思考［M］.北京：中国传媒大学出版社，2014.

［14］段鹏，张君昌主编.融媒背景下中国广播影视发展趋势研究［M］.北京：中国传媒大学出版社，2017.

［15］付晓光.互联网思维下的媒体融合［M］.北京：中国传媒大学出版社，2017.

［16］宫承波主编.媒介融合概论（第2版）［M］.北京：中国广播影视出版社，2016.

［17］胡怀福，周劲.王者融归：媒体深度融合56个实战案例［M］.北京：人民日报出版社，2019.

［18］胡正荣，段鹏，张磊.传播学总论［M］.北京：清华大学出版社，2008.

［19］胡正荣，赵树清，马建宇主编.媒介融合时代的电视新闻创新：省级地面频道发展战略研究［M］.北京：中国传媒大学出版社，2011.

［20］胡智锋，张承志主编.中国影视文化软实力：创新与融合［M］.北京：中国传媒大学出版社，2016.

［21］黄楚新主编.媒介融合背景下的传媒创新［M］.杭州：浙江大学出版社，2011.

［22］黄金.媒介融合的动因模式［M］.北京：中国书籍出版社，2010.

［23］李轶，王慧，徐鹏.媒介融合趋势下的新闻传播及其变革研究［M］.北京：中国商业出版社，2018.

［24］刘丽华，李波，黄锐.媒体融合与创新［M］.北京：中国广播影视出版社，2017.

［25］欧阳宏生.互联网时代媒介研究的坚守与创新［M］.成都：四川大学出版社，2016.

［26］潘可武主编.媒介经营管理：创新与融合［M］.北京：中国传媒大学出版社，2015.

［27］强荧，戴丽娜主编.新闻传播学理论前沿：在媒体融合的视域下［M］.上海：上海社会科学院出版社，2016.

［28］邵鹏.媒介融合语境下的新闻生产［M］.杭州：浙江工商大学出版社，2013.

［29］唐绪军，黄楚新，彭韵佳.中国媒体融合发展报告：2016—2017［M］.北京：中国社会科学出版社，2018.

［30］王建军主编.互联网+时代的媒体融合［M］.上海：上海交通大学出版社，2018.

［31］王勇.媒介融合背景下我国广电全媒体发展研究［M］.北京：中国广播影视出版社，2017.

［32］吴斌，付新.智能时代：媒介融合的桥与路［M］.贵阳：贵州人民出版社，2016.

［33］肖叶飞.媒介融合与媒体转型［M］.芜湖：安徽师范大学出版社，2017.

［34］许颖.媒介融合的轨迹［M］.北京：中国人民大学出版社，2011.

［35］杨继红.新媒体融合与数字电视［M］.北京：清华大学出版社，2008.

[36] 杨娟.中国媒介生产融合研究[M].北京：中国广播电视出版社，2014.

[37] 殷乐，梁虹主编.媒介、传播与文化系列之二：媒介融合环境下的国际传播研究[M].北京：中国社会科学出版社，2016.

[38] 喻国明.媒介革命：互联网逻辑下传媒业发展的关键与进路[M].北京：人民日报出版社，2015.

[39] 张梅珍主编.全媒体时代的传媒发展与新闻传播教育重构[M].武汉：武汉大学出版社，2017.

（二）外文译著

[1] [澳]Stephen Quinn,[美]Vincent F.Filak.媒介融合：跨媒体的写作和制作[M].任锦鸾，译.北京：人民邮电出版社，2009.

[2] [英]丹尼斯·麦奎尔.大众传播模式论[M].祝建华，武伟译.上海：上海译文出版社，1997.

[3] [荷]何塞·范·戴克.互联文化：社交媒体批判史[M].赵文丹，译.北京：中国传媒大学出版社，2018.

[4] [美]沃纳·赛佛林，小詹姆斯·坦卡德.传播理论起源、方法与应用[M].郭镇之，等译.北京：华夏出版社，2000.

[5] [美]斯蒂芬·李特约翰，凯伦·福斯.人类传播理论（第9版）[M].史安斌，译.北京：清华大学出版社，2009.

[6] [丹]克劳斯·布鲁恩，延森.媒介融合：网络传播、大众传播和人际传播的三重维度[M].刘君，译.上海：复旦大学出版社，2012.

（三）英文著作

[1] Duan Peng.*International Communication Strategy of the Chinese Radio and TV Networks*[M].Singapore：Springer，2017.

[2] Wendy Hui, Kyong Chun, Anna Watkins Fisher, Thomas W.Keenan.*New Media, Old Media：A History and Theory Reader*[M].London：Routledge，2016.

[3] Wood, A., Smith M.*Online Communication：Linking Technology, Identity, and Culture*[M].Mahwah, NJ：Lawrence Erlbaum Associates，2005.

二、期刊文献

[1] 蔡国栋，陈永松，张军利.广播的新媒体融合路径［J］.现代传播（中国传媒大学学报），2012，34（10）.

[2] 蔡雯，王学文.角度·视野·轨迹——试析有关"媒介融合"的研究［J］.国际新闻界，2009（11）.

[3] 蔡雯.媒介融合前景下的新闻传播变革——试论"融合新闻"及其挑战［J］.国际新闻界，2006（05）.

[4] 蔡雯.媒体融合进程中的"连接"与"开放"——兼论新型主流媒体建设的难点突破［J］.国际新闻界，2020，42（10）.

[5] 蔡雯.媒体融合：面对国家战略布局的机遇及问题［J］.当代传播，2014（06）.

[6] 蔡雯.融合：新闻传播正在发生重大变革［J］.新闻战线，2009（06）.

[7] 蔡雯.资源整合：媒介融合进程中的一道难题［J］.新闻记者，2009（09）.

[8] 蔡雯，陈卓.媒介融合进程中新闻报道的突破与创新——基于2008年重大新闻报道案例研究的思考［J］.国际新闻界，2009（02）.

[9] 蔡雯，黄金.规制变革：媒介融合发展的必要前提——对世界多国媒介管理现状的比较与思考［J］.国际新闻界，2007（03）.

[10] 陈刚.数字逻辑与媒体融合［J］.新闻大学，2016（02）.

[11] 陈力丹.习近平的宣传观和新闻观［J］.新闻记者，2014（10）.

[12] 陈绚.论媒体融合的功能［J］.国际新闻界，2006（12）.

[13] 陈卓.试论媒介融合进程中媒体组织重构的路径［J］.国际新闻界，2010（04）.

[14] 崔海教.媒体深度融合的五大路径［J］.传媒，2021（04）.

[15] 崔燕振，陈洲.大视频时代电视媒体覆盖发展与融合传播价值探究［J］.现代传播（中国传媒大学学报），2019，41（02）.

[16] 戴程.全球化视野下新媒体与传统媒体融合问题研究——以电视媒体网络媒体为例［J］.新闻界，2009（02）.

[17] 丁和根，孔令博文.地市级媒体融合发展的理论向度、现实挑战与操作策略［J］.当代传播，2020（06）.

[18] 窦锋昌，刘海贵.传统媒体搭建全媒体平台的创新模式研究［J］.当代传播，2019（04）.

[19] 段鹏.5G时代媒体融合向纵深发展的思维辨析[J].中国电视,2021(01).

[20] 段鹏.媒介融合背景下京津冀广电传媒发展策略研究[J].中国电视,2018(01).

[21] 段鹏.媒介融合背景下提升我国广播电视舆论引导能力的策略分析[J].中国广播电视学刊,2015(04).

[22] 段鹏.媒介融合背景下中国广播电视舆论引导的现状及对策[J].当代电视,2017(03).

[23] 段鹏.媒介融合环境下我国广播电视发展的实践路径与建议[J].中国电视,2018(03).

[24] 段鹏.媒体融合时代县区广播电视公共服务标准化的问题与路径[J].中国电视,2020(07).

[25] 段鹏.试论我国智能全媒体传播体系建设的实践路径:内容、框架与模式[J].现代出版,2020(03).

[26] 段鹏.智能化演进:广电媒体深度融合历史机遇与发展策略[J].编辑之友,2020(03).

[27] 段鹏.中华民族共同体意识传播中主流媒体融合发展的实践进路——以新疆为例[J].现代传播(中国传媒大学学报),2020,42(07).

[28] 段鹏,梁译心.我国电视媒体的媒介融合战略思考——试以"一带一路"倡议下的电视媒介表现为例[J].中国电视,2019(03).

[29] 段鹏,文喆,徐煜.技术变革视角下5G融媒体的智能转向与价值思考[J].现代传播(中国传媒大学学报),2020,42(02).

[30] 段鹏,朱瑞庭,朱敏倩.试论5G技术的发展为我国主流媒体舆论引导带来的机遇与挑战[J].当代电视,2020(09).

[31] 方立明.高质量融合的守正与创新[J].传媒,2020(08).

[32] 方兴东,潘斐斐,李树波.新媒体之道与媒体融合战略选择——纽约时报与人民日报媒体融合20年历程与经验比较研究[J].新闻记者,2016(01).

[33] 封翔.媒体融合进程中的电视力量——2015年中国电视收视市场分析[J].现代传播(中国传媒大学学报),2016,38(04).

[34] 冯建华,王建峰.辩证把握媒体融合发展的历史逻辑[J].当代传播,2021(01).

[35] 高钢.媒体融合:追求信息传播理想境界的过程[J].国际新闻界,2007(03).

[36] 高钢,陈绚.关于媒体融合的几点思索[J].国际新闻界,2006(09).

[37] 高慧军,黄华津.全媒体服务的效果与影响因素研究——以省级广电媒体为例[J].现代传播(中国传媒大学学报),2020,42(09).

[38] 高晓虹.媒体融合新常态下传统媒体舆论引导面临的困境与出路[J].社会科学,2015

（09）.

[39] 高晓虹，李智.试析传播新格局下电视与新媒体的相互借力与共赢［J］.国际新闻界，2013，35（02）.

[40] 高晓虹，赵希婧.立足新闻传播新业态 构建电视报道新格局［J］.电视研究，2018（04）.

[41] 高晓虹，赵希婧.适应融合传播新环境 开创品牌构建新时代［J］.电视研究，2018（07）.

[42] 苟凯东.模型与路径：媒介融合的多元价值系统［J］.当代传播，2019（01）.

[43] 郭全中.媒体融合：现状、问题及策略［J］.新闻记者，2015（03）.

[44] 韩立新.时空转移与智慧分流：媒体的分化与重构［J］.新闻与传播研究，2016，23（05）.

[45] 郝雨，李灿.传统媒体与高维度媒介型平台的融合探索［J］.新闻界，2015（13）.

[46] 胡兵.媒体深度融合之路：区块视频链的建构与应用［J］.当代传播，2020（04）.

[47] 胡翼青，李璟."第四堵墙"：媒介化视角下的传统媒体媒介融合进程［J］.新闻界，2020（04）.

[48] 胡正荣.智能化：未来媒体的发展方向［J］.现代传播（中国传媒大学学报），2017，39（06）.

[49] 胡正荣，李荃.重点清障突破，催生深融质变——"十四五"时期主流媒体高质量融合发展进路展望［J］.编辑之友，2021（02）.

[50] 胡正荣，李荃.走向智慧全媒体生态：媒体融合的历史沿革和未来展望［J］.新闻与写作，2019（05）.

[51] 胡正荣，王润珏.我国主流媒体智慧全媒体建设的目标与路径［J］.行政管理改革，2019（07）.

[52] 胡正荣，张英培.5G与人工智能时代县级融媒体中心建设的关键点——以江苏邳州为例［J］.电视研究，2019（05）.

[53] 胡正荣，张英培.我国媒体融合发展的反思与展望［J］.中国编辑，2019（06）.

[54] 胡智锋，陈寅.中国主流媒体面临的新环境、新形势、新任务［J］.新闻记者，2020（04）.

[55] 黄楚新，彭韵佳.2017年中国媒体融合发展报告［J］.现代传播（中国传媒大学学报），2018，40（04）.

[56] 黄楚新，王丹，任芳言.试论习近平的新媒体观［J］.新闻与传播研究，2016，23（03）.

[57] 黄楚新."互联网+媒体"——融合时代的传媒发展路径［J］.新闻与传播研究，2015，22（09）.

[58] 黄良奇.媒体融合：广播电视舆论引导能力提升的新途径［J］.新闻界，2009（05）.

[59] 嵇美云，查冠琳，支庭荣.全媒体社会即将来临——基于对"全媒体"概念的梳理和剖

析［J］.新闻记者，2013（08）.

［60］嵇美云，支庭荣.互联网环境下媒体融合的瓶颈及策略选择［J］.现代传播（中国传媒大学学报），2016，38（11）.

［61］季颖.媒体深度融合整体转型中的热点与痛点［J］.新闻记者，2017（11）.

［62］姜飞，彭锦.以媒体融合促进对外传播能力建设［J］.现代传播（中国传媒大学学报），2019，41（08）.

［63］蒋晓丽，贾瑞琪.顺应社会变迁 调整三重利益：媒体深度融合的核心要义［J］.新闻界，2019（01）.

［64］金莉萍.颠覆与重构：新闻融合传播的策略与路径［J］.现代传播（中国传媒大学学报），2016，38（01）.

［65］鞠靖.技术视角下的媒体融合［J］.新闻记者，2019（03）.

［66］雷跃捷，王娜.媒体融合时代新闻定义问题的再思考［J］.新闻大学，2020（08）.

［67］冷淞.从"融"到"合"：论电视艺术新媒体化的"四维驱动"［J］.现代传播（中国传媒大学学报），2018，40（11）.

［68］李红."带电作业"的新空间——简析广播电视报与电子媒体融合趋势［J］.新闻记者，2006（07）.

［69］李继东.复合规制：媒介融合时代的规制模式探微［J］.国际新闻界，2013，35（07）.

［70］李继东.试论欧美传媒规制融合的趋势与问题——兼谈新闻出版总署与广电总局合并的意义与期待［J］.新闻记者，2013（08）.

［71］李明海，董小玉.相融相生与关系重构：论媒体融合的进路与近路［J］.现代传播（中国传媒大学学报），2017，39（01）.

［72］廖祥忠.从媒体融合到融合媒体：电视人的抉择与进路［J］.现代传播（中国传媒大学学报），2020，42（01）.

［73］林如鹏，汤景泰.政治逻辑、技术逻辑与市场逻辑：论习近平的媒体融合发展思想［J］.新闻与传播研究，2016，23（11）.

［74］刘鹏.传统媒体融合转型的若干趋势［J］.新闻记者，2015（04）.

［75］刘帅，李坤，王凌峰.从主流媒体到新型主流媒体：概念内涵及其实践意义［J］.新闻界，2020（08）.

［76］刘秀梅，朱清.新闻短视频内容生产的融合困境与突围之路［J］.现代传播（中国传媒大学学报），2020，42（02）.

［77］卢迪，邱子欣．新闻"移动化"与直播"常态化"：5G技术推动新闻与直播深度融合［J］．现代传播（中国传媒大学学报），2020，42（04）．

［78］鲁艳敏．打通基层宣传"最后一公里"——浏阳市融媒体中心建设进行时［J］．传媒，2019（23）．

［79］陆小华．媒体融合运作体系构建方法与实现路径——以新华社全球视频智媒体平台与相关运作体系为研究样本［J］．现代传播（中国传媒大学学报），2019，41（10）．

［80］陆小华．增强体系竞争力：媒体融合平台构建的核心目标——新华社全球视频智媒体平台的探索与思考［J］．新闻记者，2019（03）．

［81］吕佳琦．媒体融合背景下广播电视发展策略探究——评《广播电视学导论》［J］．新闻记者，2019（12）．

［82］吕楠．融合型媒体组织的探索——以上海广播电视台融媒体中心为例［J］．新闻记者，2017（06）．

［83］吕岩梅，朱新梅，关宇奇．媒体融合背景下国外视听新媒体产业创新和政策创新研究［J］．现代传播（中国传媒大学学报），2015，37（01）．

［84］毛毅．媒体"深度融合"面临的三重困境［J］．传媒，2020（07）．

［85］梅宁华，支庭荣．媒体融合：进程与趋势［J］．新闻与写作，2018（04）．

［86］孟威．2020年网络新媒体传播：重大现实主题与学科研究进展［J］．当代传播，2021（01）．

［87］彭兰．社会化媒体、移动终端、大数据：影响新闻生产的新技术因素［J］．新闻界，2012（16）．

［88］彭兰．社会化媒体与媒介融合的双重挑战［J］．新闻界，2012（01）．

［89］彭兰．文化隔阂：新老媒体融合中的关键障碍［J］．国际新闻界，2015，37（12）．

［90］彭增军．穿新鞋走老路：数字时代传统媒体的"创新"为何会失败［J］．新闻记者，2017（05）．

［91］彭增军．媒体融合为什么成了夹生饭［J］．新闻记者，2016（12）．

［92］强月新，孙志鹏．媒介生态理念下新型主流媒体的内涵与建构路径［J］．当代传播，2019（06）．

［93］沙垚．资本、政治、主体：多元视角下的县级媒体融合实践——以A县融媒体中心建设为样本的案例研究［J］．新闻大学，2019（11）．

［94］沈浩，袁璐．人工智能：重塑媒体融合新生态［J］．现代传播（中国传媒大学学报），2018，40（07）．

［95］沈正赋．"四全媒体"框架下新闻生产与传播机制的重构［J］．现代传播（中国传媒大学学报），2019，41（03）．

[96] 沈正赋. 习近平关于新闻舆论工作重要论述: 逻辑起点·发展脉络·理论内核 [J]. 现代传播 (中国传媒大学学报), 2018, 40 (11).

[97] 沈正赋. 新媒体时代电视面临的生存挑战与发展机遇 [J]. 现代传播 (中国传媒大学学报), 2014, 36 (10).

[98] 沈正赋. 新媒体时代新闻舆论传播力、引导力、影响力和公信力的重构 [J]. 现代传播 (中国传媒大学学报), 2016, 38 (05).

[99] 石磊. 马克思主义新闻观与媒体融合发展 [J]. 新闻与传播研究, 2018, 25 (A1).

[100] 苏涛, 彭兰. 热点与趋势: 技术逻辑导向下的媒介生态变革——2019年新媒体研究述评 [J]. 国际新闻界, 2020, 42 (01).

[101] 孙慧英. 厦门日报社社长李泉佃谈媒体融合的国家战略 [J]. 国际新闻界, 2015, 37 (06).

[102] 孙玮. 超越技术与传媒业: 媒体融合与新闻传播学学术创新 [J]. 国际新闻界, 2010, 32 (12).

[103] 谭汪洋. 5G时代视觉传播的智能化突破与发展空间 [J]. 新闻记者, 2019 (08).

[104] 唐绪军. 理念更新是主流媒体融合发展的关键 [J]. 当代传播, 2019 (06).

[105] 涂凌波. 媒介融合需超越路径依赖: 基于媒介制度视角 [J]. 当代传播, 2019 (05).

[106] 王春婵, 伍刚. 构建"四全媒体"传播体系 面向全球传播中国声音——对习近平总书记1·25讲话的学习与思考 [J]. 传媒, 2020 (06).

[107] 王菲, 樊向宇. 回顾与反思: 中国媒体融合研究十五年 (2005—2019) [J]. 当代传播, 2020 (05).

[108] 王小龙. 从"+互联网"到"互联网+": 电视媒体融合路径探讨 [J]. 现代传播 (中国传媒大学学报), 2017, 39 (09).

[109] 王昕. 媒体深度融合中的"中央厨房"模式探析 [J]. 现代传播 (中国传媒大学学报), 2017, 39 (09).

[110] 王长潇. 传统电视与视听新媒体融合发展路径的选择与拓展 [J]. 国际新闻界, 2011, 33 (12).

[111] 王长潇. 电视与新媒体融合发展模式探析 [J]. 当代传播, 2012 (02).

[112] 韦路. 媒体融合的定义、层面与研究议题 [J]. 新闻记者, 2019 (03).

[113] 吴江文. 探析Hulu运营模式对卫视网站创新的借鉴 [J]. 国际新闻界, 2009 (09).

[114] 吴克宇, 张凌微. 媒体融合背景下中央电视台节目创新特点与趋势 [J]. 现代传播 (中

国传媒大学学报），2017，39（12）．

［115］夏德元．媒体融合:腾笼换鸟还是浴火重生？——由"澎湃新闻"上线展开的讨论［J］．新闻记者，2014（11）．

［116］肖赞军．媒介融合引致的四类规制问题［J］．当代传播，2014（01）．

［117］肖赞军．媒介融合中的规制框架：两难抉择及应对思路［J］．新闻与传播研究，2013，20（10）．

［118］肖赞军，李玉婷，陈子燕．媒介融合、规制融合的国际经验与中国策略［J］．重庆社会科学，2012（06）．

［119］肖赞军，刘美君．传统媒体与新兴媒体融合发展的盈利模式［J］．吉首大学学报（社会科学版），2020，41（06）．

［120］谢新洲，石林．"上下夹击"与"中部突围"：我国地市级融媒体发展研究——基于四市媒体融合发展的实地调研［J］．现代传播（中国传媒大学学报），2019，41（12）．

［121］谢新洲，朱垚颖，宋琢谢．县级媒体融合的现状、路径与问题研究——基于全国问卷调查和四县融媒体中心实地调研［J］．新闻记者，2019（03）．

［122］许颖．互动·整合·大融合——媒体融合的三个层次［J］．国际新闻界，2006（07）．

［123］严功军．走出思维困境：媒介融合的认识论反思［J］．现代传播（中国传媒大学学报），2019，41（11）．

［124］严三九．媒体融合过程中传媒体制改革研究［J］．新闻记者，2016（12）．

［125］严三九．中国传统媒体与新兴媒体产业融合发展研究［J］．新闻大学，2017（02）．

［126］严三九．中国传统媒体与新兴媒体内容融合发展研究［J］．新闻与传播研究，2017，24（03）．

［127］严三九．中国传统媒体与新兴媒体渠道融合发展研究［J］．现代传播（中国传媒大学学报），2016，38（07）．

［128］易旭明．媒体融合背景下的中国传媒产业规制转型——基于互联网媒体与电视规制效果比较的视角［J］．新闻大学，2017（05）．

［129］殷乐．媒介融合环境下欧美受众研究的范式转换［J］．新闻与传播研究，2010，20（06）．

［130］殷乐，高慧敏．传统媒体新闻短视频发展现状与传播态势［J］．当代传播，2018（06）．

［131］于正凯．技术、资本、市场、政策——理解中国媒体融合发展的进路［J］．新闻大学，

2015（05）.

[132] 余晓阳,张金海.传统媒体的数字化转型与新媒体的平台化发展——基于双边市场理论的经济学分析［J］.新闻界,2012（05）.

[133] 喻国明.构筑"新木桶":媒体融合转型之路的关键［J］.电视研究,2015（02）.

[134] 喻国明.媒体融合:要"下一盘很大的棋"［J］.新闻界,2020（09）.

[135] 喻国明.新型主流媒体未来发展的三个关键性操作［J］.传媒,2021（04）.

[136] 喻国明,刘旸."互联网+"模式下媒介的融合迭代与效能转换［J］.新闻大学,2015（04）.

[137] 喻国明,曲欣悦,罗鑫.试析传统媒体与新媒体的合作模式与操作要点［J］.中国地质大学学报（社会科学版）,2016,16（04）.

[138] 喻国明,赵睿,董翊宸."一带一路"场景下的新型主流媒体传播策略［J］.前线,2020（01）.

[139] 曾培伦,朱春阳."如何来用"到"用来如何":中央厨房的"载体化"实践改造面向［J］.新闻界,2018（08）.

[140] 张国涛,李轩."精简精办":中国电视频道高质量发展的现实抉择［J］.现代传播（中国传媒大学学报）,2020,42（07）.

[141] 张辉刚,朱亚希.社会嵌入理论视角下媒体融合的行动框架构建［J］.当代传播,2018（01）.

[142] 张金桐,屈秀飞.媒体融合的演进逻辑、实践指向与展望［J］.当代传播,2019（03）.

[143] 张磊.调整运行管理机制,促进传统广播与新媒体融合发展［J］.传媒,2016（01）.

[144] 张磊,张英培.县级融媒体中心建设的邳州经验［J］.新闻与写作,2019（07）.

[145] 张庆.传统电视媒体进军短视频的误区与着力点［J］.现代传播（中国传媒大学学报）,2017,39（12）.

[146] 张守信.县级融媒体中心建设影响因素研究［J］.新闻大学,2021（02）.

[147] 张腾之.中国广电媒体融合的驱动路径与未来思考［J］.现代传播（中国传媒大学学报）,2016,38（05）.

[148] 张芸.省级媒体深度融合的现实问题与理论思考——基于河北省的调研［J］.新闻与传播研究,2018,25（A1）.

[149] 赵如涵,张磊.平台战略、粉丝生产与模式再造——中国广播融合发展之路探析［J］.中国广播电视学刊,2016（12）.

［150］赵睿，喻国明.5G大视频时代广电媒体未来发展的行动路线图［J］.新闻界，2020（01）.

［151］赵彤.媒体融合传播效果评估的路径、模型与验证［J］.新闻记者，2018（03）.

［152］赵子忠.守正创新，夯实媒体融合发展基石［J］.传媒，2021（04）.

［153］甄巍然，白贵，彭焕萍.技术仿真　思维跨域　伦理嵌入——新闻业裂变背景下传媒人才培养的三维方向［J］.新闻记者，2017（03）.

［154］郑保卫，王仕勇.推动媒体融合发展须把握意识形态正确导向——学习习近平总书记在中央政治局第十二次集体学习时的重要讲话［J］.新闻大学，2019（10）.

［155］郑自立.中国媒体深度融合的动力逻辑与推进路径［J］.现代传播（中国传媒大学学报），2017，39（06）.

［156］支庭荣.我国媒体融合发展的内在逻辑与焦点问题［J］.人民论坛·学术前沿，2019（03）.

［157］支庭荣.新媒体不是传统媒体的延伸——融合背景下"转型媒体"的跨界壁垒与策略选择［J］.国际新闻界，2011，33（12）.

［158］周逵.反向融合：中国大陆媒体融合逻辑的另一种诠释［J］.新闻记者，2019（03）.

［159］周逵，黄典林.从大喇叭、四级办台到县级融媒体中心——中国基层媒体制度建构的历史分析［J］.新闻记者，2020（06）.

［160］朱春阳.媒体融合，传统媒体向新媒体学习什么［J］.新闻记者，2016（05）.

［161］朱春阳,刘心怡,杨海.如何塑造媒体融合时代的新型主流媒体与现代传播体系？［J］.新闻大学，2014（06）.

［162］朱鸿军.颠覆性创新：大型传统媒体的融媒转型［J］.现代传播（中国传媒大学学报），2019，41（08）.

［163］朱鸿军.走出结构性困境：媒体融合深层次路径探寻的一种思路［J］.新闻记者，2019（03）.

［164］朱鸿军,农涛.媒体融合的关键：传媒制度的现代化［J］.现代传播（中国传媒大学学报），2015，37（07）.

［165］朱剑飞，胡玮.主流风范：融合发展　浴火重生——加快我国新型媒体集团建设的若干思考［J］.现代传播（中国传媒大学学报），2014，36（11）.

［166］朱天，唐婵.政策赋能、业务扩容、系统转型——对县级融媒体中心建设中几个关键概念的观察辨析［J］.新闻界，2020（06）.

三、报纸文献

［1］张天培.五个关键词解码媒体融合发展：《中国媒体融合发展年度报告（2018—2019）》亮点扫描［N］.人民日报，2019-10-30（16）.

［2］张懿.传统媒体依然强势而媒体融合使其更强大："2020中国网络媒体论坛"开幕侧记［N］.上海文汇报，2020-09-28（3）.

索 引

（词条后页码为该词在书中首次出现的页码）

大众传播 11

交互性 14

媒介功能 3

媒介环境 1

媒介技术 2

媒介组织 3

媒体融合 1

全程媒体 23

全息媒体 23

全员媒体 23

全效媒体 23

融合主体 8

数字传播技术 14

网络媒体 14

文化体制改革 22

新媒介 2

郑重声明

高等教育出版社依法对本书享有专有出版权。任何未经许可的复制、销售行为均违反《中华人民共和国著作权法》，其行为人将承担相应的民事责任和行政责任；构成犯罪的，将被依法追究刑事责任。为了维护市场秩序，保护读者的合法权益，避免读者误用盗版书造成不良后果，我社将配合行政执法部门和司法机关对违法犯罪的单位和个人进行严厉打击。社会各界人士如发现上述侵权行为，希望及时举报，我社将奖励举报有功人员。

反盗版举报电话 （010）58581999　58582371

反盗版举报邮箱 dd@hep.com.cn

通信地址 北京市西城区德外大街4号　高等教育出版社法律事务部

邮政编码 100120